W9-BRZ-612

LESEN MIT GEWINN

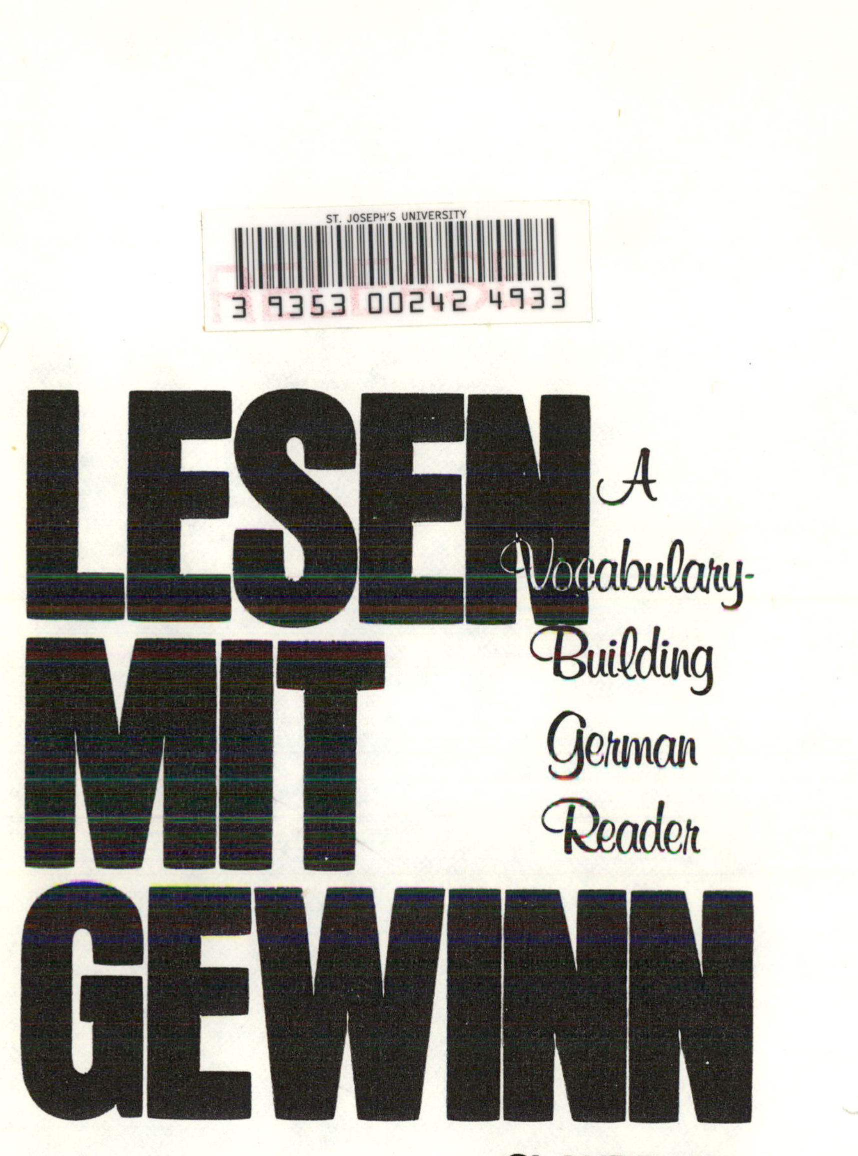

CLAUDE HILL
Rutgers University

With the Assistance
of Helen Hill

HARPER & ROW
PUBLISHERS / NEW YORK EVANSTON SAN FRANCISCO LONDON

LESEN MIT GEWINN: A Vocabulary-Building German Reader

Standard Book Number: 06-042824-4

Library of Congress Catalog Card Number: 74-178117

ACKNOWLEDGMENTS

The editor wishes to express his gratitude to the following authors and publishers for permission to use the following selections:

Authors

Walter Bauer, for the story "Entdeckung eines unbekannten Erdteils."

Heinrich Böll, for the stories "Anekdote zur Senkung der Arbeitsmoral" and "Der Lacher."

Wolfgang Ebert, for the story "Der Nachbar."

Christian Ferber, for the story "Mimosen im Juli."

Werner Stelly, for the story "Der Weg ins Leben."

Günther Weisenborn, for the story "Die Aussage."

Wolfgang Weyrauch, for the prose sketch "Bericht einer Aufwartefrau."

Publishers

Atrium Verlag, Zurich, for the poems "Sozusagen in der Fremde" and "Ein Hund hält Reden" in *Bei Durchsicht meiner Bücher*, and for seven epigrams, all by Erich Kästner in *Kurz und Bündig*.

J. G. Cotta'sche Buchhandlung, Stuttgart, for W. Hoffmann-Harnisch, "Nur ein Zeitungsbericht" and Klaus Bonhoeffer, "Brief an die Kinder," both in *Lesebuch für Deutsche*, 1958.

Deutsche Verlagsanstalt, Stuttgart, for the prose sketches "Otto macht sich fein" and "Paul ist gut" by Hans Siemsen, in *Berliner Coctail*, 1957.

Europa Verlag, Zurich, for a few excerpts from "Sinn des Lebens" and "Erziehung zum Denken" by Albert Einstein, in *Mein Weltbild* (Ullstein No. 65), 1964.

S. Fischer Verlag, Frankfurt, for passages from letters by Thomas Mann to Katja Pringsheim, in Thomas Mann, *Briefe*, Vol. I, 1961, and to Frido Mann, in Thomas Mann, *Briefe*, Vol. III, 1965.

Henschel Verlag, East Berlin, for the poem "Lied vom guten Kern" by Erich Brehm, in *Das war Distel's Geschoss*, ed. by H. H. Krause, 1961.

Henssell Verlag, West Berlin, for the poem "Im Park" by Joachim Ringelnatz, in *Und auf einmal steht es neben dir.*

Hoffmann und Campe Verlag, Hamburg, for the story "Die Nacht im Hotel" by Siegfried Lenz, in *Jäger des Spotts*, Geschichten aus dieser Zeit, 1958.

Insel Verlag, Frankfurt, for the poem "Die beiden Esel" by Christian Morgenstern.

Rowohlt Verlag, Reinbek bei Hamburg, for the story "Lesebuchgeschichten" by Wolfgang Borchert, in *Das Gesamtwerk*, 1949.

Schocken Books Inc., New York, for the prose sketch "Gemeinschaft" by Franz Kafka, in *Beschreibung eines Kampfes*, 1946.

Stromfeld Verlag, for the story "Immer diese Gefühlsduseleien" by Werner Tilger, in *Prosa 62–63*.

Suhrkamp Verlag, Frankfurt, for:

Bertolt Brecht, the story "Die Antwort," in *Prosa*, Vol. , selections from "Geschichten von Herrn Keuner," in *Prosa*, Vol. II; the poems "Kleines Lied" in *Gedichte*, Vol. II and "Tierverse" in Vol. V (1960–65).

Hermann Hesse, the poems "Allein," "Im Nebel," "Elisabeth III," in *Die Gedichte* and the story "Märchen vom Korbstuhl."

Wolfgang Hildesheimer, the story "Der hellgraue Frühlingsmantel," in *Lieblose Legenden*, 1962.

H. Erich Nossack, the story "Kostenrechnung."

Contents

Preface

LESEN MIT GEWINN has been prepared in response to a definite need. It has become clear to the author that the standard transition from grammar to reading not only occurs too late but is also often unsatisfactory because most intermediate readers are too difficult for the second year.

When every other word must be looked up, the student not only feels he is wasting his time, he is also deprived of a sense of achievement. An alternative to the literary reader is to use material especially written for the intermediate level. This type of material is mostly weighted down by grammatical considerations and the readings are almost always uninspiring and of questionable literary merit. Another frequently used approach is to present the student in his third semester with a formal grammar review utilizing modern stories (or excerpts) for the elucidation of grammatical points or the application of pattern drills. Under the assumption that the average student will take two years of German in college, he will have been exposed to grammatical instruction of some kind for three out of four semesters and will terminate his German studies with a concept of the German language that is as inadequate as it is undesirable. With language requirements being eliminated or at least liberalized throughout the country, this pattern becomes even less satisfactory.

Lesen mit Gewinn is designed to make the transition from grammar to reading easier, smoother, and more pleasant while at the same time introducing the student to recognized authors of varying degrees of distinction, to diverse styles and genres of writing, and to relevant problems and experiences reflecting a German background. While most of the reading selections are of the twentieth century, an attempt has been made to include at least briefly some of the great names of the past, in order to heighten the student's sense of accomplishment. The emphasis is solely on a systematic increase of active German vocabulary, thus not only facilitating further reading ability but also providing a widened basis for simple speaking and writing. The chief consideration throughout the reader is that it be "easy."

Most of all, this book is pragmatic. It is based on the principle of building on what American students of elementary college German already know. For this reason the back vocabularies of many leading grammars in America were scrutinized; the number of students (size of classes, institution, etc.) exposed to each of them was taken into account; a few pedagogical considerations also entered, and as a result there emerged a list of 600 basic German words of such frequency that even a mediocre student may be assumed to know them, while many students will, of course, remember considerably more words from their first year of college German. Consequently, our list differs from other previous standard word lists. It is not based on the words we assume a native German uses most, but on what we know the average American college student of today can be counted on to remember from his first year of elementary German. It may be reassuring to those who place great weight on spoken German that 518 of our basic 600 words are also included in J. Alan Pfeffer's *Basic German Word List*. Every German word that occurs in this book is either listed among our basic 600 words on pages xiii–xxii or in the end vocabulary. The student who looks up a certain word occurring in the texts and does not find it in the end vocabulary will realize that he should already have known the word when he sees it among our basic 600 words.

The eighteen chapters of *LESEN MIT GEWINN* are presented in a sequence which is carefully graded in terms of new vocabulary and stylistic difficulty. The student is asked to add new learn words to his initial active vocabulary of 600 words, beginning with 40 new words in Chapter 1 and reaching 70 in Chapter 18. After he has finished the last chapter, he will possess a working vocabulary of about 1700 German words. Unlike the Pfeffer list, this number does not include identical cognates, or adjectives derived from nouns by adding "-lich," or nouns formed from known verbs. With these words added to the 1700, the student may be assumed to have acquired a total active vocabulary of over 2000 words when he has reached the end of *LESEN MIT GEWINN*. Consequently, he will not only be able to read with greater facility but will also be capable of simple writing and speaking. The new learn words of each chapter are alphabetically listed following the reading selections and preceding the exercises which are exclusively based on them. The learn words are marked with an asterisk in the glosses and in the end vocabulary so that the student's attention will be drawn to these words. To encourage his further progress, a short note to the student in German at the end of each chapter repeats some of the newly learned words and phrases and constantly reminds him of his new level of accomplishment.

It is desirable that the sequence of this book be observed and no chapter be skipped in its entirety. The reason is twofold· 1) a new learn word, once listed, is supposed to be practiced in the subsequent exercises of the same chapter and is not listed again, since it is now assumed to be known; 2) the new total of learned active words stated in the note to the student, will be incorrect once he has omitted a chapter. If this book is used in the third semester, all or most of the reading selections can be easily covered. It is suggested that a comprehensive formal grammar review will be abandoned in favor of dealing only with specific points of difficulty that may come up in class during the discussion of the exercises. If this book is chosen to supplement an elementary grammar during the first year, the rate of progress and the amount of coverage will be somewhat more modest, since the student cannot yet be assumed to have mastered our complete basic word list. We believe, however, that the material is easy enough to be enjoyed by first-year students. As to the exercises, at least some from each chapter should be assigned as homework and then discussed and corrected in class. These exercises are designed for either written or oral work and exclusively directed to two goals: vocabulary building and comprehension.

To the Student: A few hints may be helpful if you are to derive the "profit" that the title, *Lesen mit Gewinn*, implies. If you are in your third semester of German, the entire list of 600 words printed on the following pages will be familiar to you. If you are still in your first year of Elementary German and this book is used for supplementary reading after several weeks or in the second semester, you will also recognize most of the 600 words because they occur with great frequency in all introductory texts. Consider this list your basic vocabulary from which you will start. When you do not find a word in the end vocabulary of this book, this will indicate that you should have known it already and will find it among the 600 basic German words. Memorize it along with the new learn words of the chapter you are reading at the time. Make it your habit to review the list or parts of it frequently. In the glosses concentrate on those new words that are marked with asterisks. Do not waste your time learning the other vocabulary in the glosses, since the most general translation is not given, but rather the meaning in the specific context in which the German word or phrase appears in the text. Do at least some of the exercises even if you are not required to do so. They will aid your learning process, because they call for repetition, variation, and application of newly learned words. These new words are often used in a context different from the texts you have read. Varied in type and different in degree of difficulty, the exercises will help you to acquire an active vocabulary which will not only make your subsequent reading easier but will also enhance your ability to write and speak simple German.

C.H.

Basic German Word List

The 600 German words listed below constitute the student's basic tools for using this reader. In order to emphasize the importance of this basic vocabulary, it precedes the selections in this book and is not included in the end vocabulary. The student is advised to review this list frequently for the purpose of reinforcing his knowledge of this basic and useful vocabulary.

While the learning of isolated new words generally is frowned upon during the early stages of studying German with the emphasis being on the spoken language, any intelligent and pleasurable reading experience still depends on the acquisition of a basic active vocabulary.

To insure the meaningful nature of the basic 600-word list and to make allowance for the fact that many students may actually remember more words from their Elementary German classes, the following modifications have been made:

1 Cognates, identical in meaning and in spelling, are omitted.
2 Only the cardinal numbers 1 through 12, 20, 100, and 1000 are given because all combinations are derived from these few.
3 Nouns formed by adding *-heit* to known adjectives (as in *Schönheit*) are omitted.
4 Nouns fully contained in known verbs (as in *Antwort*) are omitted.
5 Nouns indicating female status by adding *-in* (as in *Lehrerin*) are omitted.
6 Adjectives formed by adding *-lich* to known nouns (as in *abendlich*) are omitted.
7 Known adjectives prefixed by *un-* to convey their negative meaning (as in *unbekannt*) are omitted.
8 Diminutives formed by adding *-chen* or *-lein* (as in *Kleidchen* and *Schwesterlein*) are omitted.
9 Combinations of *da-* and *wo-* and prepositions (as in *damit* and *wodurch*) are omitted.

A

der Abend,–e *evening*
aber *but, however*
ab-fahren (fuhr, ist gefahren, fährt) *to depart, leave*
acht *eight*
die Adresse,–n *address*
all(–e,–es) *all, every, everything*
allein(e) *alone; only*
allerdings *certainly; though*
allgemein *general*
als *as, when; than*
alt *old*
an *at, on, by, to*
ander(–er,–e,–es) *other, different; following*
an-fangen (fing, gefangen, fängt) *to begin, start*
an-kommen (kam, ist gekommen) *to arrive*
an-sehen (sah, gesehen, sieht) *to look at, watch; to regard*
anstatt *instead of*
antworten (*with dat.*) *to answer, reply*
(sich) an-ziehen (zog, gezogen) *to get dressed, put on; to attract*
arbeiten *to work*
arm *poor*
die Art,–en *type, kind; manner; habit*
der Arzt,⸚e *doctor, physician*
auch *also, too; even*
auf *on, upon; up*
die Aufgabe,–n *task, problem, lesson*
auf-machen *to open*
auf-stehen (stand, ist gestanden) *to get up, rise, stand up*
das Auge,–n *eye*
der Augenblick,–e *moment*
aus *out of, from, of; made of*
das Ausland *foreign countries, abroad*
außerdem *besides, moreover, furthermore*
das Auto,–s *automobile*

B

das Bad,⸚er *bath*
bald *soon*
die Bank,⸚e *bench; bank*
bauen *to build*
der Bauer,–n,–n *peasant, farmer*
der Baum,⸚e *tree*
bedeuten *to mean, signify*
beginnen (begann, begonnen) *to begin, start*
bei *at, by, with, near, at the home of, in; in the case of*
beide *both, two*
das Beispiel,–e *example*
bekannt *known, acquainted, familiar*
bekommen (bekam, bekommen) *to get, receive*
der Berg,–e *mountain, hill*
berühmt *famous*
besonders *especially, particularly*
bestehen (bestand, bestanden) *to exist; to endure; to pass;* ——aus *to consist of*
bestellen *to order; to arrange*
besuchen *to visit; to attend, go to* (*a school*)
das Bett,–en *bed*
bewegen *to move, stir*
bezahlen *to pay* (*for*)
die Bibliothek,–en *library*
das Bier,–e *beer*
das Bild,–er *picture, image*
billig *cheap*
bis *as far as, until, till, to*
die Bitte,–n *request*
bitten (bat, gebeten) *to request, ask; to invite*
blau *blue*
bleiben (blieb, ist geblieben) *to remain, stay*
der Bleistift,–e *pencil*
die Blume,–n *flower*
der Boden,⸚ *ground; floor; bottom; soil*

brauchen *to need; to use*

brechen (brach, gebrochen, bricht) *to break*

brennen (brannte, gebrannt) *to burn*

der Brief,–e *letter*

bringen (brachte, gebracht) *to bring; to fetch*

das Brot,–e *bread*

die Brücke,–n *bridge*

der Bruder,¨– *brother*

das Buch,¨–er *book*

der Bürger,– *citizen*

das Büro,–s *office*

D

da *there; then; since, as, when*

das Dach,¨–er *roof*

damals *then, at that time, in those days*

die Dame,–n *lady*

danken *to thank*

dann *then, next*

daß *that*

dauern *to take, last*

dein(–e) *your*

denken (an) (dachte, gedacht) *to think (of)*

denn *for, because; then, in that case; than*

deshalb *therefore, for that reason, for that*

der Dezember *December*

der Dichter,– *poet, writer (of fiction)*

dick *fat, thick, heavy*

dienen (*with dat.*) *to serve*

der Dienstag,–e *Tuesday*

das Ding,–e *thing*

doch *yet, however, but; oh yes, of course; indeed*

der Donnerstag,–e *Thursday*

das Dorf,¨–er *village*

dort *there*

draußen *outside*

drei *three*

du *you*

dumm *stupid, dumb; silly, foolish*

dunkel *dark; obscure, mysterious*

durch *through; by*

dürfen (durfte, gedurft, darf) *to be allowed to, be permitted to, may*

E

die Ecke,–n *corner*

ehe *before*

eigen *own*

eigentlich *actual, real*

einfach *simple, plain, ordinary; simply, just*

einige *any, some; a few, several*

ein-laden (lud, geladen, lädt) *to invite*

einmal *once; once upon a time; some day; for once; once for all*

eins *one*

einzeln *separate, single, individual*

elf *eleven*

die Eltern *parents*

das Ende,–n *end*

endlich *finally, at last*

eng *narrow; tight*

(sich) entschuldigen *to excuse; to apologize*

entwickeln *to develop*

die Entwicklung,–en *development*

er *he*

die Erde,–n *earth; ground, soil; floor*

erfahren (erfuhr, erfahren, erfährt) *to hear (of), learn, find out (about), be told; to experience*

der Erfolg,–e *success, result*

(sich) erinnern (an) *to remind (of); to remember*

erklären *to explain*

ernst *earnest, serious*

erscheinen (erschien, ist erschienen) *to appear; to seem*

erst *first, initial; at first; only, not until*

erzählen *to tell, relate*

es *it*

essen (aß, gegessen, ißt) *to eat*

etwas *something; somewhat; a little, some*

euer (eure, eures) *your*

F

fahren (fuhr, ist gefahren, fährt) *to drive, ride, travel*

fallen (fiel, ist gefallen, fällt) *to fall; to die* (*in battle*)

falsch *false, wrong*

die Familie,–n *family*

die Farbe,–n *color; paint*

fast *almost, nearly*

der Februar *February*

fehlen *to be missing, lacking; to be wrong; to be absent*

der Fehler,– *mistake, error*

feiern *to celebrate*

das Feld,–er *field*

das Fenster,– *window*

die Ferien (*pl.*) *vacation*

fertig *ready, finished*

fest *firm; fast, tight; permanent*

das Feuer,– *fire*

finden (fand, gefunden) *to find; to think*

fliegen (flog, ist geflogen) *to fly*

fließen (floß, ist geflossen) *to flow*

das Flugzeug,–e *airplane*

der Fluß,¨–(ss)e *river*

folgen (*with dat.*) *to follow* (ist); *to obey* (*hat*)

fragen (nach) *to ask* (*for or about*)

die Frau,–en *woman; wife; Mrs.*

das Fräulein,–(s) *Miss*

frei *free; open; available*

der Freitag,–e *Friday*

fremd *strange, foreign, alien, unknown*

die Freude,-n *joy, pleasure*

sich freuen (über) *to be glad* (*of, at*)

der Freund,–e *friend*

der Friede(n),–ns,–nsschlüsse *peace*

früh *early*

der Frühling,–e *spring*

das Frühstück,–e *breakfast*

(sich) fühlen *to feel*

führen *to lead; to conduct*

fünf *five*

für *for*

der Fuß,¨–e *foot*

G

ganz(–er,–e,–es,) *whole, entire, all; quite, completely, very*

der Garten,¨– *garden*

der Gast,¨–e *guest*

geben (gab, gegeben, gibt) *to give*

das Gebiet,–e *district, region; field*

geboren *born; by birth*

gebrauchen *to use, make use of*

die Gefahr,–en *danger*

gefallen (gefiel, gefallen, gefällt) *to please, suit*

gegen *against, towards, to, for*

gehen (ging, ist gegangen) *to go, walk*

gehören (*with dat.*) *to belong to*

der Geist,–er *spirit; mind, intellect*

das Geld,–er *money*

genug *enough*

gerade *straight; just, just then; precisely; especially*

gern(e) *readily, gladly, with pleasure; to like to* (*with verbs*)

das Geschäft,–e *business; store*

geschehen (geschah, ist geschehen, geschieht) *to happen*

die Geschichte,–n *story; history*

das Gesicht,–er *face*

gestern *yesterday*

die Gesundheit *health*

gewinnen (gewann, gewonnen) *to win, gain, acquire*

das Glas,¨–er *glass*

glauben (*with dat.*) *to believe; to think*

gleich *same, equal; alike, like; right away*

das Glück *happiness; luck*

der Gott,¨–er *God*

grau *gray*

die Grenze,–n *border; limit*

groß *large, big; tall; great*

grün *green*

der Grund,¨–e *reason, cause; ground*

die Gruppe,–n *group*

grüßen *to greet, salute*

gut *good; all right*

H

das Haar,–e *hair*

haben (hatte, gehabt, hat) *to have*

halb *half*

halten (hielt, gehalten, hält) *to hold; to keep; to stop*

die Hand,⸚e *hand*

hängen (hing, gehangen) *to hang*

das Haus,⸚er *house*

die Heimat *home, native region*

heiß *hot*

heißen (hieß, geheißen) *to be called; to mean, signify*

helfen (half, geholfen, hilft) (*with dat.*) *to help*

hell *light, bright*

der Herr,–n,–en *gentleman; Mr.; sir*

herrlich *marvelous, splendid, excellent*

das Herz,–ens,–en *heart*

heute *today*

hier *here*

die Hilfe *help, aid*

der Himmel,– *sky; heaven*

hoch (höher, höchst) *high, tall; up; noble*

hoffen (auf) *to hope* (*for*)

hoffentlich *hopefully, I hope*

hören *to hear*

der Hund,–e *dog*

hundert (*one*) *hundred*

I

ich *I*

ihr *you*

immer *always*

interessieren *to interest*; sich— (für) *to be interested* (*in*)

interessant *interesting*

das Interesse,–n *interest*

J

ja *yes, indeed, of course, naturally, to be sure*

das Jahr,–e *year*

die Jahreszeit,–en *season, time of year*

der Januar *January*

jed(–er,–e,–es) *every, each, any, anybody*

jetzt *now*

der Juli *July*

jung *young*

der Junge,–n,–n *boy*

der Juni *June*

K

der Kaffee *coffee*

kalt *cold*

der Kampf,⸚e *fight, struggle*

die Karte,–n *card; postcard; map*

die Kartoffel,–n *potato*

kaufen *to buy*

kaum *scarcely, hardly*

kein(–er,–e,–es) *no, not any, nothing, none; nobody*

der Kellner,– *waiter*

kennen (kannte, gekannt) *to know, be acquainted with*

kennen-lernen *to get to know, become acquainted with*

das Kind,–er *child*

das Kino,–s *movie theater, movies*

die Kirche,–n *church*

klar *clear; obvious*

die Klasse,–n *class*

das Kleid,–er *dress*

klein *small, little*

der Koffer,– *suitcase, trunk*

kommen (kam, ist gekommen) *to come; to happen*

der König,–e *king*

können (konnte, gekonnt, kann) *to be able to, can, may; to know* (*a skill*)

der Kopf,⸚e *head*

kosten *to cost*

krank *sick, ill*

der Krieg,-e *war*

die Küche,–n *kitchen*

der Kuchen,– *cake*

kühl *cool*

die Kunst,⸚e *art*

kurz *short, brief*

L

lächeln *to smile*

lachen *to laugh*

das Land,⸚er *country*

die Landschaft,–en *scenery, landscape*

lang *long*

langsam *slow*

lassen (ließ, gelassen, läßt) *to let; to leave, allow*

laufen (lief, ist gelaufen, läuft) *to run; to walk*

leben *to live, be alive*

legen *to lay, place, put*

der Lehrer,– *teacher*

leicht *light; easy; slight*

leiden (litt, gelitten) *to suffer; to endure, tolerate*

leider *unfortunately*

lernen *to learn*

lesen (las, gelesen, liest) *to read*

letzt *last; final; utmost*

das Licht,–er *light*

lieb *dear*

lieben *to love*

das Lied,–er *song*

liegen (lag, gelegen) *to lie; to be located*

die Literatur,–en *literature*

die Luft,⸚e *air; breeze*

M

machen *to make, do; to take* (*a trip, etc.*)

das Mädchen,– *girl*

der Mai *May*

mal (*coll.*) = einmal (*often used with verbs in the sense of well now or just; can often be ignored in translation*)

man *one, people* (*we, you, they*)

manch(–er,–e,–es) *many a;* (*pl.*) *some;* manches *some things, many things*

manchmal *sometimes*

der Mann,⸚er *man; husband*

die Mark,– *mark* (*currency*)

der März *March*

mehr *more, anymore*

mein,(–e) *my*

meinen *to mean; to be of the opinion, think; to say*

meist *most*

meistens *usually, mostly*

der Mensch,–en,–en *human being, man, person*

merken *to notice, see*

das Messer,– *knife*

mit *with; along*

der Mittag,–e *noon, midday*

die Mitte,–n *middle, center*

der Mittwoch,–e *Wednesday*

mögen (mochte, gemocht, mag) *to like* (*to*)*, care to; may*

möglich *possible*

der Monat,–e *month*

der Morgen,– *morning*

morgen *tomorrow*

müde *tired*

die Musik *music*

müssen (mußte, gemußt, muß) *to have to, must*

die Mutter,⸚ *mother*

N

nach *to; after; according to*

der Nachbar,–n,–n *neighbor*

nachdem *after, when; afterwards*

der Nachmittag,–e *afternoon*

die Nacht,⸚e *night*

nah(e) (näher, nächst) *near close; nearer; next, nearest*

der Name,–ns,–n *name*

die Nase,–n *nose*

die Natur,–en *nature*

natürlich *natural*

neben *next to, near, beside*

nehmen (nahm, genommen, nimmt) *to take*

nein *no*

nennen (nannte, genannt) *to name, call; to mention*

nett *nice, pleasant*

neu *new; fresh*

neun *nine*

nicht *not*
nichts *nothing*
nie *never*
niemand *nobody, no one*
noch *still; yet; even; nor; else*
die Nummer,–n *number*
nun *now, well*
nur *only, merely, just*

O

ob *whether, if*
obgleich *although*
oder *or*
offen *open; frank*
(sich) öffnen *to open*
oft *often*
ohne *without*
das Ohr,–en *ear*
der Oktober *October*
der Onkel,– *uncle*
der Ort,–e *place; village, town*

P

das Paar,–e *pair, couple;* ein paar *a few*
der Pfennig,–e *penny, cent (one-hundredth part of a mark)*
das Pferd,–e *horse*
die Philosophie,–n *philosophy*
der Platz,⸚e *place, spot, seat, space; square*
plötzlich *sudden*
das Prozent,–e *percent*

R

raten (riet, geraten, rät) *(with dat.) to advise; (with acc.) to guess*
rauchen *to smoke*
recht *right; true; real; very*
rechts *on the right, to the right*
der Regen,– *rain*
reich *rich, wealthy*
die Reihe,–n *row, line; series*
reisen(ist) *to travel*
richtig *correct, right; real*
rot *red*
rufen (rief, gerufen) *to call; to shout*
die Ruhe *rest; quiet, peace*

S

die Sache,–n *thing; affair; case*
sagen *to say, tell*
der Samstag,–e *Saturday*
der Satz,⸚e *sentence*
scheinen (schien, geschienen) *to seem, appear; to shine*
schenken *to give (as a gift), give away*
schicken *to send*
schießen (schoß, geschossen) *to shoot, fire*
das Schiff,–e *ship*
schlafen (schlief, geschlafen, schläft) *to sleep*
schlagen (schlug, geschlagen, schlägt) *to beat, strike; to hit*
schlecht *bad; wicked*
schließen (schloß, geschlossen) *to close, shut; to conclude*
schließlich *finally; after all*
das Schloß,⸚(ss)er *castle; lock*
schmecken (nach) *to taste (like)*
der Schnee *snow*
schnell *fast, swift, quick*
schon *already*
schön *beautiful*
schreiben (schrieb, geschrieben) *to write*
schreien (schrie, geschrien) *to shout, scream, yell*
die Schule,–n *school*
der Schüler,– *pupil, student*
schwarz *black*
schweigen (schwieg, geschwiegen) *to be silent*
schwer *heavy; difficult*
die Schwester,–n *sister*
die Schwierigkeit,–en *difficulty*
sechs *six*
der See,–n *lake;* die See *sea, ocean*
sehen (sah, gesehen, sieht) *to see, look*
sehr *very, very much*

sein(–e) *his*

sein (war, ist gewesen, ist) *to be*

seit *since; for*

die Seite,–n *side; page*

selbst *even; himself, herself, etc.*

selten *rare; seldom*

(sich) setzen *to put, place; to sit down*

sicher *sure, certain, confident; safe*

sie *she; they*

sieben *seven*

singen (sang, gesungen) *to sing*

der Sinn,–e *sense; meaning; mind*

sitzen (saß, gesessen) *to sit*

sofort *at once, immediately*

sogar *even*

der Sohn,⸚e *son*

solch(–er,–e,–es) *such*

der Soldat,–en,–en *soldier*

sollen (sollte, gesollt, soll) *to ought to, shall, should; to be supposed to*

der Sommer,– *summer*

sondern *but (on the contrary)*

der Sonnabend,–e *Saturday*

die Sonne,–n *sun*

der Sonntag,–e *Sunday*

sonst *otherwise, apart from that; formerly*

spät *late*

spielen *to play perform*

die Sprache,–n *language*

sprechen (sprach, gesprochen, spricht) *to speak*

springen (sprang, ist gesprungen) *to jump, spring*

der Staat,–en *state*

die Stadt,⸚e *city, town*

stark *strong, powerful*

stehen (stand, gestanden) *to stand; to be (written or: printed); (with dat.) to suit*

steigen (stieg, ist gestiegen) *to climb*

stellen *to put, place, set*

sterben (starb, ist gestorben, stirbt) *to die*

die Stimme,–n *voice*

die Straße,–n *street, road*

das Stück,–e *piece*

studieren *to study*

das Studium, Studien *study*

der Stuhl,⸚e *chair*

die Stunde,–n *hour; lesson*

suchen *to seek, search for*

die Suppe,–n *soup*

T

die Tafel,–n *blackboard; sign; bar (of chocolate)*

der Tag,–e *day*

die Tasse,–n *cup*

tausend *thousand*

der Tee *tea; tea party*

der Teil,–e *part*

der Teller,– *plate*

teuer *expensive; dear; precious*

tief *deep; profound*

das Tier,–e *animal*

der Tisch,–e *table*

die Tochter,⸚ *daughter*

der Tod (*pl.* Todesfälle) *death*

das Tor,–e *(large) door, gate*

tragen (trug, getragen, trägt) *to carry; to bear; to wear*

der Traum,⸚e *dream*

traurig *sad*

treffen (traf, getroffen, trifft) *to meet; to hit*

trennen *to separate, divide*

treten (trat, ist getreten, tritt) *to step*

trinken (trank, getrunken *to drink*

trotz *in spite of*

tun (tat, getan) *to do; to make; to put*

die Tür,–en *door*

U

üben *to exercise, practice*

über *over, past; above; about, concerning*

überall *everywhere*

überhaupt *altogether; at all, whatever; generally*

übersetzen *to translate*
die Uhr,–en *watch; clock*
um *around, about, at, by, for*
und *and*
die Universität,–en *university*
unser(–e,–es) *our*
unter *under, below; among; lower*

V

der Vater,¨– *father*
verbringen (verbrachte, verbracht) *to spend, pass*
die Vergangenheit *past*
vergessen (vergaß, vergessen, vergißt) *to forget*
verkaufen *to sell*
der Verkäufer,– *salesman*
verlassen (verließ, verlassen, verläßt) *to leave; to abandon*
verlieren (verlor, verloren) *to lose*
versprechen (versprach, versprochen, verspricht) *to promise*
verstehen (verstand, verstanden) *to understand*
versuchen *to try, attempt*
viel *much; (pl.) many*
vielleicht *perhaps, maybe*
vier *four*
das Viertel,– *quarter*
das Volk,¨–er *people, nation*
voll *full*
von *from, of; by*
vor *before, in front of, in the face of; ago*
(sich) vor-stellen *to introduce; to imagine*

W

wachsen (wuchs, ist gewachsen, wächst) *to grow*
der Wagen,– *car; truck; carriage; cart*
wahr *true*
während *during; while, whereas*
wahrscheinlich *probable, likely*
der Wald,¨–er *forest, woods*
die Wand,¨–e *wall*
wann *when, at what time*
warten (auf) *to wait (for)*
warum *why*
was *what; that, which; something which, that which*
(sich) waschen (wusch, gewaschen, wäscht) *to wash (up)*
das Wasser,– *water*
der Weg,–e *way, road*
wegen *because of, on account of*
weil *because*
der Wein,–e *wine*
weiß *white*
weit *wide, large; remote, far*
welch(–er,–e,–es) *which, what; who, that*
die Welt,–en *world*
wenig *little, a little; (pl.) few*
wenn *if; when; whenever*
wer *who; whoever*
werden (wurde, ist geworden, wird) *to become*
das Werk,–e *work; plant*
der Westen *west*
das Wetter *weather*
wichtig *important*
wie *how; as, like; as if; as it were*
wieder *again, once more*
wiederholen *to repeat*
wiegen (wog, gewogen) *to weigh*
wieviel *how much*
wir *we*
wirklich *real*
wissen (wußte, gewußt, weiß) *to know, know how*
wo *where*
die Woche,–n *week*
wohin *where to, whither*
wohl *well; probably, very likely, I suppose, perhaps; indeed, to be sure, (often not translated)*
wohnen *to live, dwell, reside*
die Wohnung,–en *apartment, dwelling*
wollen (wollte, gewollt, will) *to want to, wish to; to claim to*
das Wort,–e (¨–er, *when signifying single unconnected words*) *word*

der Wunsch,⸚e *wish, desire*
wünschen *to wish, desire, want*

Z

die Zahl,–en *number, figure*
zählen *to count*
zehn *ten*
zeigen *to show, indicate, point*
die Zeit,–en *time*
die Zeitung,–en *newspaper*
zerstören *to destroy*
ziehen (zog, gezogen) *to pull, draw; to move, go* (*with* ist)
das Zimmer,– *room*
zu *to, toward, at, in, on, by, for*
zu-hören (*with dat.*) *to listen* (*to*)
zuerst *at first; first*
zufrieden *content, satisfied*
der Zug,⸚e *train; feature; draft*
zurück *back*
zusammen *together*
zwanzig *twenty*
zwei *two*
zwischen *between, among*
zwölf *twelve*

LESEN MIT GEWINN

Ein bißchen Unsinn

To set the proper mood for enjoyable reading, let us start with five short prose pieces that are both easy and amusing. They are followed by a few poems which are largely nonsensical, but which were written by famous poets: Christian Morgenstern (1871–1914) is still vastly popular with the German public for his grotesque humor and Bertolt Brecht (1898–1956) needs no introduction to American students. Here the great dramatist, theorist of a new epic theater, and powerful poet, will surprise the reader with an unsuspected flair for pure nonsense. Finally, there is a weird story by Wolfgang Hildesheimer (born in 1916), one of Germany's better known and highly prolific postwar authors whose range also includes novels and plays.

ein bißchen *a little*

* der Unsinn *nonsense* die Prosa *prose*

* darauf *thereupon* vielmals *many times, a lot*

Schottland *Scotland*

nächst *next*
lauten *to read*

München *Munich*

* sich handeln um *to be the matter or question of, to concern*

der Maler *painter*
dar-stellen *to represent*

die Kuh *cow* die Wiese *meadow*
das Gras *grass*
fressen *to eat* (*used for animals*)

die Stelle *place*

der Minderwertigkeitskomplex *inferiority complex*
der Psychoanalytiker *psychoanalyst* die Untersuchung *examination*

* dies(-er, -e, -es) *the latter*
der Fall *case* * gründlich *thorough* das Ergebnis *result*

* recht haben *to be right*

UNSINN IN PROSA

((1))

Zwei Herren sitzen an der Bar. Der eine sagt: "Wissen Sie vielleicht, wie spät es ist?"
Der zweite antwortet: "Ja."
Der erste darauf: "Danke vielmals."

((2))

Ein Mann aus Schottland, der auf einer Reise durch Amerika ist, schickt ein Telegramm an einen Freund in der Heimat: "Kennst du die Adresse von Mr. Smith in San Francisco?"
Am nächsten Morgen bekommt er die Antwort. Sie lautet: "Ja."

((3))

Ein Mann sitzt in einem Restaurant und sagt zu einem andern: "Haben wir uns nicht schon in München getroffen?"
"Das ist nicht möglich. Ich war nie in München."
"Ich auch nicht. Dann muß es sich um zwei andere Männer handeln."

((4))

Ein reicher Mann besucht einen Maler; denn er will ein Bild kaufen. Eines interessiert ihn sehr. "Was stellt es eigentlich dar?" fragt er den Maler.
"Kühe auf einer Wiese."
"Aber ich sehe kein Gras!"
"Das haben die Kühe gefressen."
"Aber ich sehe auch keine Kühe."
"Was sollen Kühe an einer Stelle, wo kein Gras mehr wächst?"

((5))

Fritz Müller hat einen Minderwertigkeitskomplex und geht deshalb zum Psychoanalytiker. Lange Untersuchungen folgen und er geht viele Wochen zum Arzt. Schließlich sagt dieser, als Herr Müller wieder einmal bei ihm ist:
"Ich habe Ihren Fall gründlich studiert. Das Ergebnis ist ganz klar: Sie haben gar keinen Minderwertigkeitskomplex. Sie haben recht."

der Esel *donkey*

finster *gloomy*
ehlich = ehelich / ehelicher Gemahl *spouse*

kumm = komm

öfter = oft
* eben *just*
* fröhlich *cheerful*

daran *as a result of it*
zugrunde gehen *to perish*
Jahr = Jahren
sonnenklar (*clear as the sun*) *obvious*

geschwind *quickly*

* erkennen *to recognize*
harmlos *harmless*

DIE BEIDEN ESEL

Christian Morgenstern

Ein finstrer Esel sprach einmal
zu seinem ehlichen Gemahl:

'Ich bin so dumm, du bist so dumm,
wir wollen sterben gehen, kumm!'

Doch wie es kommt so öfter eben:
Die beiden blieben fröhlich leben.

KLEINES LIED

Bertolt Brecht

((1))

Es war einmal ein Mann
Der fing das Trinken an
Mit achtzehn Jahren, und—
Daran ging er zugrund.
Er starb mit achtzig Jahr
Woran, ist sonnenklar.

((2))

Es war einmal ein Kind
Das starb viel zu geschwind
Mit einem Jahre, und—
Daran ging es zugrund.
Nie trank es; das ist klar
Und starb mit einem Jahr.

((3))

Daraus erkennt ihr wohl PROBABLY
Wie harmlos Alkohol . . .

der Tiervers *animal verse*

der Adler *eagle*
der Tadler (*fault-finder*) *critic*
herunter-machen *to run down* (*fig.*), *upbraid*
verdächtigen *to suspect; to slander*
* schwimmen *to swim* der Teich *pond*
* sogleich *at once*
unter-gehen *to drown*
der Tadel *rebuke* berechtigt *justified*

* wert *worth*
* das Rennen *race*
spannen *to harness* um-fallen *to fall down*
der Politiker *politician*
ehren *to honor*

hellgrau *light gray* der Frühjahrsmantel *topcoat*

der Vetter *male cousin*

* einen Brief ein-stecken *to mail a letter*
* zurück-kehren *to return* * seitdem *since then*

nach-schicken *to forward* * nämlich *for* / Ich kann ihn nämlich brauchen *I can use it* * link(-er, -e, -es) *left* * die Tasche *pocket* das Taschenbuch *guide, manual* der Pilzsammler *someone who gathers mushrooms* heraus-nehmen *to take out* eßbar *edible* * es gibt *there are* im voraus *in advance* herzlichst *most cordially*

gerade dabei *in the process of* der Tauchsieder *immersible coil for heating* die Blumenvase *vase* stecken *to insert, put in* * das Ei *egg* * kochen *to cook*

TIERVERSE

Es war einmal ein Adler
Der hatte viele Tadler
Die machten ihn herunter
Und haben ihn verdächtigt
Er könne nicht schwimmen im Teich. 5
Da versuchte er es sogleich
Und ging natürlich unter.
(Der Tadel war also berechtigt.)

Es war einmal ein Pferd
Das war nicht sehr viel wert 10
Für das Rennen war es zu dumm
Vor den Wagen gespannt, fiel es um
Da wurde es Politiker.
Es ist jetzt hoch geehrt.

DER HELLGRAUE FRÜHJAHRSMANTEL

Wolfgang Hildesheimer

Vor zwei Monaten—wir saßen gerade beim Frühstück—kam ein Brief von meinem Vetter Eduard. Mein Vetter Eduard hatte an einem Frühlingsabend vor zwölf Jahren das Haus verlassen, um einen Brief einzustecken, und war nicht zurückgekehrt. Seitdem hatte niemand etwas von ihm 5 gehört. Der Brief kam aus Sydney in Australien. Ich öffnete ihn und las:

Lieber Paul!
Könntest Du mir meinen hellgrauen Frühjahrsmantel nachschicken? Ich kann ihn nämlich brauchen. In der linken 10 Tasche ist ein "Taschenbuch für Pilzsammler". Das kannst Du herausnehmen. Eßbare Pilze gibt es hier nicht. Im voraus vielen Dank.

Herzlichst Dein Eduard.

Ich sagte zu meiner Frau: "Ich habe einen Brief von 15 meinem Vetter Eduard aus Australien bekommen." Sie war gerade dabei, den Tauchsieder in die Blumenvase zu stecken, um Eier darin zu kochen, und fragte: "So, was schreibt er?"

* obwohl *although*
der Klavierstimmer *piano tuner*
schüchtern *shy* zerstreut *absent-minded*
stimmen *to tune*
reparieren *to repair* die Saite *string* Unterricht erteilen *to give lessons*
die Blockflöte *recorder*
das Nebenzimmer *adjoining room* Akkorde an-schlagen *to play chords*
die Garderobe *clothes closet* * der Mantel *coat*
der Speicher *storage attic* * holen *to fetch*
ein-packen *to pack* sorgfältig *carefully* das Paket *parcel, package*
* ab-schicken *to send off* * ein-fallen (*with dat.*) *to occur to*

* spazieren-gehen *to go for a walk* * nach Hause (*in the direction of*) *home*
umher-irren *to run around*
schauen *to look* * der Schrank *closet*

irgendwie *somehow*

eben *just now*

aus Versehen *by mistake* * weiter *further*
stören *to disturb* betreten *embarrassed*

verstaubt *dusty*
zerknittert *wrinkled*
der Zustand *condition*
auf-bügeln *to press*
eine Partie Domino *a game of domino*
* sich verabschieden *to say good-bye*
* erhalten *to receive*
der Steinpilz *yellow boletus* (*an edible mushroom*)

geehrt *honored* (*usual formal greeting in letters*)
liebenswürdig *kind*

das Resultat *result* zu-schicken = schicken
* es Ihnen schmecken wird *you will enjoy eating it*
irrtümlich *mistakenly*
* mit-geben *to give along* zurück-schicken *to return* * hiermit *herewith*
ergebenst *most respectfully* (*formal letter closing*)

der Kasten = Briefkasten *mailbox*
offenbar *apparently* * zu Hause *at home*

"Daß er seinen hellgrauen Mantel braucht und daß es in Australien keine eßbaren Pilze gibt."—"Dann soll er doch etwas anderes essen."—"Da hast du recht", sagte ich, obwohl es sich eigentlich darum nicht gehandelt hatte.

Später kam der Klavierstimmer. Es war ein etwas schüchterner und zerstreuter Mann, aber er war sehr nett, ich kannte ihn. Er stimmte nicht nur Klaviere, sondern reparierte auch Saiteninstrumente und erteilte Blockflötenunterricht. Er hieß Kolhaas. Als ich aufstand, hörte ich ihn schon im Nebenzimmer Akkorde anschlagen. 5 10

In der Garderobe sah ich den hellgrauen Mantel hängen. Meine Frau hatte ihn also schon vom Speicher geholt. Ich packte ihn sorgfältig ein, trug das Paket zur Post und schickte es ab. Mir fiel ein, daß ich vergessen hatte, das Pilzbuch herauszunehmen. 15

Ich ging noch etwas spazieren, und als ich nach Hause kam, irrten der Klavierstimmer und meine Frau in der Wohnung umher und schauten in die Schränke und unter die Tische.

"Kann ich irgendwie helfen?" fragte ich. 20

"Wir suchen Herrn Kolhaas' Mantel", sagte meine Frau. "Ach so", sagte ich, "den habe ich eben nach Australien geschickt." "Warum nach Australien?" fragte meine Frau. "Aus Versehen", sagte ich. "Dann will ich nicht weiter stören", sagte Herr Kolhaas etwas betreten und wollte sich entschuldigen, aber ich sagte: "Warten Sie, Sie können den Mantel von meinem Vetter bekommen." 25

Ich ging auf den Speicher und fand dort in einem verstaubten Koffer den hellgrauen Mantel meines Vetters. Er war etwas zerknittert—schließlich hatte er zwölf Jahre im Koffer gelegen—aber sonst in gutem Zustand. 30

Meine Frau bügelte ihn noch etwas auf, während ich mit Herrn Kolhaas eine Partie Domino spielte. Dann zog Herr Kolhaas ihn an, verabschiedete sich und ging.

Wenige Tage später erhielten wir ein Paket. Darin waren Steinpilze. Auf den Pilzen lagen zwei Briefe. Ich öffnete den einen und las: 35

Sehr geehrter Herr!
Da Sie so liebenswürdig waren, mir ein "Taschenbuch für Pilzsammler" in die Tasche zu stecken, möchte ich Ihnen als Dank das Resultat meiner ersten Pilzsuche zuschicken und hoffe, daß es Ihnen schmecken wird. Außerdem fand ich in der anderen Tasche einen Brief, den Sie mir wohl irrtümlich mitgegeben haben. Ich schicke ihn hiermit zurück. 40

Ergebenst Ihr A. M. Kolhaas. 45

Der Brief, um den es sich hier handelte, war also wohl der, den mein Vetter damals in den Kasten stecken wollte. Offenbar hatte er ihn dann zu Hause vergessen. Er war an

richten an *to address to*

der Umschlag *envelope*
die Karte *ticket*
der Zettel *slip of paper*
heraus-fallen *to fall out*

Tannhäuser: *opera by Richard Wagner*
der Gebrauch *use*
verreisen *to go on a trip*
aus-spannen *to relax*
* Lust haben *to feel like*
hin-gehen *to go (there)*

das Mittagessen *lunch*
her-kommen *to come from*

* übrigens *by the way*

die Aufführung *performance*

sowieso *anyhow*

zur Erlernung *for the study of*
gedenken *to intend*
erhältlich *obtainable*

die Kaffeemühle *coffee grinder*
auseinander-nehmen *to take apart*

Herrn Bernhard Hase gerichtet, der, wie ich mich erinnerte, ein Freund meines Vetters gewesen war. Ich öffnete den Umschlag. Eine Theaterkarte und ein Zettel fielen heraus. Auf dem Zettel stand:

Lieber Bernhard! 5
Ich schicke Dir eine Karte zu "Tannhäuser" nächsten Montag, von der ich keinen Gebrauch machen werde, da ich verreisen möchte, um ein wenig auszuspannen. Vielleicht hast Du Lust, hinzugehen.

Herzliche Grüße, Dein Eduard. 10

Zum Mittagessen gab es Steinpilze. "Die Pilze habe ich hier auf dem Tisch gefunden. Wo kommen sie eigentlich her?" fragte meine Frau. "Herr Kolhaas hat sie geschickt." "Wie nett von ihm. Übrigens habe ich auch eine Theaterkarte gefunden. Was wird denn gespielt?" 15

"Die Karte, die du gefunden hast", sagte ich, "ist zu einer Aufführung von 'Tannhäuser', aber die war vor zwölf Jahren!" "Na ja", sagte meine Frau, "zu 'Tannhäuser' hätte ich sowieso keine Lust gehabt."

Heute morgen kam wieder ein Brief von Eduard mit der 20 Bitte, ihm eine Tenorblockflöte zu schicken. Er habe nämlich in dem Mantel (der übrigens länger geworden sei) ein Buch zur Erlernung des Blockflötenspiels gefunden und gedenke, davon Gebrauch zu machen. Aber Blockflöten seien in Australien nicht erhältlich. 25

"Wieder ein Brief von Eduard", sagte ich zu meiner Frau. Sie war gerade dabei, die Kaffeemühle auseinanderzunehmen und fragte: "Was schreibt er?"—"Daß es in Australien keine Blockflöten gibt."—"Dann soll er doch ein anderes Instrument lernen", sagte sie. "Das finde ich auch", 30 meinte ich.

Sie kennt eben keine Probleme.

New Words and Phrases to Learn

ab-schicken *to send off, mail; to dispatch*
ein bißchen *a little, a little bit, somewhat, slightly*
darauf *thereupon, on it; after that*
dies(-er, -e, -es) *this; the latter*
eben *just, simply; just now, before; even, level*
das Ei,-er *egg*
ein-fallen (fiel, ist gefallen, fällt) (*dat.*) *to occur to; to remember*
ein-stecken *to put in, pocket;* einen Brief— *to mail a letter*
erhalten (erhielt, erhalten, erhält) *to get, receive*
erkennen (erkannte, erkannt) *to recognize; to perceive*
fröhlich *cheerful, gay*
geben: es gibt *there is, there are*
das Gedicht,-e *poem*
gründlich *thorough*
sich handeln um *to be a matter or question of, to concern*
Haus: nach Hause (*in the direction of*) *home;* zu Hause *at home*
hiermit *herewith*
holen *to fetch, get; to take*
kochen *to cook; to boil*
link(-er, -e, -es) *left;* links *on the left* (*side*)
Lust haben *to feel like*
der Mantel,¨ *coat, overcoat*
mit-geben (gab, gegeben, gibt) *to give along* (*with*)*; to impart*
nämlich *namely, that is to say; you know, of course; for*
obwohl *although*
recht haben *to be right*
rennen (rannte, ist gerannt) *to run; to race*
schmecken: es schmeckt mir *it tastes good*
der Schrank,¨e *closet*
schwimmen (schwamm, ist geschwommen) *to swim*
seitdem *since; since then*

sogleich *immediately, at once*
spazieren-gehen (ging, ist gegangen) *to go for a walk*
die Tasche,-n *pocket; bag*
übrigens *incidentally, by the way*
dre Unsinn *nonsense*
sich verabschieden *to say good-bye*
weiter *further; farther, on*
wert *worth, worthy of*
zurück-kehren (ist) *to return*

Vocabulary Building

A Form short sentences with two of the above listed learn words or phrases in each sentence.

B Answer the following questions, using as many new learn words as possible.

1 / Warum sagten Sie mir gestern nicht, wo sie wohnt?
2 / Was hast du mit dem Brief gemacht?
3 / Was wollen wir tun, da das Wetter so schön ist?
4 / Haben Sie alles zum Frühstück im Haus?
5 / Wo finde ich dieses Buch?
6 / Beschreiben Sie das Zimmer Ihres Freundes.
7 / Zu welchem Ergebnis kam der Arzt, nachdem er Herrn Müller untersucht hatte?
8 / Warum arbeitest du nicht mehr?

C Rewrite the following sentences by substituting new learn words and phrases from the above list of learn words whenever possible.

1 / Ich denke, daß die Geschichte keinen Sinn hat.
2 / Er erinnert sich nicht an Ihren Namen.
3 / Was Sie denken, ist wahrscheinlich richtig.
4 / Er sagte "Auf Wiedersehen" und kam nicht zurück.
5 / Das Thema des Gedichts ist Alkohol.
6 / Werfen Sie diesen Brief in den Kasten!

Comprehension

A Confirm or revise the following statements so that they will agree with the sources to which they refer.

1 / Dem reichen Mann gefiel das Bild, weil die Kühe so genau gemalt waren.

2 / Brecht sagt in seinem Gedicht, daß Trinken gefährlich ist.

3 / Die Geschichte von Herrn Müller ist komisch, weil der Arzt sich geirrt hat.

4 / Der Mantel von Herrn Kolhaas wurde aus Versehen nach Australien geschickt.

5 / In Morgensterns Gedicht tötet ein Esel einen andern.

6 / In Eduards Mantel war eine alte Theaterkarte.

B Answer the following questions. Use as many sentences as you need.

1 / Warum ging der Adler in Brechts Gedicht unter?

2 / Was können Sie aus dem Witz über die Leute in Schottland lernen?

3 / Welche Rolle spielt der Mantel in Hildesheimers Geschichte?

4 / Was schreibt Vetter Eduard in seinem Brief?

5 / Welches Gedicht gefällt Ihnen am besten, und warum?

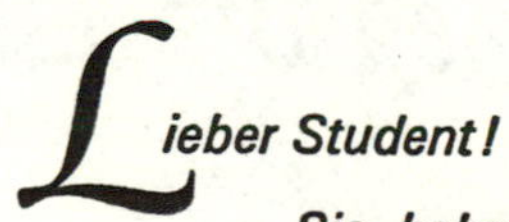*ieber Student!*

Sie haben jetzt 40 neue Wörter kennengelernt. Wir hoffen, daß Sie sie gründlich gelernt haben. Da Sie schon 600 Wörter kannten, ehe Sie dieses Buch aufgemacht hatten, ist Ihr Vokabular gewachsen. Nun kennen Sie 640 wichtige deutsche Wörter.

2
Der Weg ins Leben

Werner Stelly, whose story "Der Weg ins Leben" is our next selection, is not widely known as a writer. Born in a little town on the Lower Elbe in 1909, he studied law and devoted himself to municipal administration, only occasionally publishing short stories and radio plays. Yet, the thematic range of his stories, the simple style and sparse diction, the absence of sentimentality, the sympathetic insight into the psyche of young people, make Stelly eminently suitable to American students who want to know what life in Germany was like in the chaotic and harsh years immediately following World War II. The reader must realize that the nameless boy in our story is merely one of the uncounted numbers of young uprooted Europeans whose initiation into life consisted of incidents and experiences similar to the ones related by Stelly.

ins = in das

der Sack *sack, bag*
frei-machen *to uncover*
* damit *so that* * besser *better* * lauschen *to listen*
* der Schritt *step*

* leise *soft*
miteinander *with one another* sich auf-richten *to straighten up*
* mindestens *at least*
* drücken *to press*

weg-gehen *to go away*

* weg *gone; away*
der Türgriff *door handle* * fassen *to grasp*
* die Angst *fear;*—haben *to be afraid*
ein paar *a few*
flüstern *to whisper* * weither *far away*
pfeifen *to whistle* das Geräusch *noise*
die Luke *hatch*
wenn auch *even if*

der Schuppen *shed* gucken (*coll.*) *to peer, look*
klettern *to climb* rein = * herein *in*
sich hin-legen *to lie down*

die Kiste *crate*
drin = darin

was für *what sort of*

sich rühren *to stir* an-stecken *to light*
das Feuerzeug *lighter* es zieht *there is a draft* * her *from*

Mensch *man* aus-machen *to put out*
zu-machen *to shut, close*

DER WEG INS LEBEN

Werner Stelly

Plötzlich hörte ich von draußen Stimmen. Ich zog den Sack über den Kopf, machte den Kopf aber doch wieder frei, damit ich besser hören konnte. Ich lauschte. Aber ich konnte nichts hören. Dann hörte ich Schritte. Sie mußten gerade vor der Tür stehen. Sie sprachen zusammen. Aber ich konnte kein Wort verstehen. Sie sprachen ganz leise miteinander. Ich richtete mich auf, konnte aber immer noch nichts verstehen. Es waren zwei Männer, mindestens zwei. Dann drückten sie gegen die Tür. Und dann sagte der eine etwas zu dem anderen. Dann war es wieder still. Sie standen aber noch vor der Tür, ich hörte sie nicht weggehen. Es war eine ganze Zeit still. Ich dachte schon, vielleicht sind sie doch weg. Aber dann hörte ich, daß der eine an den Türgriff faßte und ihn herunterdrückte. Ich mußte ein bißchen lachen, aber leise. So große Angst hatte ich nicht mehr. Dann gingen sie ein paar Schritte. Ich hörte sie wieder flüstern. Dann war es wieder still. Von weither hörte ich eine Lokomotive pfeifen. Und dann hörte ich ein Geräusch an der Wand unter der Luke. Die Luke, dachte ich. Aber so große Angst hatte ich nicht mehr, wenn sie jetzt auch die Luke gefunden hatten.

Die Luke wurde geöffnet. Ich konnte es sehen. Draußen war es heller. Dann sah ich, wie ein Kopf in der offenen Luke erschien. Und dann hörte ich, wie der eine fragte: "Kannst du was sehen?"

"Nein", sagte der andere, der in den Schuppen guckte.

"Klettere mal rein", sagte der eine.

Ich legte mich hin und zog den Sack über den Kopf. Aber dann richtete ich mich wieder auf. Ich hatte keine Angst mehr. Der eine Mann kletterte durch die Luke und sprang auf die Kiste.

"Was ist denn drin?" fragte der von draußen.

"Kisten", sagte der Mann, der auf der Kiste stand.

"Was für Kisten?" fragte der von draußen.

"Weiß nicht", sagte der auf der Kiste.

"Warte, ich komme", sagte der von draußen. Und er kletterte auch durch die Luke.

Ich blieb ganz still und rührte mich nicht. Dann steckte der eine ein Feuerzeug an. Es zog von der Luke her und er mußte die Hand vor das Feuerzeug halten.

"Mensch, mach das Licht aus", sagte der andere, "oder wir müssen die Luke zumachen." Er machte die Luke zu.

Das Feuerzeug ging aus. "So, jetzt sieht man überhaupt nichts mehr", sagte der eine. Es war ganz dunkel. Ich hörte,

* vorsichtig *cautious*

was wohl *I wonder what* * leer *empty*

treten *to step (on)*

* die Vorsicht *caution*
stehen-bleiben *to stop*
* sich erschrecken *to be startled* tüchtig *thoroughly* * beinahe *almost*
* los sein *to go on, be the matter*

sich herunter-beugen *to bend down*
leuchten *to shine*

blenden *to blind*

* gar nichts *nothing at all*

die Klappe = die Luke

* zu-schließen *to lock*

* sich hin-setzen *to sit down*

* frech *fresh*

* dasselbe *the same*
die Rotznase (*sl.*) *snot-nose*

faßte dahin, wo *reached over where*
berühren *to touch*
an-machen = an-stecken das Feuer *light*

auf-glühen *to glow (more brightly)*
sich hin-hauen (*coll.*) *to fling oneself down*

wie sie vorsichtig auf den Kisten gingen. Ich hatte gar keine Angst mehr.

"Was wohl in den Kisten ist?" sagte der eine. "Leer sind sie nicht. Das hört man."

Sie kamen näher. Ich hatte Angst, daß sie mich treten würden. 5

"Vorsicht", sagte ich.

Sie blieben stehen. Es war ganz still. Ich merkte, daß sie sich tüchtig erschrocken hatten. Ich hätte beinahe gelacht. Wie sie da im Dunkeln standen und nicht wußten, was los war. Ich hatte kein bißchen Angst mehr. 10

Dann merkte ich, wie sich der eine zu mir herunterbeugte. Er steckte das Feuerzeug an und leuchtete mir ins Gesicht. Ich konnte nichts sehen, weil mich das Feuerzeug vor dem Gesicht blendete. 15

"Was machst du hier?" fragte der mit dem Feuerzeug.

"Gar nichts", sagte ich.

Er machte das Feuerzeug aus. Dann hörte ich, wie er sich auf eine Kiste setzte. Der andere stand noch.

"Also, was machst du hier?" fragte der mit dem Feuerzeug. 20

"Was wollt ihr denn hier?" fragte ich.

"Bist du auch durch die Klappe gekommen?" fragte der mit dem Feuerzeug.

"Ja", sagte ich. 25

"Ist die Tür zugeschlossen?" fragte er.

"Ja", sagte ich.

"Wie alt bist du?" fragte der mit dem Feuerzeug. Ich hörte, daß sich auch der andere hinsetzte.

"Warum?" 30

"Sei nicht so frech", sagte der mit dem Feuerzeug. "Was willst du hier?"

"Dasselbe wie ihr", sagte ich.

"Laß doch die Rotznase", sagte der andere.

"Hast du eine Zigarette?" fragte der mit dem Feuerzeug. 35

"Nein", sagte ich.

Ich hörte, wie er etwas aus der Tasche holte. Es knisterte.

"Hier", sagte er.

Ich faßte dahin, wo er wohl die Zigarette halten konnte und berührte seine Hand. Er gab mir die Zigarette. Dem 40 anderen gab er auch eine Zigarette. Er machte das Feuerzeug an und gab mir Feuer. Als er dem anderen Feuer gab und sich selbst seine Zigarette ansteckte, konnte ich ihre Gesichter sehen. Sie waren wohl achtzehn oder neunzehn, vielleicht zwanzig. So genau weiß ich das nicht. 45

Wir rauchten. Die Zigaretten leuchteten im Dunkeln. Wenn einer an seiner Zigarette zog, glühte es auf.

"Ich denke, hier werden wir uns hinhauen", sagte der eine.

"Denk ich auch", sagte der mit dem Feuerzeug.

zum Essen = zu essen

her-kommen *to come up* dicht *close*
in meiner Nähe *close to me* umher-tasten *to grope around*
der Brotbeutel *knapsack*

* das Hemd *shirt*

der Löffel *spoon* * das Papier *paper*
hin-geben *to give back*

* dahin *there*
näher-kommen *to approach*
der Personenzug *passenger train* der Güterzug *freight train*
das Gleis *track* * vorbei *by, past* das Zischen *hissing*
das Rattern *rattling*

der Schluck *swallow, swig* * laut *loud, noisy*

* bestimmt *definite*

sich hin-legen *to lie down*
die Richtung *direction*

herum-arbeiten *to fumble with* das Brett *board* lockern *to loosen*
* das geht (nicht) *this can (not) be done*

zu fest zu *too tightly shut*

der Schlaumeier (*coll.*) *smart guy*
* leiden mögen *to like*
merken an *to tell by*

auf-machen = öffnen
* sich ärgern *to be angry*

* ruhig *quiet* los(e) *loose*

"Hast du was zum Essen?" fragte der eine. Der mit dem Feuerzeug antwortete nicht.

"Dich meine ich, du Rotznase", sagte der eine. "Hast du was zum Essen?"

"Nein", sagte ich. Ich hörte, wie er aufstand und näher zu mir herkam. Er kam ganz dicht heran. Ich hörte, wie er mit der Hand in meiner Nähe umhertastete.

"Was hast du hier?" fragte er. Er hatte meinen Brotbeutel in der Hand. Ich faßte dahin, wo er gelegen hatte. Er war nicht mehr da.

"Mein Brotbeutel", sagte ich.

"Was hast du darin?" fragte er.

"Ein Hemd."

"Was noch?"

"Ein Messer", sagte ich, "und einen Löffel. Und Papier."

"Laß ihn doch", sagte der mit dem Feuerzeug. "Gib ihm doch den Brotbeutel wieder hin."

Der andere ließ den Brotbeutel fallen. Ich legte ihn wieder dahin, wo er gelegen hatte.

Ich hörte, wie ein Zug näherkam. Ich weiß nicht, ob es ein Personen-oder ein Güterzug war. Er fuhr ein paar Gleise weiter vorbei. Ich hörte das Zischen von der Lokomotive und dann das Rattern der Wagen. Es war ein langer Zug. Ich glaube, es war ein Güterzug.

"Jetzt einen Schluck, was?" sagte der eine laut.

"Nicht so laut", sagte der mit dem Feuerzeug.

"Warum nicht?" sagte der eine. "Das ist ja draußen so laut von dem Zug, daß es bestimmt keiner hört."

"Aber wir hören auch nichts."

Ich legte mich hin. Den Brotbeutel legte ich unter den Kopf. Der Zug war vorbei. Aus der anderen Richtung kam auch ein Zug.

Ich hörte, wie einer von den beiden an einer Kiste herumarbeitete. Er versuchte, ein Brett zu lockern.

"Das geht nicht", sagte ich.

"Was geht nicht?" fragte er.

"Die Kiste ist zu fest zu", sagte ich. "Mit den Händen geht es nicht."

"Du bist ein Schlaumeier", sagte er. Es war nicht der mit dem Feuerzeug, es war der andere. Ich mochte ihn nicht leiden. Der mit dem Feuerzeug war netter. Das konnte ich an der Stimme merken. Ich dachte zuerst, es wäre der mit dem Feuerzeug, der die Kiste aufmachen wollte. Sonst hätte ich nichts gesagt. Ich ärgerte mich, daß ich überhaupt etwas gesagt hatte. Er hatte zweimal Rotznase zu mir gesagt. Ich sagte nicht, daß ich wohl wußte, was in den Kisten war.

Nach einiger Zeit wurde es ruhig. Er bekam kein Brett los. Ich freute mich, daß ich wußte, was in den Kisten war und er nicht.

ab-kriegen *to get* (*one's share of*)
zum Zudecken *to cover* (*me*) *up*
* atmen *to breathe* verdammt *damned*
* hart *hard*

horchen = lauschen

denken, ob (*coll.*) *to wonder, whether*
irgendwo *somewhere* verstecken *to hide*

immer noch nicht *still not*
solange, bis = bis * wach *awake*

* auf-wachen *to wake up*

* nach-denken *to think*

die Schiene *rail* zusammen-setzen *to join*

zum zweitenmal *for the second time*

zu sein *to be closed* zu-machen *to close*
das Lager *sleeping place* mit einemmal = plötzlich
schon so lange, wie ich wach war *from the moment I woke up*

verflucht *confounded*
* das Schwein *swine*

rangieren *to shunt*
gemeine Sau (*sl.*) *dirty swine*
zusammen-rollen *to roll up*
kühl *cool*
* außen *outside*

"Ich leg' mich hin", sagte der mit dem Feuerzeug, "bin müde." Ich hörte, wie er sich auf die Kisten legte. Dann hörte ich, wie sich auch der andere hinlegte. Wenn der mit dem Feuerzeug allein gewesen wäre, hätte ich gesagt, daß er Säcke abkriegen könnte. Ich lag auf sechs leeren Säcken 5 und hatte noch zwei zum Zudecken.

Ich lauschte. Ich konnte sie atmen hören. "Verdammt hart", sagte der mit dem Feuerzeug. Ich sagte nichts von den Säcken. Der andere hatte zweimal zu mir Rotznase gesagt. Ich horchte, ob sie schon schliefen. Sie schliefen 10 noch nicht. Das merkte ich. Sie sagten nichts und es war ganz still. Aber ich merkte, daß sie noch nicht schliefen.

Ich fühlte meinen Brotbeutel unter dem Kopf. Ich dachte, ob ich ihn irgendwo verstecken sollte, zwischen Kisten oder so. Aber das hörten sie vielleicht. Unter dem Kopf war es 15 noch am besten. Sie schliefen immer noch nicht. Ich hörte sie atmen. Ich wollte solange wachbleiben, bis sie schliefen.

Als ich aufwachte, wußte ich sofort, wo ich war. Ich weiß immer, wo ich bin, wenn ich aufwache. Manche 20 wissen das nicht. Manche müssen immer zuerst nachdenken, wo sie sind. Ich brauche das nicht. Ich weiß immer, wo ich bin, wenn ich aufwache. Ich horchte, ob sie schliefen. Sie atmeten so, als ob sie schliefen. Ich horchte noch ein bißchen und hörte nichts als ihr Atmen. Es fuhr 25 wieder ein Zug vorbei. Ich zählte, wie oft es ratterte. Wo die Schienen zusammengesetzt sind, rattert es. Es ratterte 104 mal. Das war ein Güterzug mit 52 Wagen.

Als ich zum zweitenmal aufwachte, wußte ich sofort, daß sie nicht mehr da waren. Die sind weg, dachte ich und 30 horchte. Ich hörte nichts. Ich richtete mich auf. Ich wußte genau, daß sie weg waren. Ich stand auf und ging zu den Kisten, auf denen sie gelegen hatten. Sie waren nicht mehr da. Die Luke war zu. Die hatten sie wieder zugemacht. Ich ging zu meinem Lager zurück. Mit einemmal wußte ich, 35 daß mein Brotbeutel auch weg war. Ich wußte es schon so lange, wie ich wach war. Aber jetzt merkte ich erst, daß ich es wußte. Der Brotbeutel war weg. Ich suchte ihn und faßte zwischen die Kisten. Ich wußte ja, daß er weg war. Er war nicht da. 40

Der hat die Zigaretten gefühlt, dachte ich. Das verfluchte Schwein. Zweimal hat er zu mir Rotznase gesagt. Das verfluchte Schwein.

Ich ging an die Luke und machte sie auf. Es war schon hell draußen. Weiter weg rangierten sie. Ich sah keinen 45 Menschen. Diese gemeine Sau, dachte ich. Dann holte ich einen Sack und rollte ihn zusammen. Und dann kletterte ich durch die Luke. Es war noch kühl. Die Luke machte ich von außen wieder zu. Ich konnte keinen Menschen sehen.

* das Bein *leg*
der Oberkörper *upper part of the body*
hin-sehen *to look (towards, at)*
nach-gucken (*coll.*) *to look to see*

blutig *bloody*
die Schwelle *tie*
* der Stein *stone*

kriegen (*coll.*) = bekommen
* eine Menge *a lot*

wieder-geben *to give back*
selber *himself*

* mir wird übel *I feel sick*
ein paarmal *a few times*
schlucken *to swallow*

das Blut *blood*
ab-waschen *to wash off*
* um-kehren *to turn back*

Ich kletterte unter ein paar Zügen durch. Dann kam ein freies Gleis. Ich sah meinen Brotbeutel sofort. Er lag vor der Schiene. Daneben lag einer. Ich dachte, das ist nicht der mit dem Feuerzeug, das ist der andere, der zweimal zu mir Rotznase gesagt hat. Vor der Schiene lagen die Beine und zwischen den Schienen der Oberkörper. Ich mochte zuerst nicht hinsehen. Ich nahm meinen Brotbeutel und guckte nach, ob die Zigaretten noch darin waren. Die Zigaretten waren weg. Ich dachte, vielleicht hat er sie in der Tasche. Sein Gesicht lag auf der Seite. Es war ganz blutig. Die Schiene, die Schwelle und die Steine neben der Schiene waren auch ganz blutig. Und dann dachte ich, was ich alles für die Zigaretten gekriegt hätte. Für englische Zigaretten geben sie eine Menge. Aber ich mochte nicht in seine Taschen fassen. Dann dachte ich, vielleicht hat auch der mit dem Feuerzeug die Zigaretten genommen. Das ist auch ein Schwein, dachte ich. Und dann sah ich, daß es überhaupt der mit dem Feuerzeug war.

Wenn es doch nicht der mit dem Feuerzeug wäre, dachte ich. Der hatte doch zu dem anderen gesagt, er sollte mir den Brotbeutel wiedergeben. Und nun hatte er selber den Brotbeutel gehabt. Und ich hatte gedacht, er wäre ganz nett. Mir wurde mit einemmal ganz übel. Ich mußte ein paarmal schlucken. Dann ging ich schnell weg.

Ich ging in die Stadt. Auf dem Wege dachte ich, daß ich das Feuerzeug gut gebrauchen könnte. Das Blut kann man ja abwaschen. Aber ich mochte nicht umkehren.

New Words and Phrases to Learn

die Angst,⸗e *fear, fright, anxiety;*—haben *to be afraid*
sich ärgern *to be angry*
atmen *to breathe*
auf-wachen (ist) *to wake up*
außen *outside*
das Bein,-e *leg*
beinahe *almost*
(gut) besser, best, am besten (*adv.*) *better, best, best*
bestimmt *definite, certain; designated*
dahin *there, thither; lost, gone*
damit (*adv.*) *with it, thereby;* (*conj.*) *in order to, so that*
der-, die-, dasselbe *the same*
drücken *to press, squeeze*
(sich) erschrecken (erschrak, erschrocken, erschrickt) *to be frightened, startled*
fassen *to take hold of, grasp, reach*
frech *fresh, impudent*
gar (*adv.*) *even, fully, quite, very;*—nicht *not at all;* —nichts *nothing at all*
gehen: es geht (nicht) *it can* (*not*) *be done*
hart *hard*
das Hemd,-en *shirt*
her *hither, here; from*
herein *in, into; come in!*
sich hin-setzen *to sit down*
lauschen *to listen*
laut *loud; noisy*
leer *empty*
leiden:—können,—mögen *to like*
leise *soft, gentle, low; faint, slight*
los sein *to be the matter, to go on; to be loose*
die Menge,-n *quantity; crowd;* eine— *a great deal, a lot*
mindestens *at least*

nach-denken (dachte, gedacht) *to think (over), meditate, ponder*
das Papier,-e *paper*
ruhig *quiet, calm; silent*
der Schritt,-e *step, pace*
das Schwein,-e *pig, hog; swine*
der Stein,-e *stone, rock*
übel *evil, bad;* mir ist— *I feel sick*
um-kehren (ist) *to turn back, return*
vorbei *by, along, past*
die Vorsicht *caution*
vorsichtig *cautious, careful, prudent*
wach *awake*
weg *away; gone; lost, disappeared*
weither *far away*
zu-schließen (schloß, geschlossen) *to lock; to shut, close*

Vocabulary Building

A Form short sentences with at least two new learn words or phrases from this chapter in each sentence.

B Express in German, using as many new learn words as possible.

1 / He got up and listened, but then he sat down again.

2 / When I woke up, I did not hear his steps anymore and the room was empty.

3 / The man was afraid and softly asked: "What is the matter?"

4 / He quietly returned and breathed cautiously.

5 / I don't like her at all because she is so noisy and impudent.

6 / He could not meditate further, for he felt sick.

C Rephrase the following sentences by using as many new learn words and idiomatic expressions as possible.

1 / Er hörte auf zu schlafen.

2 / Der Junge ist gar nicht nett.

3 / Sie konnte nicht essen, weil sie sich schlecht fühlte.

4 / Weil der Zug nicht voll war, brauchten sie nicht zu stehen.

5 / "Kann dieses Fenster geöffnet werden?" fragte er. "Nein", es kann nicht getan werden", antwortete sie.

6 / Viele Menschen standen dort und wollten wissen, was geschehen war.

Comprehension

Answer the following questions, using the words given in parentheses.

Use as many sentences as you need.

1 / Was tat der Junge, als er Stimmen hörte? (Sack, lauschen, aufrichten)

2 / Was taten die Männer? (klettern, Luke, Kiste)

3 / Warum konnte der Junge die beiden sehen? (Feuerzeug, anstecken, hell)

4 / Warum war der Junge im Schuppen und warum wollten auch die beiden Männer in den Schuppen? (Nacht, schlafen)

5 / Wie konnte der Junge wissen, wie alt die beiden waren? (Feuer, Zigarette, Gesicht)

6 / Was tat der Junge mit dem Brotbeutel? (verstecken, Kopf)

7 / Was bedeutet: "Ich weiß immer, wo ich bin, wenn ich aufwache. Manche wissen das nicht."? Was will Stelly damit sagen? (Krieg, zu Hause, allein)

8 / Warum wollte der Junge nicht umkehren? (Brotbeutel, Zigaretten, blutig, übel sein)

ieber Student!

Nun haben Sie 46 neue Wörter gelernt. Da Sie mindestens 600 Wörter kannten, ehe Sie dieses Buch aufgemacht hatten, ist Ihr Vokabular wieder gewachsen, und Sie kennen jetzt 686 deutsche Wörter. Wenn Sie weiter üben, werden Sie bald leichter lesen und sprechen und schreiben können. Schon heute können Sie sagen: "Deutsch ist nicht so schwer wie ich gedacht habe."

Ungelöste Fragen

It is obvious that in a country, ravaged by war and devastated by bombs, the still unsolved questions ("Ungelöste Fragen") of human pacification and control of nuclear power would be foremost in the minds of its writers. Wolfgang Borchert (1921–1947), a young author whom fate granted only two years of feverish activity, was probably the most genuine literary talent to emerge in Germany after 1945. It is not surprising, therefore, that Borchert's posthumous fame swept the country. He survived the end of the war under a suspended death sentence for seditious remarks against the Nazi regime but was physically ruined by brutal treatment. Borchert did not even live to see the opening of his only play, *Draußen vor der Tür* (originally a radio play), with whose returning veteran hero a whole generation of young Germans identified. The remainder of Borchert's work consists of short stories, widely anthologized for their pertinence and power of antiwar sentiment expressed in a singularly impressive style of terse simplicity and sardonic irony. In our selection of several telling vignettes the inhuman folly of war is attacked by exposing its sustaining attitudes: greed, profit, militarism, and even plain habit and stupidity. □ While Borchert who came from Hamburg was a writer of the West, Erich Brehm lives and works in East Germany. His poem shows that concern over the atom bomb is not restricted to the writers of the West. Brehm, a frequent contributor to East Berlin's satirical-political cabaret "Die Distel", where he often recites his own songs, ends his poem with an optimistic statement ("die Kriege werden unmodern") the truth of which has yet to be proved.

lösen *to solve*

* die Lesebuchgeschichte *story to be included in a reader*

* die Leute (*pl.*) *peop* die Nähmaschine *sewing machine*
* der Eisschrank *refr'gera or* * das Telefon *telephone*
de Fabrikbesitzer *factory owner*
die Bo e *omb* der Erfinder *inventor*

* anders *otherwise*

der Kittel *smock*
zart *delicate* * der Buchstabe *letter of the alphabet*
* aus-ziehen *to take off* pflegen *to care for* eine Stunde lang *for one hour*
die Fensterbank *window sill*
ein-gehen *to die*
* weinen *to cry*
* danach *according to that*
das Gramm *gram*
tot-machen *to kill*

* miteinander *with one another*
der Kostenanschlag *cost estimate*
die Kachel *tile*

sich um-stellen *to change over*
* rechtzeitig *in (due) time* * die Schokolade *chocolate*
das Schießpulver *gun powder*

der Duschraum *shower room*

auseinander-gehen *to part*
der Bauunternehmer *contractor*

die Kegelbahn *bowling alley*
nanu (*interj.*) *well, well!* der Studienrat *title of a secondary school teacher*
* der Anzug *suit* der Trauerfall *mourning* keineswegs *not at all*
die Feier *ceremony* * eine Rede halten *to give a speech* Sparta *ancient Greek city*†
Clausewitz, Karl von *Prussian general (1780–1831)*‡

† *Noted for its harsh military discipline and warrior spirit.*
‡ *Author of a famous book on total war.*

LESEBUCHGESCHICHTEN

Wolfgang Borchert

Alle Leute haben eine Nähmaschine, ein Radio, einen Eisschrank und ein Telefon. Was machen wir nun? fragte der Fabrikbesitzer.

Bomben, sagte der Erfinder.

Krieg, sagte der General. 5

Wenn es denn gar nicht anders geht, sagte der Fabrikbesitzer.

Der Mann mit dem weißen Kittel schrieb Zahlen auf das Papier. Er machte ganz kleine zarte Buchstaben dazu.

Dann zog er den weißen Kittel aus und pflegte eine 10 Stunde lang die Blumen auf der Fensterbank. Als er sah, daß eine Blume eingegangen war, wurde er sehr traurig und weinte.

Und auf dem Papier standen die Zahlen. Danach konnte man mit einem halben Gramm in zwei Stunden tausend 15 Menschen tot machen.

Die Sonne schien auf die Blumen.

Und auf das Papier.

Zwei Männer sprachen miteinander.

Kostenanschlag? 20

Mit Kacheln?

Mit grünen Kacheln natürlich.

Vierzigtausend.

Vierzigtausend? Gut. Ja, mein Lieber, hätte ich mich nicht rechtzeitig von Schokolade auf Schießpulver um- 25 gestellt, dann könnte ich Ihnen diese vierzigtausend nicht geben.

Und ich Ihnen keinen Duschraum.

Mit grünen Kacheln.

Die beiden Männer gingen auseinander. 30

Es waren ein Fabrikbesitzer und ein Bauunternehmer.

Es war Krieg.

[*In the following conversation Borchert imitates the clipped speech of the military. Note the omission of the narrating Studienrat's "ich" and of certain prepositions.*]

Kegelbahn. Zwei Männer sprachen miteinander.

Nanu, Studienrat, dunklen Anzug an. Trauerfall?

Keineswegs, keineswegs. Feier gehabt. Jungens gehn an 35 die Front. Kleine Rede gehalten. Sparta erinnert. Clausewitz

zitieren *to cite* * der Begriff *concept* die Ehre *honor*
Hölderlin, Friedrich *German poet (1770–1843)*† Langemarck *ridge in the Belgian province West Flanders*‡ gedenken *to remember* ergreifend *impressive, moving* Gott, der Eisen wachsen ließ *"The God who let iron grow" an often quoted line by Ernst Moritz Arndt (1769–1860) whose patriotic poems had helped to inflame the German public against Napoleon*
leuchten *to shine* * auf-hören *to stop* gräßlich *ghastly*
an-starren *to stare at* entsetzt *horrified*
beim Erzählen *while he talked* lauter *a lot of* das Kreuz *cross*
die Kugel *ball* die Bahn *alley* * rollen *to roll*
donnern *to thunder, roar* stürzen *to fall, tumble* * hinten *in the rear*
* aus-sehen *to look*

na *well! now!*
ziemlich schief *quite bad*

* höchstens *at the most*
drauf-gehen (*coll.*) *to be lost*

der Freiwillige *volunteer, enlisted man*
'türlich = natürlich

* um-fallen *to fall down* * tot *dead*

* aus sein *to be over*
* tot-schlagen *to kill*

der Richter *judge*

die Friedenskonferenz *peace conference* * zu Ende *over*
der Minister *member of the government on the cabinet level, corresponding to Secretary in America* vorbei-kommen *to go past* die Schießbude *shooting gallery* mal = einmal * die Lippe *lip* das Gewehr *rifle*
die Pappe *cardboard*

† *Often misinterpreted during the two world wars as a super patriot.*
‡ *Where thousands of enlisted young German students perished during a bloody battle in 1914.*

zitiert. Paar Begriffe mitgegeben. Ehre. Vaterland. Hölderlin lesen lassen. Langemarck gedacht. Ergreifende Feier. Ganz ergreifend. Jungens haben gesungen: Gott, der Eisen wachsen ließ. Augen leuchteten. Ergreifend. Ganz ergreifend. 5

Mein Gott, Studienrat, hören Sie auf. Das ist ja gräßlich.

Der Studienrat starrte die anderen entsetzt an. Er hatte beim Erzählen lauter kleine Kreuze auf das Papier gemacht. Lauter kleine Kreuze. Er stand auf und lachte. Nahm eine neue Kugel und ließ sie über die Bahn rollen. Es donnerte 10 leise. Dann stürzten hinten die Kegel. Sie sahen aus wie kleine Männer.

Zwei Männer sprachen miteinander.
Na, wie ist es?
Ziemlich schief. 15
Wieviel haben Sie noch?
Wenn es gut geht: viertausend.
Wieviel können Sie mir geben?
Höchstens achthundert.
Die gehen drauf. 20
Also tausend.
Danke.
Die beiden Männer gingen auseinander.
Sie sprachen von Menschen.
Sie waren Generale. 25
Es war Krieg.

Zwei Männer sprachen miteinander.
Freiwilliger?
'türlich.
Wie alt? 30
Achtzehn. Und du?
Ich auch.
Die beiden Männer gingen auseinander.
Es waren zwei Soldaten.
Da fiel der eine um. Er war tot. 35
Es war Krieg.

Als der Krieg aus war, kam der Soldat nach Haus. Aber er hatte kein Brot. Da sah er einen, der hatte Brot. Den schlug er tot.

Du darfst doch keinen totschlagen, sagte der Richter. 40

Warum nicht, fragte der Soldat.

Als die Friedenskonferenz zu Ende war, gingen die Minister durch die Stadt. Da kamen sie an einer Schießbude vorbei. Mal schießen, der Herr? riefen die Mädchen mit den roten Lippen. Da nahmen die Minister alle ein Gewehr und 45 schossen auf kleine Männer aus Pappe.

mitten *in the middle of*
* weg-nehmen *to take away*
wieder-haben *to have back*
die Ohrfeige *slap in the face*

* der Stock *stick*
* werfen *to throw*

* einander *one another*

die Bakterien (*pl.*) *bacteria*

nebeneinander *next to one another*
begraben *to bury*
der Regenwurm *earth worm*
das Grab *grave*
fressen *to eat* (*used for animals*)
* verschieden *different*

der Maulwurf *mole*
raus-gucken (*coll.*) *to peep out*
* fest-stellen *to determine*
beruhigt *calmly; reassuredly*
* immer noch *still*
die Krähe *crow*
krächzen *to croak*
* heben *to lift*
der Stint *smelt*
* der Stern *star*
das Moos *moss*
* das Meer *ocean*
die Mücke *mosquito*

* der Kern *nucleus, core*

sich schlagen mit *to fight with*
das Nachbarhaus *house next door*
aus-tragen *to carry out*
* stets *always*
unerbittlich *unyieldingly, inexorably*
vor-halten *to throw up to, reproach*

* schlimm *bad, evil*

gern (*with verb*) *to like to*
* der Streit *quarrel*
* vermeiden *to avoid*
* bescheiden *modest*

Mitten im Schießen kam eine alte Frau und nahm ihnen die Gewehre weg. Als einer der Minister es wiederhaben wollte, gab sie ihm eine Ohrfeige.

Es war eine Mutter.

Es waren mal zwei Menschen. Als sie zwei Jahre alt waren, da schlugen sie sich mit den Händen.

Als sie zwölf waren, schlugen sie sich mit Stöcken und warfen mit Steinen.

Als sie zweiundzwanzig waren, schossen sie mit Gewehren nach einander.

Als sie zweiundvierzig waren, warfen sie sich mit Bomben.

Als sie zweiundsechzig waren, nahmen sie Bakterien.

Als sie zweiundachtzig waren, da starben sie. Sie wurden nebeneinander begraben.

Als sich nach hundert Jahren ein Regenwurm durch ihre beiden Gräber fraß, merkte er gar nicht, daß hier zwei verschiedene Menschen begraben waren. Es war dieselbe Erde. Alles dieselbe Erde.

Als im Jahre 5000 ein Maulwurf aus der Erde rausguckte, da stellte er beruhigt fest:

Die Bäume sind immer noch Bäume.
Die Krähen krächzen noch.
Und die Hunde heben immer noch ihr Bein.
Die Stinte und die Sterne,
das Moos und das Meer
und die Mücken:
Sie sind alle dieselben geblieben.
Und manchmal—
manchmal trifft man einen Menschen.

DAS LIED VOM GUTEN KERN

Erich Brehm

Als er ein Kind war, schlug er
Sich oft mit den Kindern aus dem Nachbarhaus,
Und alle Kämpfe trug er
Stets unerbittlich bis zum Ende aus.
Da kamen die Nachbarn und hielten das der
Mutter vor
Und sagten: Dein Kind ist ein schlechtes Kind!
Das nimmt mal ein schlimmes Ende mit ihm,
Er ist nicht so, wie sonst Kinder sind.
Die Mutter hörte es nicht gern
Und wollte Streit vermeiden.
Sie sagte nur bescheiden:
Aber er hat einen guten Kern!

* die Wissenschaft *science*

auf den Grund gehen *to get to the bottom of*
vor-sprechen (*bei*) *to call on*

* klug *intelligent*

sollt' = sollte neiden *to begrudge*

die Physik *physics*
bewachen *to guard*
* los-lassen *to release*
draus = daraus *of it*

bewahren *to preserve*
* die Not *distress*
* fürchterlich *horrible*

das Sorgenkind *problem child*

unser Stern (*our star*) *Earth*

es uns entscheiden = es für uns * entscheiden *to decide for us*

* sich besinnen *to reflect on something* eh' = ehe *before*
wie's = wie es

* weder . . . noch *neither . . . nor*

* an-kommen auf etwas *to depend on something*

* einig *in agreement*
unmodern *old-fashioned*

Als er noch jung war, fing er
Die Wissenschaften sehr zu lieben an,
Und unerbittlich ging er
Den Dingen auf den Grund, so tief man kann.
Da kamen die Doktoren und sprachen bei der Mutter vor 5
Und sagten: Dein Kind ist ein gutes Kind!
Das nimmt mal ein gutes Ende mit ihm,
Er ist fast schon so klug, wie wir es sind.
Die Mutter hörte es sehr gern, 10
Man sollt' es ihr auch nicht neiden.
Sie sagte nur bescheiden:
Ich wußte, er hat einen guten Kern.

Dann lernte er Physik bei Tag und Nacht,
Und er lernte, wie man Atome bewacht, 15
Und er lernte, wie man sie loslassen kann,
Und auch, was alles draus werden kann.
Und als die Mutter tot war,
Bewahrte er den guten Kern in sich,
Das war, als große Not war: 20
Atome, hieß es da, sind fürchterlich.
Da kamen die Studenten und hielten ihm das alles vor
Und sagten: Das Atom ist ein Sorgenkind!
Das nimmt mal ein schlimmes Ende mit uns! 25
Das Atom ist nicht so, wie sonst Dinge sind.
Sag uns, was wird aus unserm Stern,
Was muß der Mensch noch leiden?
Du mußt es uns entscheiden:
Hat das Atom einen guten Kern? 30

Da er schon alt und krank war,
Besann er sich, eh' er die Antwort fand,
Doch wie's sein Leben lang war,
Er hat den Kern der Sache dann erkannt.
Der Kern des Atoms ist weder schlecht noch gut, 35
Und so ist das Atom auch kein Sorgenkind!
Es kommt nur darauf an, was der Mensch mit ihm tut,
Und daß ihr und ich uns da einig sind.
Die Kriege werden unmodern, 40
Sie sind schon zu vermeiden,
Der Mensch wird es entscheiden,
Und der hat einen guten Kern.

New Words and Phrases to Learn

anders *different, otherwise, else*
an-kommen auf etwas *to depend on something:* es kommt darauf an *it depends*
der Anzug,⸚e *suit*
auf-hören *to stop, cease (to)*
aus sein *to be over, out; to be finished*
aus-sehen (nach) (sah, gesehen, sieht) *to look, seem (like)*
(sich) aus-ziehen (zog, gezogen) *to take off, undress*
der Begriff,-e *concept, idea, notion*
bescheiden *modest*
sich besinnen (besann, besonnen) *to reflect on something, consider; to remember*
der Buchstabe,-n *letter of the alphabet*
danach *after that, thereupon; accordingly, according to that*
einander *each other, one another*
einig *in agreement, united*
der Eisschrank,⸚e *refrigerator, icebox*
Ende: zu— *over*
(sich) entscheiden (entschied, entschieden) *to decide*
fest-stellen *to determine; to find (out)*
fürchterlich *horrible, terrible*
heben (hob, gehoben) *to lift, raise*
hinten *in the rear, in back, behind*
höchstens *at (the) most, at best*
immer noch *still*
der Kern,-e *core, nucleus; pit*
klug *clever, intelligent*
das Lesebuch,⸚er *reader, anthology; primer*
die Leute (*pl.*) *people, persons*
die Lippe,-n *lip*
los-lassen (ließ, gelassen, läßt) *to release, set free; to let go*
das Meer,-e *ocean, sea*
miteinander *together, with one another; jointly*
die Not,⸚e *distress, difficulty, trouble; need*

rechtzeitig *in (due) time, punctual; opportune*
die Rede,-n *speech, talk; conversation;* eine—halten *to give a talk*
rollen *to roll*
schlimm *bad, evil; serious*
die Schokolade,-n *chocolate*
der Stern,-e *star*
stets *always, ever, forever; constantly*
der Stock,⸚e *stick*
der Streit,-e *quarrel, dispute; fight*
das Telefon,-e *telephone*
tot *dead;* tot-schlagen (schlug, geschlagen, schlägt) *to kill*
um-fallen (fiel, ist gefallen, fällt) *to fall down; to overturn*
vermeiden (vermied, vermieden) *to avoid*
verschieden *different, diverse, unlike, distinct; (pl.) various*
weder . . . noch *neither . . . nor*
weg-nehmen (nahm, genommen, nimmt) *to take away*
weinen *to cry, weep*
werfen (warf, geworfen, wirft) *to throw, hurl, flip*
die Wissenschaft,-en *science*

Vocabulary Building

A Form short sentences, using at least one new verb and one other word from the above list in each sentence.

B Rephrase the following sentences by using new learn words.

1 / Die Schule dauerte bis zwölf Uhr.
2 / Er erinnerte sich an den Krieg.
3 / Nicht alle Menschen denken dasselbe.
4 / Ich kann Ihnen nicht mehr als fünfhundert Mark geben.
5 / In Zeiten der Schwierigkeit braucht man Freunde.
6 / Die Mutter nahm das Gewehr von ihm.
7 / Nur der Mensch entscheidet, ob die Welt schlechter wird.
8 / Als er aufwachte, merkte er, daß sein Geld nicht mehr da war.

C Answer the following questions by using appropriate German words for the English clues suggested in parentheses.

1 / Was hatte der Studienrat an? (*gray suit*)

2 / Ist jeder Mensch derselbe? (*different*)

3 / Wozu muß man intelligent sein? (*clever, science*)

4 / Wann geht es dir gut? (*to avoid, quarrel*)

5 / Wie wissen Sie, ob ein Mensch gut ist? (*to depend, core*)

6 / Was tut ein Hund oft an einem Baum? (*to lift, leg*)

7 / Warum ist das Kind traurig? (*to cry, chocolate, to take away*)

8 / Ist Ihr Deutsch besser geworden? (*to seem like, to decide, to work*)

Comprehension

A Confirm, correct, or rewrite the following statements.

1 / Der Mann mit dem weißen Kittel weinte, weil er gegen den Krieg war.

2 / Der dunkle Anzug des Studienrats zeigt seine Trauer.

3 / Der eine General wollte dem andern höchstens achthundert Mark geben.

4 / Der Regenwurm merkte nicht, daß er sich durch die Gräber von zwei Menschen gefressen hatte.

5 / Das Kind in Brehms Gedicht wollte sich nicht mit den andern Kindern schlagen.

6 / Als das Kind älter geworden war, wurde es ein guter Student.

7 / Das Atom ist weder schlecht noch gut, aber der Mensch muß entscheiden, was man mit ihm tut.

B Answer the following questions. Use as many sentences as you need.

1 / Woher wissen Sie, daß Borchert gegen den Krieg ist? Geben Sie mindestens drei verschiedene Beispiele.

2 / Wie erklären Sie "die kleinen Kreuze", die der Studienrat beim Erzählen macht?

3 / Warum gab die alte Frau dem Minister eine Ohrfeige?

4 / Glauben auch Sie wie Brehm, daß das Atom kein Sorgenkind ist?

5 / Können Sie aus Brehms Gedicht merken, daß Brehm ein ostdeutscher Dichter ist? Wenn ja, wie? Wenn nicht, warum nicht?

Lieber Student!

Wieder haben Sie ein paar neue Wörter gelernt. Jetzt kennen Sie schon 737 wichtige deutsche Wörter, die Sie oft gesehen, gelesen, gehört, geschrieben und geübt haben. Das ist schon eine ganze Menge. Bald werden Sie noch viel mehr wissen. Heute sollen Sie einmal ein bißchen wiederholen, damit Sie nicht zu schnell vergessen. Versuchen Sie, ob Sie noch alle neuen Verben mit Präpositionen (Lernwörter Kapitel 1–3) kennen. Beispiele: um-fallen, weg-nehmen, mit-geben. Machen Sie eine Liste; lernen, lesen und wiederholen Sie diese Verben! Erst danach beginnen Sie das nächste Kapitel!

In der Fremde

The political developments of the twentieth century have caused migrations and displacements of individuals and families at an unprecedented scale. Millions of people in our time share the experience of having been separated from their native cultures, although in different ways: slave laborers, for example; or Jews driven out of Germany during the Nazi regime; Germans expelled from East-European regions after the war; and today's "guest workers" from Yugoslavia, Italy, Turkey, Greece, Spain, and Portugal who have found work in the industrial countries of Western Europe. The awareness of being uprooted, the resulting feelings of loneliness and isolation, and the painful demands of adjustment have long ceased to be merely the concern of the afflicted. It seems that the emigrant's plight only brings into sharper focus the alienation of modern man in general and thus provides twentieth century literature with a major theme of growing relevance. □ Walter Bauer was already in his late forties when he emigrated, for reasons of his own, from his native Germany to Canada. Born in 1904 of proletarian background, he was influenced by the Youth Movement and became a school teacher before emerging as a fairly well-known novelist and poet around 1930. He spent the Hitler years in a kind of inner emigration, served in the army during the war, and resumed his writing career in 1949. After coming to Canada, Walter Bauer worked his way up from dishwasher to a B.A. degree from the University of Toronto where he is now an associate professor of German. His story, while neither bitter nor pessimistic, conveys the sense of loneliness in the lives of ethnic minorities transplanted into the alien environment of a big city.

die Fremde *foreign country, strange surroundings*

* die Entdeckung *discovery*
* unbekannt *unknown, strange* der Erdteil *continent; part of the world* die meisten *most* (*people*)
* es wird nichts daraus *nothing comes of it* * verwirrt *confused*
immer mehr *more and more*

* die Brieftasche *wallet*
das Leder *leather* hervor *out* * hin-sehen *to look to*(*wards*)
* hinter *behind* argwöhnisch *suspicious* * beobachten *to watch*
* sich ein-bilden *to imagine* * sich unterhalten mit *to talk to*
schwarzhaarig *black-haired* der Koch *cook* zu-schneiden *to cut*
* das Fleisch *meat* * ab und zu *now and then*
* klingen (nach) *to sound* (*like*) Griechisch *Greek* oder so etwas *or something similar*

* träumen *to dream*
die Goldgrube *gold mine*

das Lebensmittelgeschäft *grocery store*
* heimlich *secret* * auf-heben *to pick up; to keep, save*
* enthalten *to contain* unfrankiert *without a stamp*
stecken *to put*

* der Schuh *shoe*
die Socke *sock* alles Mögliche *all sorts of things*
für den Fall *in case*
arbeitslos *unemployed*
der Elektriker *electrician*
jemand *someone, somebody*
zu-gehen (auf) *to go up* (*to*)

* behalten *to keep* weg-werfen *to throw away*

* unbehaglich *uncomfortable* verderben *to spoil*
* zögern *to hesitate*
das Sparkassenbuch *savings-bank book*
die Photokopie *photographic copy* die Bescheinigung *certificate*
kanadischer Staatsbürger *Canadian citizen*
der Ausweis *identification* (*card*) verwenden *to use*
der Besitzer *owner*
slawisch *Slavonic* die Estin *Estonian woman*
selber *herself* das Paßphoto *passport photograph*
Estland *Estonia*

ENTDECKUNG EINES UNBEKANNTEN ERDTEILS

Walter Bauer

Er hatte in ein Kino gehen wollen wie die meisten am Freitagabend, aber es wurde nichts daraus. Er war verwirrt und wurde es immer mehr; schließlich setzte er sich in ein kleines Restaurant, bestellte eine Tasse Kaffee, die er dann nicht trank, und nahm die Brieftasche aus dunkelgrünem Leder wieder hervor. Er sah zu der Kellnerin hinter dem langen Tische hin, die ihn argwöhnisch zu beobachten schien, aber er bildete sich das nur ein; sie unterhielt sich mit zwei jungen schwarzhaarigen Mädchen; der Koch schnitt Fleisch zu und sagte ab und zu ein Wort. Neumann verstand nicht, was sie sagten; es klang nach Griechisch oder so etwas, aber er wußte nicht, wie Griechisch klang, es gab nur eben eine ganze Menge Restaurants, die Griechen gehörten. Jeder Grieche in Kanada träumte von einem Restaurant als einer Goldgrube.

Die Brieftasche gehörte ihm nicht; er hatte sie auf der Straße neben einem Lebensmittelgeschäft gefunden, heimlich aufgehoben, eingesteckt und dann gesehen, daß sie sechsunddreißig Dollar enthielt. Den unfrankierten Brief, der dabei lag, hatte er in die Tasche gesteckt. Sechsunddreißig Dollar; das war eine Menge Geld; nicht für alle, doch für ihn und viele. Er konnte dafür Schuhe, ein paar gute Hemden, Socken kaufen, alles Mögliche; er konnte das Geld auch aufheben, für den Fall, daß er arbeitslos würde, und jetzt im November, sah es danach aus; er arbeitete als Elektriker. Konnte er? Er wartete eigentlich darauf, daß jemand in das kleine Restaurant kommen und auf ihn zugehen würde, um zu sagen: "Sie haben meine Brieftasche gefunden"; und es kam auch jemand, aber es war nur ein älterer Mann, der Zigaretten kaufte und wieder ging. Aber er hatte sie gefunden, und sie gehörte ihm nicht. Er konnte das Geld behalten und die Brieftasche wegwerfen. Wer würde das nicht tun? Er hätte sie liegen lassen sollen, aber er hatte sie aufgehoben. Er fühlte sich einfach unbehaglich, der ganze Abend war ihm verdorben.

Zögernd, als fühlte er sich beobachtet, öffnete Neumann die Brieftasche und fand ein Sparkassenbuch der Bank von Nova Scotia und eine kleine Photokopie der Bescheinigung, die man erhielt, wenn man kanadischer Staatsbürger wurde; man konnte sie dann als Ausweis verwenden. Ein Mädchen war der Besitzer der Brieftasche; sie hieß, wie er sah, Dora Surikow. Das klang slawisch, ja, sie war Estin, wie er las, und da war sie selber auf dem Paßphoto. Sie war achtundzwanzig, geboren im November 1930 in Estland, ein Jahr

* hübsch *pretty*

die Personalangaben *personal data*
reizvoll *attractive* die Mischung *mixture* * schlank *slim, slender*

gefroren *frozen* der Photograph *photographer*
ab-locken *to obtain something from someone by coaxing or flattery*

aus-stellen *to issue*

herüber-kommen *to come over* * woher *from where*

Schweden *Sweden* * fliehen *to flee*

hervor-holen *to take out*
Augsburg *a city in southern Germany*
die Schwägerin *sister-in-law*

fort-gehen *to go away*
der Flüchtling *refugee* der Fremde *stranger*
noch einmal *once more* auf-brechen *to depart*
entwurzelt *uprooted*

gottverlassen *godforsaken, very lonely*

die Wurzel *root* aus-reißen *to pull up*
* gewöhnen (an) *to accustom (to), adjust to*
* wie geht es (dir)? *how are you?* ertragen *to bear*
sicherlich *surely*
verlobt *engaged*

* heiraten *to marry*

an-lächeln *to smile at* herzlich *affectionately*
das Paßbild *passport picture* * das Wunder *wonder*

* der Zettel *slip of paper*
der Verlust *loss*

heißen *to say* bei Unglücks- oder Todesfall *in case of accident or death*
benachrichtigen *to notify*

umsichtig *circumspect, sensible*

älter als er also; aber sie sah jünger aus. War sie hübsch? Er konnte es nicht sagen; vielleicht. Ihr Haar war dunkel, ihre Augen waren blau, so sagten die Personalangaben, und das war eine reizvolle Mischung. Sie war schlank, doch etwas kleiner als er, und auf dem Bildchen lächelte sie; es war das etwas gefrorene Lächeln, das Photographen einem immer ablocken wollen.

Dora Surikow; bis vor einer halben Stunde war sie für ihn eine Unbekannte gewesen, und jetzt kannte er sie und würde sie sofort erkennen, wenn sie hereinkäme. Was würde er dann tun? Aber sie kam nicht. Der Ausweis war am 9. Januar 1956 ausgestellt worden. Da man fünf Jahre im Lande sein mußte, um kanadischer Staatsbürger zu werden, mußte sie 50 oder 51 herübergekommen sein. Woher war sie gekommen, und war sie allein? Viele Esten waren nach Schweden geflohen und von da nach Kanada gegangen; andere hatten in Deutschland gelebt. Plötzlich fiel ihm der unfrankierte Brief ein; er holte ihn hervor und las die Adresse: Frau Frida Surikow, Augsburg. War das ihre Mutter oder ihre Schwägerin, der sie geschrieben hatte? Dann hatte sie wahrscheinlich auch in Augsburg gewohnt.

Warum war sie fortgegangen? Deutschland war ein gutes Land. Aber Surikows waren Flüchtlinge und Fremde; und so war Dora noch einmal aufgebrochen. Ein junger Mensch, der schon entwurzelt worden war, hatte es hier vielleicht leichter—leichter als er zum Beispiel; manchmal fühlte er sich gottverlassen. Das hatte nichts mit den Menschen hier zu tun, es hatte nur damit zu tun, daß man selber die Wurzeln ausgerissen hatte und nun versuchen mußte, sie an eine fremde Erde zu gewöhnen, an fremden Regen und fremdes Licht. Wie ging es Dora, wie ertrug sie es, wie lebt sie? Sicherlich, nach sechs Jahren, hatte sie jemanden gefunden; vielleicht war sie verlobt. Er war erst zwei Jahre hier und hatte ein paar Mädchen kennengelernt. Sie wollten alle zu schnell heiraten . . . Was sollten sie sonst tun? Kanada war kein Land für Mädchen, die allein waren. Nun, vielleicht hatte Dora jemanden gefunden, und sie lächelte jemanden an, wärmer und herzlicher, als sie aus dem kleinen Paßbild Neumann anlächelte. Kein Wunder, er hatte ihr Geld.

Was war da noch . . . Ein Zettel, auf englisch: Für den Fall des Verlustes dieser Brieftasche bitte an Dora Surikow, Cranbrooke Street 143, Telephon Hudson 3–4677. Das war nicht weit von der Straße, in der er wohnte; und doch hatten sie sich nie getroffen. Dann hieß es auf dem Zettel: Bei Unglücks- oder Todesfall bitte zu benachrichtigen Mr. Stan Holowacky, Cranbrooke Street 143; das mußten die Leute sein, bei denen Dora wohnte. Und dann die gleiche Adresse wie auf dem Brief nach Augsburg. Das mußte ein umsich-

* passieren *to happen*
* gern haben *to like*
die Umsicht *prudence, circumspection* frostig *frosty*

die Zweigstelle *branch office*

* verdienen *to earn*
* aus-geben *to spend* (*money*) die Lebensmittel (*pl.*) *groceries*
* sparen *to save*
* regelmäßig *regular*
ein-tragen *to record*
zurecht-kommen *to get along*

* genauso *just as*
ab-heben *to withdraw* (*money*)

brav *good*
* vorwärts *forward*
beharrlich *determinedly*
dabei *in doing so* * vor allem *above all, especially*

bangen (um) *to worry* (*about*)
* die Summe *sum*

fünf Jahre lang *for five years*

das sauer verdiente Geld *hard earned money*
* betrügen *to cheat*
zurück-zahlen *to pay back*
das Konto *account*
ein-zahlen *to deposit* (*money*)
gemeiner Hund, ein ganz elender, schäbiger Hund (*coll.*) *mean dog, a miserable shabby dog*

* die Stirn *forehead* * naß *moist*

* zahlen *to pay* * hinaus-gehen *to go out*
der Briefkasten *mail box*
das Notizheft *note book*
die Luftpostmarke *airmail stamp* kleben *to affix, stick* * der Umschlag *envelope* ein-werfen *to put in the mailbox* das Verlustgeschäft *deficit business* um etwas kommen *to miss something*

die Nebenstraße *side street*
lauter *only, nothing but* das Einzelhaus *one family house*
klingeln *to ring the bell*

tiges Mädchen sein, sie hatte auch daran gedacht, daß ihr etwas passieren könnte. Wenn man allein war, allein in einem fremden Lande, mußte man an so etwas denken. Er hatte ihre Umsicht gern, und das frostige Lächeln in ihrem Gesicht schien etwas wärmer zu werden.

O ja, noch etwas . . . ihr Sparkassenbuch von der Bank von Nova Scotia, Zweigstelle St. Clair-Yonge Street. Sechsunddreißig Dollar waren in der Brieftasche. Wahrscheinlich verdiente sie vierzig Dollar in der Woche, und sie hatte vier Dollar ausgegeben, vielleicht für Lebensmittel. Von diesen vierzig Dollar sparte sie jede Woche fünfzehn Dollar, er konnte es sehen, denn regelmäßig waren sie in das Sparkassenbuch eingetragen. Wie kam sie dann zurecht? Nicht gut, auch wenn sie, wie es Mädchen machten, zu Hause kochte und ihre Sachen selber wusch. Und dann sah er, daß einmal im Monat und genauso regelmäßig zwanzig Dollar abgehoben wurden. Schickte sie an jemanden Geld und an wen, an die Mutter oder die Schwägerin? Was für ein braves Mädchen sie war. Sie sparte, und wenn sie vier Schritte vorwärts getan hatte, ging sie ein paar Schritte zurück, aber sie ging beharrlich weiter. Wie lange? Konnte man dabei nicht müde werden, vor allem, wenn man daran dachte, daß es reiche Leute gab, für die fünfzehn oder zwanzig Dollar nichts waren und die nur um Millionen bangten? Und doch hatte Dora in diesen Jahren zweitausend Dollar gespart. Er wußte, was in dieser Summe enthalten war: das Aufstehen jeden Morgen, Arbeit, das Nachhausekommen, fünf oder sechs Jahre lang.—Ah, hier mußte etwas passiert sein. Warum hatte sie achthundert Dollar abgehoben? Wem hatte sie das sauer verdiente Geld gegeben? Hatte jemand sie betrogen, da es nicht wieder zurückgezahlt worden war? Und plötzlich wünschte er, reich zu sein, um dieses Geld heimlich auf ihr Konto einzuzahlen, und dann dachte er: Neumann, du bist ein gemeiner Hund, ein ganz elender, schäbiger Hund, daß du überhaupt daran denken konntest, das Geld zu behalten; und er fühlte, daß seine Stirn naß wurde. Ich werde es ihr bringen, gleich jetzt. Cranbrooke Street 143.

Er zahlte seinen Kaffee und ging hinaus in die klare Nachtluft. Als er an einem Briefkasten vorbeiging, fiel ihm der unfrankierte Brief ein. Er fand in seinem Notizheft ein paar Luftpostmarken, klebte eine auf den Umschlag und warf den Brief ein. Nun, dachte er, fängt es an, ein Verlustgeschäft zu werden, und um den Film bin ich auch gekommen.

Die Cranbrooke Street war eine Nebenstraße der Yonge Street mit lauter kleinen Einzelhäusern, und er fand das Haus und klingelte; er wußte nicht, ob er wünschen sollte, daß sie zu Hause wäre. Schließlich hatte er weiter nichts zu tun als

* ab-geben *to deliver*
eisgrau *dark gray, ash gray*

strahlend *beaming*

der Akzent *accent*

vor Tränen *with tears*
* schmal *slim*
die Frisur *hairdo* der Knoten *chignon* * es steht ihr gut *it is becoming to her*

nicht wahr? *right?*
* stimmen *to be correct*

hin-strecken *to stretch out*
* verlegen *embarrassed*

* es macht nichts *it does not matter*

frankieren *to put stamps on (a letter)*

die Ehre *honor* erweisen *to do*

* die Schulter *shoulder* zusammen-zucken *to wince* sich vor-kommen *to feel* schwerfällig *clumsy, awkward*

* ein-treten *to enter*

eine gefundene Brieftasche abzugeben. Ein älterer Mann mit eisgrauem Haar öffnete die Tür. "Ja?"—Er möchte, sagte Neumann, eine Brieftasche abgeben, die er gefunden hatte. —"Das ist ein Glück", sagte der Mann strahlend, "das ist ein großes Glück, arme Dora, sie ist gerade nach Hause gekommen, und sie hat gesucht und gesucht." Der ältere Mann mußte Herr Holowacky sein, Neumann konnte den slawischen Akzent in seinem Englisch hören. "Dora", rief er in das Haus zurück. "Dora, die Brieftasche ist hier, Dora!" und die Tür eines Zimmers öffnete sich, ein junges Mädchen kam heraus. "Der Herr hat deine Brieftasche gefunden und bringt sie."—Das war also Dora, das war das brave Mädchen. Ihre Augen waren rot vor Tränen, ihr Gesicht, das konnte Neumann sehen, war in den letzten Jahren schmaler geworden, und die neue Frisur mit dem Knoten stand ihr sehr gut. Er gab ihr die Brieftasche.—"Sechsunddreißig Dollar und fünfunddreißig Cent, nicht wahr?" sagte er. Sie lachte unter Tränen. "Ja, ja, das stimmt, o mein Gott, Sie sind ein guter Mensch." Neumann wußte nicht, was er sagen sollte, denn er war es nicht, viele andere waren es nicht, wie er schon wußte, aber sie vielleicht war es, o ja, sie mußte es sein, sie war ein gutes Mädchen, er hatte ihre Geschichte im Sparkassenbuch gelesen.—"Ich danke Ihnen", sagte sie, "danke Ihnen", sie streckte ihm die Hand hin, und er fühlte sie in seiner Hand und war verlegen. "Mein Gott", sagte sie, "ich hatte es nicht gedacht, wirklich nicht, und nun kommen Sie und bringen das Geld", und ohne es zu wissen, öffnete sie die Brieftasche. "Nur der Brief muß herausgefallen sein", sagte sie, "nein, nein, das macht nichts. Es war ein Brief an meine Mutter."—"Ich habe ihn frankiert und eingeworfen", sagte Neumann.— "Oh–", sie sah ihn an, aber ehe sie etwas sagen konnte, sagte Herr Holowacky mit seiner tiefen, ruhigen Stimme: "Wollen Sie uns die Ehre erweisen und unser Gast sein? Es ist nicht viel—aber es ist uns eine Ehre."—"O ja, kommen Sie", sagte sie, "Holowackys sind zu mir wie Eltern, bitte kommen Sie", und sie legte ihre Hand auf seine Schulter. Er zuckte zusammen und kam sich so schwerfällig vor. "Ich heiße Neumann", sagte er. Sie lächelte ihn an. Nun, dachte er, war es nicht mehr das frostige Lächeln auf dem Paßbild; wieviel wärmer, wie gut ihr Lächeln war. Er trat ein. Plötzlich dachte er, daß er schon eine ganze Menge von Dora Surikow wußte, und daß sie ihm manches gar nicht mehr zu sagen brauchte.

New Words and Phrases to Learn

ab und zu *now and then*
ab-geben (gab, gegeben, gibt) *to hand over, deliver; to give up*
auf-heben (hob, gehoben) *to pick up; to keep, save, preserve*
aus-geben (gab, gegeben, gibt) *to spend (money); to give out, distribute*
behalten (behielt, behalten, behält) *to keep*
beobachten *to watch, observe; to scan, scrutinize*
betrügen (betrog, betrogen) *to cheat, deceive*
die Brieftasche,-n *wallet, billfold*
sich ein-bilden *to imagine, fancy*
ein-treten (trat, ist getreten, tritt) *to enter*
die Entdeckung,-en *discovery*
enthalten (enthielt, enthalten, enthält) *to contain*
das Fleisch *meat; flesh*
fliehen (floh, ist geflohen) *to flee*
gehen: wie geht es dir? *how are you?*
genauso *just as, exactly; like this*
gern haben *to like*
(sich) gewöhnen (an) *to get used (to), accustom (to), acclimate (to)*
heimlich *secret*
heiraten *to marry, get married*
hinaus-gehen (ging, ist gegangen) *to go out*
hin-sehen (sah, gesehen, sieht) *to look at or to(wards)*
hinter *behind; (adj.) back, in back*
hübsch *pretty, handsome*
klingen (nach) (klang, geklungen) *to sound, ring (like)*
machen: es macht nichts *it does not matter*
naß *wet, moist*
passieren (ist) *to happen, occur*
regelmäßig *regular*
schlank *slim, slender*
schmal *slim, narrow*

der Schuh,-e *shoe*
die Schulter,-n *shoulder*
sparen *to save*
stehen: es steht ihr gut *it is becoming to her*
stimmen *to be correct, be right; to vote; to tune (instrument)*
die Stirn,-en *forehead*
die Summe,-n *sum*
träumen *to dream*
der Umschlag,⸚e *envelope*
unbehaglich *uncomfortable*
unbekannt *unknown, strange*
sich unterhalten mit (unterhielt, unterhalten, unterhält) *to talk to, converse with*
verdienen *to earn; to deserve*
verlegen *embarrassed*
verwirrt *confused, bewildered, disconcerted*
vor allem *above all*
vorwärts *forward, onward, on, ahead*
werden: es wird nichts daraus *nothing comes of it*
woher *from where, whence*
das Wunder,- *wonder, miracle*
zahlen *to pay*
der Zettel,- *scrap of paper, slip of paper*
zögern *to hesitate*

Vocabulary Building

A Convey the opposite meaning of the following sentences by using as many appropriate words from the learn list of this chapter as you can find.

1 / Er ging aus dem Zimmer.
2 / Jeder sah, daß wir den Zettel liegen ließen.
3 / Sie liebt nur ihren Mann.
4 / Was du sagst, ist richtig.
5 / Von dieser Summe haben wir nichts mehr.
6 / Ich ärgere mich, daß du immer alles sofort tust.
7 / Weil ich wußte, was los war, fühlte ich mich sicher.
8 / Sie sprachen ganz offen miteinander.

B Express in German.

1 / Now and then she secretly cheats him.

2 / I put the money I earned into my wallet.

3 / Our refrigerator contains a lot of meat.

4 / When she looked at his shoes, she winced in embarrassment.

5 / Don't keep the whole sum, spend a little of it!

6 / It is not correct and sounds wrong but it does not matter.

C Complete the following sentences.

1 / Er wußte nicht, (*whether he should hand over or keep the wallet*).

2 / (*When she observed him*), zuckte er zusammen.

3 / Mit diesem Geld (*he would have been able to buy shoes and shirts*).

4 / Da er (*immediately*) Arbeit gefunden hatte, (*he could save regularly*).

5 / Er freute sich (*when he saw her pretty forehead and her slim and slender shoulders*).

Comprehension

A The following statements are either completely or partly wrong. Rewrite them in the spirit of Walter Bauer.

1 / Die Brieftasche, die Neumann im Restaurant fand, enthielt kein Geld, aber einen Brief.

2 / Dora Surikow war eine Polin, die bei einer Familie aus Estland wohnte.

3 / Dora war gerade kanadische Staatsbürgerin geworden.

4 / Neumann dachte, daß Dora in der Woche 45 Dollar verdiente.

5 / Neumann ärgerte sich, weil Dora regelmäßig viel Geld von ihrem Sparkassenbuch abhob.

6 / Als er ihr den Brief zurückgab, weinte sie.

B Imagine that you are Dora Surikow and that you intend to write to your girl friend and tell her how you lost and regained your wallet. Write this letter.

ieber Student!

Wenn Sie die neuen Lernwörter in diesem Kapitel zählen, werden Sie finden, daß Sie 54 neue Wörter gelernt haben. Sie kennen also jetzt im ganzen 791 deutsche Wörter, die Sie gelesen, geübt und gelernt haben. Ihr Vokabular ist wieder gewachsen. Lernen Sie weiter! Bald werden Sie noch schneller lesen und noch besser schreiben können.

5

Der gesunde Menschenverstand

2nd Semester

Germany has often been called the country of thinkers and poets. Her greatest contributions next to music have probably been made in the realms of speculative philosophy and romantic lyricism. What the Anglo-Saxon mind calls common sense, is neither excessively valued nor abundantly evident in German civilization. Exceptions only confirm the rule, here as elsewhere, and we hope that American students will derive a certain amount of pleasure from the wisdom, soberness, and keen observations that the selections of this chapter contain. Some of the most distinguished writers of Germany are here assembled to offer little bits of advice and comments on life, in verse, epigram, aphorism, and anecdote. Lessing and Goethe need no introduction to students of German; Brecht's nonsense was already presented in Chapter 1 and we now add a few of his shrewd observations in prose; Erich Kästner (born in 1899), while known to most children of the world for his *Emil and the Detectives*, has been familiar to adults as a poet and witty satirist.

gesund *healthy, sound* der Menschenverstand *common sense*

* schlau *smart*

* sonderbar *strangely, peculiarly* bestellt *arranged*
Vetter Fritzen *cousin Fritz*

* besitzen *to own*

schädlich *harmful*
* der Irrtum *error*

an-wenden *to apply*

die Sünde *sin*
erblicken *to see*

darf = muß mild *mild, gentle*
begehen *to make*

* die Regierung *government* sei = ist (*indirect discourse is implied*)
* diejenige *the one that* * lehren *to teach* * regieren *to govern*

* um zu *in order to* * begreifen *to comprehend*

unbrauchbar *useless*
* befehlen *to command* * gehorchen *to obey*

HÄNSCHEN SCHLAU

Gotthold Ephraim Lessing

"Es ist doch sonderbar bestellt,"
Sprach Hänschen Schlau zu Vetter Fritzen,
"Daß nur die Reichen in der Welt
Das meiste Geld besitzen."

APHORISMEN

Johann Wolfgang von Goethe

Einer neuen Wahrheit ist nichts schädlicher als ein alter Irrtum.

Es ist nicht genug zu wissen, man muß auch anwenden; es ist nicht genug zu wollen, man muß auch tun.

Wir erschrecken über unsre eigenen Sünden, wenn wir sie an andern erblicken. 5

Man darf nur alt werden, um milder zu sein; ich sehe keinen Fehler, den ich nicht auch begangen hätte.

Welche Regierung die beste sei? Diejenige, die uns lehrt, uns selbst zu regieren. 10

Um zu begreifen, daß der Himmel überall blau ist, braucht man nicht um die Welt zu reisen.

Wer ist ein unbrauchbarer Mann?
Der nicht befehlen und auch nicht gehorchen kann.

dir's = dir es　　schwirren *to buzz*

* irren *to err*
begraben *to bury*

* die Wahl *choice*

liebe mir = liebe　　heiter *cheerful*

sich selbst zum besten haben *to make fun of oneself*
gewiß *certainly*

die Lebensregel *maxim, rule of life*

hübsch = hübsches *good*　　zimmern *to build*
das Vergangene *past*　　bekümmern *to worry*
das Wenigste *few things*　　verdrießen *to annoy*
* die Gegenwart *present time*　　* genießen *to enjoy*
* hassen *to hate*
* die Zukunft *future*　　überlassen *to leave to*

wie du mir, so ich dir *tit for tat*

zugeknöpfte Taschen (*buttoned pockets*) *tight-fisted*
was = etwas　　zu lieb(e) tun *to do someone a good turn*

der Zweckdiener *man of purpose*

Fragen stellen *to ask questions*

der Grammophonkasten *phonograph*
turnen *to exercise, do calisthenics*　　* die Kraft *strength*　　benötigen *to need*

EPIGRAMME

DAS BESTE

Wenn dir's in Kopf und Herzen schwirrt,
Was willst du Bessres haben!
Wer nicht mehr liebt und nicht mehr irrt,
Der lasse sich begraben.

MEINE WAHL

Ich liebe mir den heitern Mann 5
Am meisten unter meinen Gästen:
Wer sich nicht selbst zum besten haben kann,
Der ist gewiß nicht von den Besten.

LEBENSREGEL

Willst du dir ein hübsch' Leben zimmern,
Mußt dich ums Vergangene nicht bekümmern. 10
Das Wenigste muß dich verdrießen.
Mußt stets die Gegenwart genießen,
Besonders keinen Menschen hassen
Und die Zukunft Gott überlassen.

WIE DU MIR, SO ICH DIR

Mann mit zugeknöpften Taschen, 15
Dir tut niemand was zu lieb.
Hand wird nur von Hand gewaschen:
Wenn du nehmen willst, so gib!

GESCHICHTEN VOM HERRN KEUNER

Bertolt Brecht

DER ZWECKDIENER

Herr K. stellte die folgenden Fragen:

"Jeden Morgen macht mein Nachbar Musik auf einem Grammophonkasten. Warum macht er Musik? Ich höre, weil er turnt. Warum turnt er? Weil er Kraft benötigt, höre

* der Feind *enemy*
besiegen *to defeat*

* kräftig *strong*
erschlagen *to kill*

die Mühsal *toil*

* die Mühe *trouble*
* vor-bereiten *to prepare*

das Verhalten *conduct*
je nach *depending upon*
* sich ändern *to change*
fallen-lassen *to drop*
wenigstens *at least*
behilflich sein *to be of help*

hilflos *helpless*
der Knabe *boy*

die Unart *bad habit*
erleiden *to suffer*
das Unrecht *injustice, wrong*
stillschweigend *silently*
hinein-fressen *to swallow*
vor sich hin *to oneself*
der Vorübergehende *someone who walks past*
der Kummer *distress*
beisammen-haben (*coll.*) *to have together*
der Groschen *German coin (worth about a nickel)*
reißen *to snatch*
zeigen auf *to point at*
die Entfernung *distance*
um Hilfe schreien *to cry for help*

schluchzen *to sob*
liebevoll *affectionately*
streicheln *to caress, stroke*

* an-blicken *to look at*
* die Hoffnung *hope*
her-geben *to hand over*
unbekümmert *unconcernedly*

das Wiedersehen *meeting again*

begrüßen *to greet*
verändern *to change*
erbleichen *to grow pale*

ich. Wozu benötigt er Kraft? Weil er seine Feinde in der Stadt besiegen muß, sagt er. Warum muß er Feinde besiegen? Weil er essen will, höre ich."

Nachdem Herr K. dies gehört hatte, daß sein Nachbar Musik machte, um zu turnen, turnte, um kräftig zu sein, kräftig sein wollte, um seine Feinde zu erschlagen, seine Feinde erschlug, um zu essen, stellte er seine Frage: "Warum ißt er?"

MÜHSAL DER BESTEN

"Woran arbeiten Sie?" wurde Herr K. gefragt. Herr K. antwortete: "Ich habe viel Mühe, ich bereite meinen nächsten Irrtum vor."

DIE FRAGE, OB ES EINEN GOTT GIBT

Einer fragte Herrn K., ob es einen Gott gäbe. Herr K. sagte: "Ich rate dir nachzudenken, ob dein Verhalten je nach der Antwort auf diese Frage sich ändern würde. Würde es sich nicht ändern, dann können wir die Frage fallenlassen. Würde es sich ändern, dann kann ich dir wenigstens noch so weit behilflich sein, daß ich dir sage, du hast dich schon entschieden: Du brauchst einen Gott."

DER HILFLOSE KNABE

Herr K. sprach über die Unart, erlittenes Unrecht stillschweigend in sich hineinzufressen, und erzählte folgende Geschichte: "Einen vor sich hin weinenden Jungen fragte ein Vorübergehender nach dem Grund seines Kummers. 'Ich hatte zwei Groschen für das Kino beisammen', sagte der Knabe, 'da kam ein Junge und riß mir einen aus der Hand', und er zeigte auf einen Jungen, der in einiger Entfernung zu sehen war. 'Hast du denn nicht um Hilfe geschrien?' fragte der Mann. 'Doch', sagte der Junge, und schluchzte ein wenig stärker. 'Hat dich niemand gehört?' fragte ihn der Mann weiter, ihn liebevoll streichelnd. 'Nein', schluchzte der Junge. 'Kannst du denn nicht lauter schreien?' fragte der Mann. 'Nein', sagte der Junge und blickte ihn mit neuer Hoffnung an. Denn der Mann lächelte. 'Dann gib auch den her', sagte er, nahm ihm den letzten Groschen aus der Hand und ging unbekümmert weiter."

DAS WIEDERSEHEN

Ein Mann, der Herrn K. lange nicht gesehen hatte, begrüßte ihn mit den Worten: "Sie haben sich gar nicht verändert." "Oh!" sagte Herr K. und erbleichte.

* das Gespräch *conversation*

hervor-bringen *to bring forth, utter* * vernünftig *reasonable*
sich beklagen *to complain*
trösten *to comfort*
erbittert *embittered*

die Schauspielerin *actress*
der Begleiter *companion* * neulich *recently*

warten auf *to wait for*
der Schluß *end*

erträglich *tolerable* der Affront (*Fr.*) *insult*

der Mitarbeiter *co-worker, colleague* beschuldigen *to accuse of* ein-nehmen *to take* * unfreundlich *unfriendly* * die Haltung *attitude*
* der Rücken *back* verteidigen *to defend*

das Gerechtigkeitsgefühl *sense of justice*

der Gastgeber *host* * eines Tages *one day*
das Anzeichen *symptom* das Schuldgefühl *guilt-feeling* an-kriechen *to crawl up* etwas an-stellen *to do something* (*mischievous*) * streng *stern*
sich wehren *to defend oneself; to object*
dringlich *urgently*
betroffen *shocked* die Mißbilligung *disapproval*

* die Zeichnung *drawing*
die Nichte *niece*

dar-stellen *to represent* * das Huhn *chicken* der Hof *courtyard*

* die Künstlerin *artist* * darum *that is why*
ab-stoßen *to push off*
* froh *glad*

GESPRÄCHE

"Wir können nicht mehr miteinander sprechen", sagte Herr K. zu einem Mann. "Warum?" fragte der erschrocken. "Ich bringe in Ihrer Gegenwart nichts Vernünftiges hervor", beklagte sich Herr K. "Aber das macht mir doch nichts", tröstete ihn der andere.— "Das glaube ich", sagte Herr K. 5
erbittert, "aber mir macht es etwas."

ERFOLG

Herr K. sah eine Schauspielerin vorbeigehen und sagte: "Sie ist schön." Sein Begleiter sagte: "Sie hat neulich Erfolg gehabt, weil sie schön ist." Herr K. ärgerte sich und sagte: "Sie ist schön, weil sie Erfolg gehabt hat." 10

WARTEN

Herr K. wartete auf etwas einen Tag, dann eine Woche, dann noch einen Monat. Am Schlusse sagte er: "Einen Monat hätte ich ganz gut warten können, aber nicht diesen Tag und diese Woche."

ERTRÄGLICHER AFFRONT

Ein Mitarbeiter Herrn K.s wurde beschuldigt, er nehme eine 15
unfreundliche Haltung zu ihm ein. "Ja, aber nur hinter meinem Rücken", verteidigte ihn Herr K.

GERECHTIGKEITSGEFÜHL

Herrn K.s Gastgeber hatte einen Hund, und eines Tages kam dieser mit allen Anzeichen des Schuldgefühls angekrochen. "Er hat etwas angestellt, reden Sie sofort streng und 20
traurig mit ihm", riet Herr K. "Aber ich weiß doch nicht, was er angestellt hat", wehrte sich der Gastgeber. "Das kann der Hund nicht wissen", sagte Herr K. dringlich. "Zeigen Sie schnell Ihre betroffene Mißbilligung, sonst leidet sein Gerechtigkeitsgefühl." 25

HERR KEUNER UND DIE ZEICHNUNG SEINER NICHTE

Herr Keuner sah sich die Zeichnung seiner kleinen Nichte an. Sie stellte ein Huhn dar, das über einen Hof flog. "Warum hat dein Huhn eigentlich drei Beine?" fragte Herr Keuner. "Hühner können doch nicht fliegen", sagte die kleine Künstlerin, "und darum brauchte ich ein drittes Bein zum 30
Abstoßen."

"Ich bin froh, daß ich gefragt habe", sagte Herr Keuner.

das Kalb *calf*
darüber *to that*

* je . . . desto *the . . . the*
* weise *wise*

* erwarten *to expect*

* die Rolle *role*
* das Gefühl *feeling*

* auf dem Land *in the country*
* der Vormittag *morning*
* sich erkundigen (nach) *to inquire (about)*
der Kummer *trouble*
die Rückkehr *return*
her-rufen *to call over*
Sinn haben *to make sense*

stutzen *to stop short*
die Logik *logic*
der Sandhaufen *sand pile*

wird's = wird es
alljährlich *every year*
seien wir *let's be*
* ehrlich *honest*
* lebensgefährlich *highly dangerous*

schöpferisch *creative*

* der Wert *value*
* jedoch *however*
hie(r) und da *now and then*
Indien *India*
entdecken *to discover*

* außer *except*

DER DENKENDE UND DER FALSCHE SCHÜLER

Zu Herrn Keuner, dem Denkenden, kam ein falscher Schüler und erzählte ihm: "In Amerika gibt es ein Kalb mit fünf Köpfen. Was sagst du darüber?" Herr Keuner sagte: "Ich sage nichts." Da freute sich der falsche Schüler und sagte: "Je weiser du wärest, desto mehr könntest du darüber sagen." 5

Der Dumme erwartet viel. Der Denkende sagt wenig.

DIE ROLLE DER GEFÜHLE

Herr Keuner war mit seinem kleinen Sohn auf dem Land. Eines Vormittags traf er ihn in der Ecke des Gartens und weinend. Er erkundigte sich nach dem Grund des Kummers, 10 erfuhr ihn und ging weiter. Als aber bei seiner Rückkehr der Junge immer noch weinte, rief er ihn her und sagte ihm: "Was hat es für einen Sinn zu weinen bei einem solchen Wind, wo man dich überhaupt nicht hört." Der Junge stutzte, begriff diese Logik und kehrte, ohne weitere 15 Gefühle zu zeigen, zu seinem Sandhaufen zurück.

EPIGRAMME

Erich Kästner

ZUM NEUEN JAHR

"Wird's besser? Wird's schlimmer?"
fragt man alljährlich.
Seien wir ehrlich:
Leben ist immer lebensgefährlich.

DER SCHÖPFERISCHE IRRTUM

Irrtümer haben ihren Wert; 5
jedoch nur hie und da.
Nicht jeder, der nach Indien fährt,
entdeckt Amerika.

MORAL

Es gibt nichts Gutes
außer: Man tut es. 10

die Gedenktafel *memorial tablet*

die Menschheit *mankind*

* die Polizei *police* * erlauben *to permit*

* der Zusammenhang *interrelation*

die Auskunft *information*

die Wahrheit *truth*

* lügen *to* (*tell a*) *lie*

schön-färben *to palliate*

erben *to inherit*

DEUTSCHE GEDENKTAFEL 1938

Hier starb einer, welcher an die Menschheit glaubte.
Er war dümmer, als die Polizei erlaubte.

ZUSAMMENHÄNGE

Der eine möchte nicht sehen,
was der andre nicht sieht.
Alles könnte geschehen. 5
Aber nur manches geschieht.

AUCH EINE AUSKUNFT

Ein Mann, von dem ich wissen wollte,
warum die Menschen einander betrügen,
sprach: "Wenn ich die Wahrheit sagen sollte,
müßt' ich lügen." 10

ES HILFT NICHT SCHÖNZUFÄRBEN

Sollen die Kinder erben,
müssen die Eltern sterben.

New Words and Phrases to Learn

an-blicken *to look at*
(sich) ändern *to change*
außer *except, save*
befehlen (befahl, befohlen, befiehlt) *to command, order*
begreifen (begriff, begriffen) *to comprehend, understand*
besitzen (besaß, besessen) *to own, possess, have*
darum *that is why; about it*
der-, die-, dasjenige *the one that*
ehrlich *honest*
sich erkundigen (nach) *to inquire (about)*
erlauben *to allow, permit*
erwarten *to expect*
der Feind,-e *enemy*
froh *glad, joyful, gay, happy*
gefährlich *dangerous, perilous*
das Gefühl,-e *feeling*
die Gegenwart *present (time)*
gehorchen *to obey*
genießen (genoß, genossen) *to enjoy*
das Gespräch,-e *conversation, talk*
die Haltung,-en *attitude; composure; posture*
hassen *to hate*
die Hoffnung,-en *hope*
das Huhn,¨-er *chicken*
(sich) irren *to err*
der Irrtum,¨-er *error, mistake*
je . . . desto *the . . . the*
jedoch *however*
die Kraft,¨-e *strength, force*
kräftig *strong, powerful*
der Künstler,- *artist;* die Künstlerin,-nen *artist*
Land: auf dem—(e) *in the country*
lehren *to teach*
lügen (log, gelogen) *to (tell a) lie*

die Mühe,-n *trouble, pains, effort*
neulich *recently, the other day*
die Polizei *police*
regieren *to govern*
die Regierung,-en *government*
die Rolle,-n *role, part*
der Rücken,- *back*
schlau *smart; shrewd, cunning*
sonderbar *strange, peculiar*
streng *strict, stern*
Tag: eines Tages *one day*
um zu *in order to*
unfreundlich *unfriendly*
vernünftig *reasonable; rational*
vor-bereiten *to prepare*
der Vormittag,-e *morning, forenoon*
die Wahl,-en *choice; election*
weise *wise*
der Wert,-e *value, worth*
die Zeichnung,-en *drawing*
die Zukunft *future*
der Zusammenhang,¨-e *interrelation, connection*

Vocabulary Building

A Form intelligent German sentences with two new words from the above list in each sentence.

B Rephrase the following sentences by using learn words from this chapter.

1 / Wer nicht arm ist, hat viel Geld.

2 / Hab gern, was heute ist, und denke nicht, was morgen sein wird!

3 / Wenn ein Mann anderen Leuten sagen will, was sie tun sollen, muß er auch lernen zu tun, was andere ihm sagen.

4 / Ein intelligenter Mensch weiß, wenn er etwas Falsches tut oder sagt.

5 / Er verstand, daß sie nicht die Wahrheit sagte.

6 / Ich hatte es gern, daß wir gestern miteinander sprachen.

C Complete the following sentences by using German equivalents for the English words in parentheses.

1 / Ich hoffe sehr, daß (*to change your attitude*)

2 / (*the enemies, strong*), darum haben wir Angst.

3 / Schwimmen ist hier zu (*dangerous, that is why, police, to allow*)

4 / Ein weiser Mann (*to prepare, future*)

5 / Unsere Regierung ist (*reasonable, to expect, to obey*)

6 / Mein Freund sagte mir: "Ich (*to advise, to enjoy, the present*)".

Comprehension

Rewrite the following statements in the spirit of the authors to whom they are attributed.

1 / Wer 1938 in Deutschland starb, war nicht dumm genug, ein Polizist zu sein.

2 / Auch ein Irrtum kann einen Wert haben, wie die Entdeckung Indiens durch Columbus zeigt.

3 / Der Junge hörte auf zu weinen, weil niemand ihn wegen des starken Windes hören konnte.

4 / Herr Keuner sagte nichts, weil er nicht wußte, ob es in Amerika ein Kalb mit fünf Köpfen gibt.

5 / Der Mann, der Herrn K. lange nicht gesehen hatte, war erschrocken, daß Herr K. so bleich war.

6 / Brecht will ausdrücken, daß die Schauspielerin so schön war, weil sie Erfolg gehabt hatte. Das heißt: weil sie gearbeitet hat. Arbeit macht schön.

7 / Goethe will uns sagen, daß ein Mann, der um die Welt reisen will, warten soll, bis der Himmel nicht mehr blau ist.

8 / Da zu Lessings Zeit nur die Reichen das meiste Geld besaßen, hoffte er auf die Zukunft, wenn die Armen das meiste Geld besitzen würden.

Lieber Student!

Mit den 56 neuen Wörtern dieses Kapitels steigt die Zahl der Lernwörter dieses Buches auf 247. Dazu müssen Sie natürlich die 600 Wörter zählen, die Sie schon vor diesem Semester kannten. Sie wissen also jetzt schon eine ganze Menge; oder haben Sie schon wieder einige dieser 847 Wörter vergessen? Vielleicht sollten Sie darum heute ein bißchen wiederholen. Lernen Sie noch einmal alle kurzen Wörter wie: um zu, je . . . desto, ab und zu, stets, und so weiter, die in den Lernwörterlisten der ersten fünf Kapitel stehen. Erst dann beginnen Sie das nächste Kapitel!

Ist der Mensch allein?

The theme of loneliness which we already encountered in Chapter 4 plays an increasingly large part in the literature of the twentieth century. It seems that there are essentially two answers to the question of whether man is alone. One may either affirm the fact that man often finds himself alone and unaided in crucial situations and, marvelously, discovers hidden strength within himself; on the other hand, observations may lead one to the conclusion that man is basically an isolated creature and unable to function, to endure, and to prevail. The German writers in this chapter respond to the issue in various ways and moods, either motivated by a highly individualistic philosophy or by social-political consciousness. Hermann Hesse (1877–1962), famous Nobel prize laureate and belated idol of American youth, has always been a loner and, consequently, answers in the affirmative. Erich Kästner (Chapter 5) describes the pangs of loneliness with nostalgic humor, while Franz Kafka (1883–1924) laconically comments on the whimsical and accidental nature of most human associations. Günther Weisenborn (1902–1969), playwright and political activist, describes a personal experience from his anti-Nazi resistance: a man awaiting trial escapes certain death by establishing vital communication with a fellow prisoner in the next cell. Thus, man is not alone.

im = in dem   der Nebel *fog, mist*

seltsam *strange*   * wandern *to walk*
* einsam *lonely*   der Busch *bush*

licht = hell

sichtbar *visible*

wahrlich *truly*

unentrinnbar *ineluctable*

die Gemeinschaft *community*

hintereinander *one after another*

das Tor *gate*   * vielmehr *rather*   gleiten *to glide*   so . . . wie *as . . . as*   das Quecksilberkügelchen *small mercury ball*
sich auf-stellen *to line up*   unweit *not far*

aufmerksam werden auf etwas *to notice something*   zeigen auf *to point at*

* friedlich *peaceful*   immerfort *continually*   sich ein-mischen *to meddle, interfere*
lästig *irksome*
sich ein-drängen *to intrude*

auf-nehmen *to accept*   * zwar *to be sure*   * früher *before*

IM NEBEL

Hermann Hesse

Seltsam, im Nebel zu wandern!
Einsam ist jeder Busch und Stein,
Kein Baum sieht den andern,
Jeder ist allein.

Voll von Freunden war mir die Welt, 5
Als noch mein Leben licht war;
Nun, da der Nebel fällt,
Ist keiner mehr sichtbar.

Wahrlich, keiner ist weise,
Der nicht das Dunkel kennt, 10
Das unentrinnbar und leise
Von allen ihn trennt.

Seltsam, im Nebel zu wandern!
Leben ist Einsamsein.
Kein Mensch kennt den andern, 15
Jeder ist allein.

GEMEINSCHAFT

Franz Kafka

Wir sind fünf Freunde, wir sind einmal hintereinander aus einem Haus gekommen, zuerst kam der eine und stellte sich neben das Tor, dann kam oder vielmehr glitt so leicht, wie ein Quecksilberkügelchen gleitet, der zweite aus dem Tor und stellte sich unweit vom ersten auf, dann der dritte, dann 5 der vierte, dann der fünfte. Schließlich standen wir alle in einer Reihe. Die Leute wurden auf uns aufmerksam, zeigten auf uns und sagten: Die fünf sind jetzt aus diesem Haus gekommen. Seitdem leben wir zusammen, es wäre ein friedliches Leben, wenn sich nicht immerfort ein sechster 10 einmischen würde. Er tut uns nichts, aber er ist uns lästig, das ist genug getan; warum drängt er sich ein, wo man ihn nicht haben will. Wir kennen ihn nicht und wollen ihn nicht bei uns aufnehmen. Wir fünf haben zwar früher einander auch nicht gekannt, und wenn man will, kennen wir einander 15

* dulden *to tolerate* * jener *that (one)*

fortwährend *continuous* das Beisammensein *being together* Sinn haben *to make sense*
* beisammen *together* die Vereinigung *union*
auf Grund (von) *on the basis (of)* * die Erfahrung *experience*
bei-bringen (*with dat.*) *to impart*
* die Erklärung *explanation* die Aufnahme *acceptance*
* der Kreis *circle* * lieber *rather*
die Lippen auf-werfen *to pout* noch so (sehr) *ever so (much)*
* weg-stoßen *to push away* der Ellbogen *elbow*

sozusagen *so to speak* die Fremde *strange surroundings*

* nötig sein *to be needed*
rund um ihn *around him* der Plüsch *plush*

zum Greifen nah *near enough to be touched*

* der Spiegel *mirror*
noch einmal *once more*

* der Saal *hall* * blaß *pale* vor lauter Licht *with all the light*
* riechen (nach) *to smell (of)* das Parfüm *perfume* das Gebäck *pastries* * blicken *to glance, look*

* schauen *to look*

glatt-streichen *to smooth (down)* das Tischtuch *table cloth*
das Glas *glass; mirror*
* etwas satt haben *to be fed up with something*

auch jetzt nicht, aber was bei uns fünf möglich ist und geduldet wird, ist bei jenem sechsten nicht möglich und wird nicht geduldet. Außerdem sind wir fünf und wir wollen nicht sechs sein. Und was soll überhaupt dieses fortwährende Beisammensein für einen Sinn haben, auch 5 bei uns fünf hat es keinen Sinn, aber nun sind wir schon beisammen und bleiben es, aber eine neue Vereinigung wollen wir nicht, eben auf Grund unserer Erfahrungen. Wie soll man aber das alles dem sechsten beibringen, lange Erklärungen würden schon fast eine Aufnahme in unsern 10 Kreis bedeuten, wir erklären lieber nichts und nehmen ihn nicht auf. Mag er noch so sehr die Lippen aufwerfen, wir stoßen ihn mit dem Ellbogen weg, aber mögen wir ihn noch so sehr wegstoßen, er kommt wieder.

SOZUSAGEN IN DER FREMDE

Erich Kästner

Er saß in der großen Stadt Berlin
an einem kleinen Tisch.
Die Stadt war groß, auch ohne ihn.
Er war nicht nötig, wie es schien.
Und rund um ihn war Plüsch. 5

Die Leute saßen zum Greifen nah,
und er war doch allein.
Und in dem Spiegel, in den er sah,
saßen sie alle noch einmal da,
als müsse das so sein. 10

Der Saal war blaß vor lauter Licht.
Es roch nach Parfüm und Gebäck.
Er blickte ernst von Gesicht zu Gesicht.
Was er da sah, gefiel ihm nicht.
Er schaute traurig weg. 15

Er strich das weiße Tischtuch glatt
und blickte in das Glas.
Fast hatte er das Leben satt.
Was wollte er in dieser Stadt,
in der er einsam saß? 20

die Menschen *people*
* den Hut ziehen *to lift one's hat (as a greeting)*
erfinderisch *inventive*

die Aussage *testimony*

* abends *in the evening* um mein Leben *for my life* klopfen *to knock, tap* die Pritsche *iron bed* das Bleistiftende *pencil end* die Wolldecke *blanket* * die Mauer *wall* auf-flammen *to flare up* die Zelle *cell* der Posten *guard* das Guckloch *peephole*

die Eröffnung *opening* * gleichmäßig *even* der Takt *measure* * erwidern *to reply* * der Ton *sound* * fein *soft* * entfernt *distant* unregelmäßig *unevenly*

ab-wischen *to wipe (off)* * der Schweiß *perspiration* * die Verzweiflung *despair* bezwingen *to conquer* * das Zeichen *signal*

die Ratlosigkeit *helplessness* * betonen *to stress* Morse *the Morse code*

ein-nehmen *to occupy* tickten herüber *were audible through the wall* es schlug *the clock struck* * unbedingt *at all costs* * sich verständigen *to communicate*

* fern(e) *far away*

* die Verständigung *communication* herüber-kommen *to come over* sicher *definitely, unmistakably*

entscheidend *decisive* der Klopfton *tapping sound* mit-zählen *to count along*

Da stand er, in der Stadt Berlin,
auf von dem kleinen Tisch.
Keiner der Menschen kannte ihn.
Da fing er an, den Hut zu ziehn!
Not macht erfinderisch.

DIE AUSSAGE

Günther Weisenborn

Als ich abends gegen zehn Uhr um mein Leben klopfte, lag ich auf der Pritsche und schlug mit dem Bleistiftende unter der Wolldecke an die Mauer. Jeden Augenblick flammte das Licht in der Zelle auf und der Posten blickte durch das Guckloch. 5

Dann lag ich still.

Ich begann als Eröffnung mit gleichmäßigen Takten. Er erwiderte genauso. Die Töne waren fein und leise, wie sehr entfernt. Ich klopfte einmal -a, zweimal -b, dreimal -c.

Er klopfte unregelmäßig zurück. Er verstand nicht. 10

Ich wiederholte, er verstand nicht.

Ich wiederholte hundertmal, er verstand nicht. Ich wischte mir den Schweiß ab, um meine Verzweiflung zu bezwingen. Er klopfte Zeichen, die ich nicht verstand, ich klopfte Zeichen, die er nicht verstand. 15

Ratlosigkeit.

Er betonte einige Töne, denen leisere folgten. Ob es Morse war? Ich kannte nicht Morse. Das Alphabet hat 26 Buchstaben. Ich klopfte für jeden Buchstaben die Zahl, die er im Alphabet einnahm: für h achtmal, für p sechzehnmal. 20

Es tickten andere Takte herüber, die ich nicht begriff. Es schlug zwei Uhr. Wir mußten uns unbedingt verständigen. Ich klopfte:

. = a, .. = b, ... = c;

ganz leise und fern die Antwort: 25

–.–.–..

Keine Verständigung. In der nächsten Nacht jedoch kam es plötzlich herüber, ganz leise und sicher:

.., ..., ...,

Dann die entscheidenden Zeichen: zweiundzwanzig gleiche Klopftöne. Ich zählte mit, das mußte der Buchstabe V sein. 30

atemlos *breathlessly*
die Präzision *precision*

starr *motionless*
der Kontakt *contact* das Hirn = * Gehirn *brain* * der Mund *mouth*

* der Verstand *mind* die schwere Zellenmauer *thick wall of the cell*
der Gestapokeller *Gestapo cellar* (*Gestapo, notorious secret state police, organized under the Nazi regime to operate against political opposition*) überwinden *to conquer* naß vor Schweiß *wet with perspiration* überwältigt *overwhelmed* sich melden *to establish contact* * nichts als *nothing but*

entsetzlich *awfully*
* auf und ab *up and down*
Moskau *Moscow* etwa *approximately*
frösteln *to shiver* das Schicksal *fate*
der Kommissar *commissar*
bei mir wurde "der Kopf nicht dran" bleiben *literally: "my head would not stay on my neck"* (*allusion to beheading, the official form of execution in Germany during that time*) lag eben vor *had been submitted*

klopfte ich ihn an = klopfte ich

das Todesurteil *death sentence*

der Spaziergang *walk*

SS = Schutzstaffel *Black Shirts, Nazi elite military organization*
die Decke *blanket*
* die Träne *tear*
taktieren *to beat time*
wahrnehmbar *perceptible*
* die Rettung *rescue* * unterwegs *on the way*
der Todeskandidat *doomed man*

Dann fünf Töne. Es folgte ein R, das ich mit atemlos kalter Präzision auszählte. Danach ein S, ein T, ein E, ein H, ein E!

... verstehe ...

Ich lag starr und glücklich unter der Wolldecke. Wir hatten Kontakt von Hirn zu Hirn, nicht durch den Mund, sondern durch die Hand. 5

Unser Verstand hatte die schwere Zellenmauer des Gestapokellers überwunden. Ich war naß vor Schweiß, überwältigt vom Kontakt. Der erste Mensch hatte sich gemeldet. Ich klopfte nichts als: 10

... gut ...

Es war entsetzlich kalt, ich ging den Tag etwa zwanzig Kilometer in der Zelle auf und ab, machte im Monat 600, in neun Monaten 5400 Kilometer, von Paris bis Moskau etwa, wartende Kilometer, fröstelnd, auf mein Schicksal wartend, 15 das der Tod sein mußte. Ich wußte es, und der Kommissar hatte gesagt, daß bei mir "der Kopf nicht dran" bleiben würde.

Die zweite Aussage lag eben vor, daran war nichts zu ändern. Es war nur eine Hoffnung, wenn K. diese Aussage 20 zurücknehmen würde. In der Nacht klopfte ich ihn an:

"Du ... mußt ... deine ... Aussage ... zurücknehmen ..."

Er klopfte zurück:
"Warum?"

Ich: "Ist ... zweite ... Aussage ... gegen ... mich ... 25 bedeutet ... Todesurteil ..."

Er: "Wußte ... ich ... nicht ..."

Ich: "Wir ... sind ... nicht ... hier ... um ... Wahrheit ... zu ... sagen ..."

Er: "Nehme ... zurück ..." 30

Ich: "Danke ..."

Er: "Morgen ..."

Ich: "Was ... brauchst ... du ... ?"

Er: "Bleistift ..."

Ich: "Morgen ... Spaziergang ..." 35

Es wurde plötzlich hell. Das Auge der SS blickte herein. Ich lag still unter der Decke. Es wurde wieder dunkel. Ich hatte Tränen in den Augen. "Nehme zurück!" Das werde ich nie vergessen. Es kam ganz fein und leise taktiert durch die Wand. Eine Reihe von kaum wahrnehmbaren Tönen, und es 40 bedeutete, daß für mich die Rettung unterwegs war. Sie bestand diese Nacht nur im Gehirn eines Todeskandidaten,

* drüben *over there* * unsichtbar *invisible* winzig *tiny*
* oben *upstairs* unterschrieben *signed*
das Protokoll *statement, deposition* das Büro *office*
das Gericht *court* vor-liegen *to lie before* die Ewigkeit *eternity*
ab-brechen *to break off* die Graphitspitze *graphite tip*

ständig *always*
der Gestapohof *Gestapo courtyard*
* der Flur *corridor* zu drei Mann = drei Männer
voneinander *from one another*
* die Sekunde *second* nach-kommen *to come after* zu-eilen (auf) *to run up (to)* auf-reißen *to throw open* die Klappe *flap* hinein-werfen *to throw in(to)* die Bleistiftspitze *pencil point* lautlos *silently*
* eilig *hasty* * erstaunt *astonished* das Auf-blicken *upward look*
* bleich *pale*
gefesselt *shackled*

der Hals *neck* ein-schließen *to lock up*
* später *later*
* retten *to save*

* das Ziel *destination*

reiten *to ride on horseback*
zu zwei(e)n und zu drei(e)n *in groups of two or three*

drum = darum

drüben in Zelle acht, unsichtbar, winzig. Morgen würden es oben Worte werden, dann würde es ein unterschriebenes Protokoll im Büro sein, und eines Tages würde dies alles dem Gericht vorliegen. Dank in die Ewigkeit, K.

Ich brach von meinem Bleistift die lange Graphitspitze ab und trug sie während des Spaziergangs bei mir. Es gingen ständig sechs Mann, immer dieselben, die ich nicht kannte, im Kreis um den Gestapohof.

Zurückgekehrt standen wir auf unserem Flur zu drei Mann, weit voneinander entfernt, und warteten einige Sekunden, bis der Posten uns nachkam. Ich eilte heimlich auf Zelle acht zu, riß die Klappe auf, warf die Bleistiftspitze hinein, schloß die Klappe lautlos und stellte mich eilig an meinen Platz. Ich werde nie das erstaunte Aufblicken seiner sehr blauen Augen, sein bleiches Gesicht, die Hände, die gefesselt vor ihm auf dem Tisch lagen, vergessen. Der Posten kam um die Ecke. Das Herz schlug mir bis in den Hals. Wir wurden eingeschlossen.

Später klopfte es: "Danke . . . habe . . . Aussage . . . zurückgenommen." Ich war gerettet.

Vielleicht.

ALLEIN

Hermann Hesse

Es führen über die Erde
Straßen und Wege viel,
Aber alle haben
Dasselbe Ziel.

Du kannst reiten und fahren
Zu zwein und zu drein,
Den letzten Schritt mußt du
Gehen allein.

Drum ist kein Wissen
Noch Können so gut,
Als daß man alles Schwere
Alleine tut.

New Words and Phrases to Learn

abends *in the evening*
auf und ab *up and down*
beisammen *together*
betonen *to stress, emphasize, accentuate*
blaß *pale*
bleich *pale*
blicken *to look, glance*
drüben *over there*
dulden *to tolerate, permit*
eilig *hasty, speedy, hurried, urgent*
einsam *lonely, lonesome; solitary*
entfernt *distant, far off*
die Erfahrung,-en *experience*
die Erklärung,-en *explanation; declaration*
erstaunt *surprised, astonished, amazed*
erwidern *to reply; to return* (*a favor, etc.*)
fein *fine, thin; delicate, soft; refined*
fern(e) *far away, distant*
der Flur,-e *floor, corridor; hall*
friedlich *peaceful*
früher *before, earlier, sooner; former; at one time*
das Gehirn,-e *brain*
gleichmäßig *even, uniform, regular; constant*
der Hut: den—ziehen (zog, gezogen) *to lift one's hat* (*as a greeting*)
jen(-er, -e, -es) *that; the former*
der Kreis,-e *circle; group*
lieber *rather*
die Mauer,-n *wall*
der Mund,¨-er *mouth*
nichts als *nothing but*
nötig *necessary;*—sein *to be needed*
oben *upstairs; above, up, on top*
retten *to save, rescue*
die Rettung,-en *rescue; salvation*
riechen (nach) (roch, gerochen) *to smell* (*of*)

der Saal (*pl.* Säle) *hall, large room*
satt *satisfied, full;* etwas—haben *to be fed up with something*
schauen *to look, see, observe*
der Schweiß *sweat, perspiration*
die Sekunde,-n *second*
später *later, later on; afterwards, after that; hereafter*
der Spiegel,- *mirror*
stoßen (stieß, gestoßen, stößt) *to push, shove; to poke*
der Ton,¨-e *sound; tone; tint*
die Träne,-n *tear*
unbedingt *absolute, at all costs*
unsichtbar *invisible*
unterwegs *on the way*
der Verstand *intelligence, intellect, mind*
sich verständigen *to communicate; to come to terms*
die Verständigung *communication; agreement*
die Verzweiflung *despair*
vielmehr *rather*
wandern (ist) *to wander, walk, hike*
das Zeichen,- *signal; sign*
das Ziel,-e *goal, aim, objective; destination*
zwar *to be sure, it is true, indeed, of course*

Vocabulary Building

A Form intelligent German sentences each of which should contain one verb and one adjective from the above list.

B Rephrase the following sentences, using as many new learn words as possible.

1 / Es ist sonderbar, im Nebel spazierenzugehen.
2 / Er antwortete: "Ich habe genug von diesem Leben!"
3 / Die regelmäßigen Töne waren weit weg.
4 / Wie können wir miteinander Kontakt haben?
5 / Die Männer waren auf dem Korridor nicht zu sehen.
6 / Schnell erhielt das Gehirn dieses Signal.

C Fill in the missing new learn words.

1 / Nicht alle Menschen haben dieselben _______ im Leben.

2 / Als sie in _______ blickte, sah sie, daß ihre Augen naß von _______ waren.

3 / Ein sehr großes Zimmer kann _______ nennen.

4 / Er glaubte ihrer _______ nicht.

5 / Männer grüßen Frauen, indem sie _______ .

6 / Deutsche _______ mehr als Amerikaner.

D Express in German, using as many learn words as possible.

1 / She was lonely and full of despair when she walked through the fields.

2 / In the evening he paced up and down.

3 / When she looked into the mirror, she was amazed.

4 / Since he had hiked for several hours, he smelled of perspiration.

5 / I shall not tolerate communication between them.

6 / His intellect told him that rescue was possible.

Comprehension

Answer in German. Use as many sentences as you need.

1 / Fühlen Sie sich im Nebel besonders einsam? Warum? Warum nicht?

2 / Warum wollen die fünf Freunde in Kafkas Geschichte den sechsten nicht aufnehmen?

3 / Was will Kafka mit seiner kleinen Geschichte sagen?

4 / Beschreiben Sie den Ort in Kästners Gedicht.

5 / Wie verständigen sich die Männer in Weisenborns Geschichte?

6 / Was sollte der Mann in der nächsten Zelle tun?

7 / Erklären Sie den Satz am Ende: "Ich war gerettet".

8 / Glauben Sie, daß es eine wertvolle Erfahrung ist, einsam zu sein? Erklären Sie Ihre eigene Philosophie.

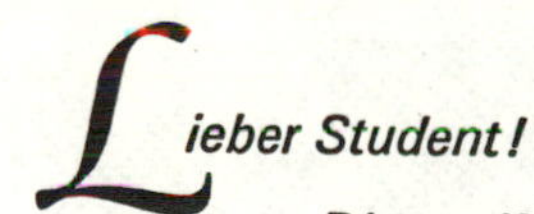

Lieber Student!

Dieses Kapitel war kurz und leicht; und doch konnten Sie 57 neue Wörter lernen, sodaß Sie jetzt 904 deutsche Wörter kennen. Diesmal raten wir Ihnen, ein neues Experiment zu machen. Lesen Sie die Lernwörter dieses Kapitels noch einmal durch und versuchen Sie, wenn und wo möglich, diejenigen Wörter zu finden, die das Gegenteil bedeuten. Beispiele: drüben–hier, entfernt–nah. Wir wünschen Ihnen Erfolg.

Jugend ohne Sentimentalität

It has often been said that absence of sentimentality is one of the striking characteristics of the younger generation. Whether one welcomes or regrets this, there is little doubt that modern life makes greater demands on the toughness of both mature and adolescent individuals in the age of the atom bomb, pollution, population explosion, and daily increasing mechanization. What is true of most industrial nations is even more pronounced in a country like Germany which has made a rapid transition from almost total wartime destruction to the dazzling peacetime prosperity of a hectic consumer society. No wonder then that many old clichés have been crumbling in the process, among them the well-known image of the authoritarian German father figure, the closely knit "nice" family, and the traditional awe in the face of death. If the present is dull and ugly and the future uncertain and threatening, what is left would often seem to be only a mindless urge for instant gratification, i.e., for "having a good time". Werner Tilger, a minor contemporary writer, focuses on the German adolescent of the lower middle class who, while somewhat less than attractive, is nevertheless a rather typical representative of the new tough and unsentimental generation.

* die Jugend *youth* die Sentimentalität *sentimentality*

die Gefühlsduselei *sentimentalism*

trommeln *to drum, tap* die Scheibe = Fensterscheibe *windowpane*
siebzehnjährig *seventeen years old*

das Küchensims *kitchen shelf* ticken *to tick*
blechern *tinny*
kahl *bare*

* wieder-kommen *to come back* heute vormittag *this morning*

* irgendwie *somehow* hoffnungslos *hopeless*
an-machen *to switch on*
* sich um-drehen *to turn around*
der Schatten *shadow* zuweilen *sometimes* fahl *pale*
die Fläche *plane* * wenden *to turn*

die Tischplatte *table top* grauhaarig *gray-haired*
als (*with subjunctive*) *as if* hoch-nehmen *to lift*
halb sechs *5:30 P.M.*

starren *to stare* * der Gedanke *thought*

blöd(e) *silly*
nicht mehr *no longer*

* immer wieder *again and again* seufzen *to sigh*

* ärgerlich *angry*
rübergehen = hinüber-gehen *to go over* (*there*)

* mir ist, als (ob) *I feel as* (*if*)

* die Treppe *stairs* herauf-kommen *to come up*

* üblich *customary*
* sich überlegen *to think over* * inzwischen *in the meantime*
die Totenstarre *rigor mortis*

IMMER DIESE GEFÜHLSDUSELEIEN

Werner Tilger

Immer diese Gefühlsduseleien, dachte der Junge und trommelte mit den Fingern gegen die Scheibe. Es war ein schmaler, kaum siebzehnjähriger Junge mit einem harten, blassen Gesicht. Er stand am Fenster und rauchte.

Die Uhr auf dem Küchensims hinter ihm tickte gleichmäßig wie immer. Ihr Ton klang hart und ein wenig blechern. Nur die Wände waren kahler und grauer als sonst. Aber das war immer so gewesen, wenn sie weggegangen war und wenn sie den ganzen Tag darauf warteten, daß sie endlich wiederkam. Seit heute vormittag allerdings schien ihm alles noch ein bißchen kahler und grauer als sonst. Es war leerer geworden irgendwie und hoffnungsloser.

Sie hatten kein Licht angemacht. In der Küche war es dunkel, und wenn er sich umdrehte, dann sah er den Mann nur als Schatten, und zuweilen auch die helle, fahle Fläche seines Gesichts, wenn er es gerade gegen das Fenster wandte. Der Mann saß am Tisch, die Arme auf der Tischplatte und den grauhaarigen Kopf auf die Arme gelegt. Es sah aus, als schliefe er. Plötzlich nahm er seinen Kopf hoch und sah auf die Uhr. "Halb sechs", sagte er, "halb sechs ist es schon? Ich kann es immer noch nicht glauben."

Der Junge schwieg. Er stand am Fenster, rauchte und starrte auf die Straße. Er hatte seine eignen Gedanken. Er fand, daß alles leerer und hoffnungsloser war als sonst, aber alles andere, fand er, waren blöde Gefühlsduseleien, und er antwortete nicht. Es schien wirklich, als wüßte er gar nicht mehr, daß es da hinter ihm am Tisch den Mann noch gab, der immer wieder seufzte und sagte: "Mein Gott, ich kann es immer noch nicht glauben."

Doch dann lachte der Junge plötzlich ärgerlich und sagte: "Du brauchst ja nur mal rüberzugehen ins Zimmer, wenn du es nicht glauben kannst. Da liegt sie, ganz still. Ein bißchen zu still, meine ich, um es nicht glauben zu können. Du brauchst wirklich nur mal rüberzugehen."

"Du verstehst mich nicht", sagte der Mann. "Es ist ja nicht so, daß ich es nicht glaube. Mir ist nur immer, als könnte es nicht sein, als müßte sie in jedem Moment die Treppen heraufkommen, ja, so als müßte sie in jedem Moment die Treppen heraufkommen. Ich begreife es nicht, verstehst du, ich kann es einfach noch nicht begreifen. Ich will es gar nicht begreifen."

"Das ist ja das übliche bei dir", sagte der Junge, und dann lachte er wieder. "Hast du dir das andere inzwischen überlegt? In ein bis zwei Stunden kann nämlich schon die Toten-

ein-treten *to set in* * zu-machen *to close* der Juwelier *jeweler*

so tun, als (ob) *to make as (if)* * vorhin *a little while ago* lang und breit *in detail* darüber *about it*

zu-lassen *to permit* mit-machen *to take part in*
* auf keinen Fall *under no circumstances*

sich eins * pfeifen *to whistle to oneself* * lächerlich *ridiculous*
je *ever* es geht danach *it matters*
beteiligen *to give a share to*
* die Hälfte *half* * die Schuld *fault*
leer aus-gehen (*coll.*) *to get nothing*

* vollkommen *perfect*
war'n das = war denn das gefühlvoll *feelingly*
vor-exerzieren (*coll.*) *to demonstrate* am Leben sein *to be alive*

kann das nicht = kann das nicht tun

wirst'n = wirst denn
kannste = kannst du haste = hast du
warste = warst du drin = darin
wo's = wo es angebracht *appropriate* die Tour *pose*
* leicht-fallen *to come easy*

an-tun *to do to* nicht wahr? *right?*
* solange *as long as*

wo *because*
die Ehrfurcht *respect*
die Leiche *corpse* * halt-machen *to stop*

* bloß *only, merely* war'n = war denn das ("das" *refers to the respect the man spoke of*) sich ab-schuften *to drudge* Tag für Tag *day after day*
Wäschewaschengehen *to go out to work as a laundress*
das Reinemachen *house cleaning* jahraus, jahrein *year after year*
* aus-halten *to endure* / das Aushalten *endurance*
zusammen-halten *to stick together* / das Zusammenhalten *standing by one another*
faseln *to drivel* du hast es dir nur gefallen lassen *you only stood idly by*

du's nicht kannst = du es nicht tun kannst

* diesmal *this time*

starre eintreten, außerdem macht der Juwelier um sieben zu, und ich brauche heute das Geld."

"Was soll ich mir denn überlegt haben inzwischen?"

"Tu doch nicht so, als hätten wir nicht vorhin erst lang und breit darüber gesprochen." 5

"Wenn du das meinst, das lasse ich nicht zu", sagte der Mann. "Wenn ich alles zulasse, aber das nicht, da mache ich nicht mit. Das lasse ich auf keinen Fall zu."

Der Junge trommelte mit den Fingern gegen die Scheibe und pfiff sich eins. "Lächerlich", sagte er dann. "Als wenn 10 es schon je danach gegangen wäre, ob du etwas zuläßt oder nicht. Ich wollte dich nur daran beteiligen, jeder die Hälfte, aber wenn du nicht willst, dann ist es deine Schuld, wenn du leer ausgehst."

"Ich kann das nicht dulden", sagte der Mann. "Ich kann 15 das auf keinen Fall dulden, begreifst du das denn nicht?"

"Ich verstehe", sagte der Junge. "Ich verstehe vollkommen. Aber wo war'n das, was du jetzt so gefühlvoll vorexerzierst, als sie noch am Leben war, wo war'n das da, he?" 20

"Ich kann das nicht, begreife das doch."

"Ich weiß", sagte der Junge, "ich weiß, du kannst das nicht. Du konntest ja nie etwas. Wann wirst'n du mal was können, he? Ja Gefühle, das kannste, das haste schon immer gekonnt. Da warste immer groß drin, nur da nicht, 25 wo's mal angebracht gewesen wäre. Diese Tour fällt dir wohl leichter, was?"

"Sie war immer so gut", sagte der Mann. "Man darf ihr das doch nicht antun, nicht wahr? Das darf man doch nicht. Sie war deine Mutter, und sie hat, solange sie lebte, nie an 30 sich gedacht. Sie hat für dich alles getan, was sie konnte, und da kannst du ihr das doch nicht antun. Das kannst du nicht, wo sie doch wirklich nie an sich gedacht hat. Aber du hast ja nicht ein bißchen Ehrfurcht mehr. Nicht einmal vor der Leiche deiner Mutter machst du ja halt." 35

"Ich verstehe", sagte der Junge, "ich verstehe vollkommen. Bloß wo war'n das, als sie sich Tag für Tag abschuften mußte für dich, weil du kein Geld mehr verdienen konntest, weil du nie was konntest, he? Als sie Wäschewaschen gehen mußte und Reinemachen bei anderen, jahraus, jahrein, 40 wo war'n das da, he? Da haste nur was vom Aushalten und Zusammenhalten gefaselt, du brauchtest es ja nicht auszuhalten, du hast es dir nur gefallen lassen, aber wo war'n da die Ehrfurcht, he?"

"Sie war immer so gut", sagte der Mann. "Ich kann es 45 einfach nicht zulassen."

"Ich verstehe ja, daß du's nicht kannst", sagte der Junge. "Vollkommen verstehe ich das, aber ich werde es können, du sollst mal sehen, mein Lieber. Diesmal noch. Lange

* sowieso *in any case* * es ist (mir) egal *it does not matter (to me)*
noch'n = noch ein her-kriegen (*coll.*) *to get from* * (sich)amüsieren *to amuse (oneself), have a good time*

stöhnen *to groan*

* sich kümmern um *to concern oneself with*

dabei bleiben *to stay that way* * jedenfalls *in any case*
* es geht nicht darum *that is not the point*

* gering *slight* die Hemmung *scruple* 'ner = einer die Zange *pliers*
zwack *onomatopoetic word (for the sound of pliers)*
* immerhin *after all* das Gramm *gram* * rein *pure*
drüben *over there*

wertbeständig (*of*) *stable* (*value*)
'nen = einen * angenehm *pleasant*

sich ab-wenden *to turn away*
schluchzen *to sob*
sich nicht abbringen lassen *not to be dissuaded*

genau *closely*
sich aus-kennen *to know one's way about*

* hin-hören *to listen*

kriegst = du kriegst (*coll.*) *you get* beißen *to bite*

was = etwas
* noch einmal *once more*
* nicken *to nod* * stecken *to put*

* anständig *decent*

rostig *rusty* der Nagel *nail*
* nachher *afterwards* ohne weiteres *readily*
* im Gegenteil *on the contrary*

bleibe ich sowieso nicht mehr hier, und mir ist es jetzt egal, wo ich noch'n bißchen Geld herkriege, um mich zu amüsieren."

"Sie war immer so gut", sagte der Mann. Der Junge trommelte mit den Fingern gegen die Scheibe. Der Mann hinter ihm stöhnte. Dann legte er seinen Kopf wieder auf die Arme. Es war nicht zu hören, ob er schlief oder weinte, oder ob er sonst etwas tat. Der Junge kümmerte sich nicht darum. Ihm war alles egal. Die Wände waren immer kahler und grauer gewesen, wenn sie nicht zu Hause war, und dabei würde es jetzt jedenfalls bleiben. Aber schließlich war das egal. Darum ging es ja hier nicht. Die Uhr auf dem Küchensims tickte gleichmäßig, und er hatte nicht die geringste Hemmung, es zu tun, mit 'ner Zange, ganz einfach, zwack. Es waren immerhin fünf bis sechs Gramm. Reines Gold. Wurde gut bezahlt. Ein paar Mark immerhin. Er hatte sich schon drüben beim Juwelier erkundigt, und um sieben machte der zu. Die Uhr tickte gleichmäßig. Er hatte keine Lust, noch länger zu warten. Einfach mit 'ner Zange, zwack. Er hatte sie schon in der Tasche. Schon seit heute vormittag. Es waren immerhin fünf bis sechs Gramm zusammen, und Gold wurde gut bezahlt, Gold war wertbeständig, man konnte sich 'nen angenehmen Abend damit machen. Es war Unsinn, es nicht zu tun, es waren alles bloß blöde Gefühlsduseleien.

Er trommelte gegen die Scheiben und pfiff sich eins. Als er sich vom Fenster abwandte, um ins Zimmer zu gehen, stöhnte der Mann wieder und schluchzte. Aber der Junge ließ sich nicht davon abbringen. Er hatte die Zange schon in der Tasche. Ganz einfach, zwack. Als er es tat, wandte er sein Gesicht etwas zur Seite. So genau brauchte er nicht hinzusehen, er kannte sich aus schließlich, und er hätte das, was er brauchte, auch im Schlaf finden können. Außerdem war es im Zimmer schon dunkel. Und dann hörte er einfach nicht hin, und die Zange machte: zwack, und er sagte einfach: "Kriegst ja sowieso nichts mehr zum Beißen." Es war gut, mal die eigene Stimme dabei zu hören, und er sagte noch was, und hörte wieder nicht hin. Und dann machte die Zange noch einmal zwack, und das war alles. Und dann hielt er es in der Hand, und dann nickte er und steckte die Zange wieder in die Tasche, und das war alles. Fünf bis sechs Gramm waren es sicher, was er da zusammen hatte, und der Juwelier bezahlte anständig. Es wäre einfach Unsinn gewesen, wenn er es nicht getan hätte. Er hatte nicht die geringste Hemmung gehabt dabei. Er hatte es getan, als zöge er einen rostigen Nagel aus der Wand.

Der Juwelier nachher gab ihm das Geld ohne weiteres. Er fragte nicht, wo er es her hatte. Im Gegenteil, er war sogar sehr freundlich zu ihm. Es wäre Unsinn gewesen, wenn er es nicht getan hätte.

die Kneipe *tavern, pub* * empfangen *to receive*

hin-kommen *to come there*
hin-gehen *to go there*

Billard *billiards*
sich erzählen *to tell each other* * der Witz *joke* getrunken wurde immer *there was always drinking* 'n paar = ein paar
gab . . . einen aus (*sl.*) *paid for* (*everybody's*) *drinks*
das Fell versaufen (*sl.*) *to have a funeral repast*
sich kalte Beine holen *to get cold feet* der Friedhof *cemetery*
* sich (nicht wenig) wundern *to be* (*much*) *surprised*
* auf einmal *all of a sudden*

deine Alte *your old lady* erschlagen *to kill*
grinsen *to grin*

* stolz *proud*

* tanzen *to dance*
der Tanz *dance*

eng *close*
die meisten *most girls*
sich erlauben *to afford*
klimpern *to jingle*

* unrecht haben *to be wrong*
* tatsächlich *real, actual* so wie *the way*
den Kopf ein wenig im Nacken *the head bent back a little*
die Melodie *melody* so'n = so ein
schmalzig *sentimental* mit-summen *to hum along*
* süß *sweet* * der Eindruck *impression* * sich gefallen lassen *to consent to*
es auf etwas an-legen *to aim at something*

die Theke *counter*

'nen = einen

In der kleinen Kneipe an der Ecke empfingen ihn seine Freunde mit großem Hallo. Seine Freunde waren fast immer da, wenn er kam. Sie waren auch da, wenn er nicht hinkam. Er konnte nicht so oft hingehen wie seine Freunde. Er hatte nicht so viel Geld wie seine Freunde, und seine Freunde 5 hatten meistens Geld. Sie spielten Billard oder Karten oder erzählten sich Witze und tranken dabei. Getrunken wurde eigentlich immer, und 'n paar Mädchen waren eigentlich auch immer da. Er gab gleich einen aus, als er hinkam, und dann gleich noch einen, man mußte doch das Fell versaufen, 10 wie sie immer so schön sagten, wenn sie sich auf'm Friedhof kalte Beine geholt hatten, und seine Freunde wunderten sich natürlich nicht wenig, daß er auf einmal so viel Geld hatte. Sie wußten ja nicht, wie einfach das war, bloß mit 'ner Zange. Es wäre Unsinn gewesen, wenn er es nicht 15 getan hätte.

"Hast wohl deine Alte erschlagen", sagte einer und grinste.

"Beinahe", sagte er und grinste zurück, und es war wieder ganz gut, daß er seine Stimme hörte. Er war 20 schließlich sogar richtig ein bißchen stolz, daß er es getan hatte, und daß er so viel Geld hatte auf einmal, und daß sich alle wunderten darüber. Er gab noch einen aus, und dann holte er sich ein Mädchen und tanzte. Es war gerade Mittwoch, und Mittwoch war immer ein bißchen Tanz hier 25 in der Kneipe. Das Mädchen, das er hatte, war nett, sie war ganz gut gebaut, und sie war auch nett zu ihm, obgleich er viel jünger war, und sie tanzten beide ganz gut zusammen. Er drückte sie fest an sich und tanzte ganz eng. Er hatte mal gehört, daß das gut sein sollte, und daß es die meisten ganz 30 gern hatten, und darum tat er es jetzt. Jetzt konnte er sich schließlich einiges erlauben, es klimperte schließlich in seiner Tasche. Alles andere sind Gefühlsduseleien, dachte er, und er hatte nicht ganz unrecht, denn dem Mädchen schien es tatsächlich zu gefallen, so wie er tanzte. Sie hatte 35 die Augen halb geschlossen und lächelte, den Kopf ein wenig im Nacken. Manchmal, wenn die Melodie so 'n bißchen schmalzig war, dann summte sie mit und machte ganz süße Augen. Er hatte den Eindruck, daß sie sich von ihm auch alles andere gefallen lassen würde, wenn er es 40 darauf angelegt hätte. Er war richtig ein bißchen stolz, daß er so viel Geld hatte auf einmal, und daß das Mädchen so nett zu ihm war, so daß er das alles denken konnte, was er dachte. Er tanzte drei Tänze, dann ging er wieder an die Theke. Seine Freunde spielten Billard. Aber er hatte jetzt 45 keine Lust dazu. Manchmal lachten sie auch, dann hatte sicher einer 'nen neuen Witz erzählt, aber auch dazu hatte er keine Lust jetzt. Er hatte auf einmal zu nichts mehr richtig Lust. Er war ganz froh, daß sie jetzt Billard spielten,

er hatte nur noch Lust *he only felt like*
ausgiebig *extensively*

Lust bekommen zu *to feel like*

intim tun *to act intimately*

an-stecken *to light*
* schieben *to shove*
schlendern *to stroll*
* weh-tun *to hurt*
vom = von dem
* übrig-bleiben *to be left (over)*
spielte keine Rolle weiter *did not matter much*
reichen *to be enough*

was hatte sie davon? *what use was it to her?*

an-fangen *to do*
* nicht einmal *not even*

spie im hohen Bogen (*literally: spit in a high arch*) *spit defiantly*

und daß er sich mit ihnen nicht zu unterhalten brauchte. Er hatte nur noch Lust zum Trinken, und das tat er dann etwas ausgiebiger als sonst, denn er hatte ja immerhin 'n bißchen Geld in der Tasche.

Als er nachher wieder Lust bekam zu tanzen, sah er, daß das Mädchen inzwischen einen anderen gefunden hatte, mit dem sie intim tun konnte. Sie hielt die Augen halb geschlossen, den Kopf ein wenig im Nacken und lächelte wieder. Er ärgerte sich nicht weiter darüber. Er trank noch einen, dann zahlte er und ging.

Auf der Straße steckte er sich eine Zigarette an, schob die Hände in die Taschen und schlenderte langsam nach Hause. Der Kopf tat ihm weh, sonst war nichts weiter. Vom Geld war natürlich nicht viel übrig geblieben. Aber das spielte keine Rolle weiter. Vielleicht reichte es noch, um ein paar Blumen zu kaufen. Oder aber Zigaretten? Er brauchte noch ein paar Zigaretten. Was hatte sie schließlich jetzt davon, wenn er ihr Blumen kaufte. Damit konnte sie ja jetzt auch nichts mehr anfangen. Sie konnte sich ja nicht einmal mehr freuen. Nicht einmal das konnte sie mehr.

"Sind alles nur blöde Gefühlsduseleien", sagte er laut und spie im hohen Bogen auf die Straße.

New Words and Phrases to Learn

amüsieren *to amuse;* sich amüsieren *to enjoy oneself, have a good time*

angenehm *pleasant, agreeable, nice*

anständig *decent, proper, respectable*

ärgerlich *angry*

aus-halten (hielt, gehalten, hält) *to endure, bear*

bloß *only, merely, barely*

diesmal *this time*

egal *equal, the same;* es ist (mir)— *it does not matter* (*to me*)*, I don't care*

der Eindruck,⸚e *impression*

einmal: auf— *all of a sudden;* nicht— *not even;* noch— *once more*

empfangen (empfing, empfangen, empfängt) *to receive*

Fall: auf keinen— *under no circumstances, by no means*

der Gedanke,-ns,-n *thought, idea*

gefallen: sich etwas—lassen (ließ, lassen, läßt) *to put up with something; to consent to*

das Gegenteil *opposite, reverse, contrary;* im— *on the contrary*

gehen: es geht um (ging, ist gegangen) *the point is*

gering *slight, small*

die Hälfte,-n *half*

halt-machen *to stop*

hin-hören *to listen*

immer wieder *again and again*

immerhin *at any rate, after all, nevertheless*

inzwischen *in the meantime; by that time*

irgendwie *somehow, in any way, in some way*

jedenfalls *in any case*

die Jugend *youth*

sich kümmern um *to concern oneself with, to care about*

lächerlich *ridiculous*

leicht-fallen (fiel, ist gefallen, fällt) (*with dat.*) *to come easy*
nachher *afterwards*
nicken *to nod*
pfeifen (pfiff, gepfiffen) *to whistle*
rein *pure; clean; clear*
schieben (schob, geschoben) *to shove, push*
die Schuld *fault, blame; guilt*
sein: mir ist, als (ob) (*with subjunctive*) *I feel as (if)*
solange *as long as*
sowieso *in any case; anyhow*
stecken *to put, place; to be (somewhere)*
stolz (auf) *proud (of)*
süß *sweet*
tanzen *to dance*
tatsächlich *real, actual; as a matter of fact*
die Treppe,-n *stairs, stairway*
(sich) überlegen *to think over, consider, reflect (on)*
üblich *customary, usual*
übrig-bleiben (blieb, ist geblieben) *to be left (over), remain*
(sich) um-drehen *to turn around*
unrecht haben *to be wrong*
vollkommen *perfect, complete, entire, absolute*
vorhin *a little while ago, just now*
weh(e) tun (tat, getan) (*with dat.*) *to hurt; to offend*
wenden (wandte, gewandt) (*also weak*) *to turn*
wieder-kommen (kam, ist gekommen) *to come back, return*
der Witz,-e *joke*
sich wundern *to wonder, be surprised*
zu-machen *to close, shut*

Vocabulary Building

A Make a list of idiomatic phrases, starting with the learn words of this chapter and then going back as far as you need. Then form 10 sentences each of which should contain at least one meaningfully applied idiomatic phrase.

Example: es ist mir egal.

B Answer the following questions by using appropriate German words for the English clues suggested in parentheses.

1 / Warum will der Junge Geld haben? (*to amuse himself, dance, pleasant evening*)

2 / Was gefällt Ihnen nicht an dem Jungen? (*feeling, impression, guilt, to be wrong*)

3 / Wie ist der Junge zu seinem Vater? (*decent, to care, somehow, to hurt*)

4 / Was dachten und taten die Freunde? (*to wonder, suddenly, to receive, joke*)

5 / Welche Gefühle und Gedanken hat der Junge am Ende der Geschichte? (*proud, as a matter of fact, to be left over, not even*)

C Express in German, using as many learn words as possible.

1 / He stared into the empty room, turned around, and saw a shadow.

2 / It is a pleasant feeling for most men in their youth to go out and to dance with a sweet girl.

3 / All of a sudden he felt as if he saw her come up the stairs.

4 / I shall think it over afterwards; in the meantime do not listen to her when she comes back.

5 / This time the point is not merely money.

6 / Although I was wrong a little while ago, don't be angry all of a sudden. I can't stand it.

Comprehension

The following sentences are either partly or completely wrong. Rewrite them in the spirit of Werner Tilger.

1 / Am Anfang der Geschichte war die Mutter schon lange tot; denn die Totenstarre war schon vor vielen Stunden eingetreten.

2 / Der Junge wollte den goldenen Ring seiner toten Mutter verkaufen, um den Vater zu ärgern.

3 / Die Geschichte zeigt den typischen Generationenkonflikt zwischen dem Sohn und dem strengen autoritativen Vater.

4 / Der Vater gab dem Sohn die Hälfte des Geldes, das der Juwelier ihm gezahlt hatte.

5 / Erst war der Junge stolz, daß er seine Freunde einladen und mit einem Mädchen tanzen konnte. Dann aber ging er plötzlich weg und kaufte Blumen mit seinem letzten Geld.

6 / Mit dem Titel seiner Geschichte will Werner Tilger sagen, daß junge Menschen heute oft sentimental sind und zu viele Gefühle haben.

Lieber Student!

Mit den 59 Wörtern dieses Kapitels ist die Zahl Ihres deutschen Vokabulars auf 963 gestiegen. Nun geht es darum, weiter zu lernen und immer wieder zu üben, damit Sie nichts vergessen. Darum sollen Sie diesmal die kleinen Wörter der letzten 3 Kapitel wiederholen. Wir meinen Wörter, die weder Verben noch Adjektive noch Substantive sind, Wörter wie "auf einmal", "jedenfalls" und andere. Lesen Sie die Lernwörterlisten der Kapitel 5 bis 7 und lernen Sie diese kleinen Wörter noch einmal, ehe Sie das nächste Kapitel beginnen. Das tut nicht weh, und Sie werden sich wundern, wie Ihr Deutsch dadurch besser wird!

Die große Liebe

Toughness, absence of empathy, emotional poverty, and even cynicism may be increasing as characteristics of our age, particularly affecting the young. Yet at the same time expressions of great love have always been and still are with us and no fear of sentimentality has been able to silence them. As a contrast to the emotional poverty of the preceding story, we have in this chapter assembled a small collection of love poems and letters by famous German writers. An untitled anonymous poem of the eighteenth century is followed by a well-known eight-liner, immortalized through music, by Heinrich Heine (1797–1856). Our century is represented by Hermann Hesse (Chapter 6) and Thomas Mann (1875–1955), best known for their distinguished Nobel Prize winning novels. Mann, famous for his intellectual, ironically detached, and rather difficult prose style, will surprise the reader with the unashamed display of his emotions and the power of his passion. As a young author of a few published works and a generally reserved and lonely man, he was conscious of his incomplete formal schooling (he did not finish high school). He reveals himself in these letters to his future wife, a mathematics student at the University of Munich, brilliant as well as beautiful, a true princess in the words of her adoring suitor. Hesse's lovely neo-romantic and utterly simple poem closes the chapter.

anonym *anonymous*
* das Jahrhundert *century*
das Vöglein *little bird*
das Flüglein *little wing*
wär' = wäre (*subjunctive*)
hätt' = hätte (*subjunctive*)
flög' = flöge (*subjunctive*)
weil's = weil es
bleib' = bleibe
allhier = hier

gleich = obgleich

* red' = rede *talk*
* erwachen tu' = erwache *wake up*

vergehen *to pass*
kein' Stund' = keine Stunde

vieltausendmal *many thousand times*

hold *lovely*
* an-schauen *to look at*
die Wehmut *melancholy*
hinein-schleichen *to creep into*

das Haupt *head*
* beten *to pray*
erhalten *to preserve*

Anonym (18. Jahrhundert)

Wenn ich ein Vöglein wär'
und auch zwei Flüglein hätt',
flög' ich zu dir.
Weil's aber nicht kann sein,
bleib' ich allhier. 5

Bin ich gleich weit von dir,
bin doch im Schlaf bei dir
und red' mit dir.
Wenn ich erwachen tu',
bin ich allein. 10

Es vergeht kein' Stund' in der Nacht,
daß mein Herz nicht erwacht
und an dich denkt,
daß du mir vieltausendmal
dein Herz geschenkt. 15

DU BIST WIE EINE BLUME

Heinrich Heine

Du bist wie eine Blume,
So hold und schön und rein;
Ich schau dich an, und Wehmut
Schleicht mir ins Herz hinein.

Mir ist, als ob ich die Hände
Aufs Haupt dir legen sollt,
Betend, daß Gott dich erhalte
So rein und schön und hold.

* gräßlich *terrible* * das Schicksal *fate*
* die Gewohnheit *habit* bestärken *to strengthen*
vor lauter Warten *from all the waiting*
apathisch *apathetic*
* durchaus *completely* * einverstanden sein *to agree*
mathematische und physikalische Folianten *mathematics and physics books*
* Aufmerksamkeit schenken *to pay attention*
* gewöhnlich *usual* wahrhaben wollen *to admit*
* gestehen *to confess* im Grunde *at bottom* * eifersüchtig (auf) *jealous* (*of*)
teuflisch *fiendish* recht *quite* * vernachlässigen *to neglect*
* altmodisch *old-fashioned* * gemein *mean*
laut werden lassen *to utter*

unsäglich *unspeakable* die Wonne *bliss*

* die Wange *cheek* die Todestraurigkeit *great sadness*
* der Geburtstag *birthday*
* schrecklich *dreadful* der Abstand *contrast*
* der Vorwurf *reproach* * die Schwäche *weakness*

"langend und bangend in schwebender Pein" *"longing and fearing in pain and suspense", a passage from Klärchen's love song in Goethe's* Egmont, *Act III*
sich aufs Rad (auf das Fahrrad) setzen *to mount a bicycle*
eine Verzweiflungsfahrt machen *to take a ride of despair* * blödsinnig *idiotic*

wildfremd (*very*) *strange*
einen Strauß aus-fechten *to fight a battle; to struggle*
der Fleischerhund *mastiff* augenscheinlich *evidently*
lechzen (nach) *to thirst* (*after*)

BRIEFE

Thomas Mann

An Katja

[Ende April 1904]

Sie dürfen mich nicht wieder so warten lassen, Katja. Warten ist gräßlich. Man darf das Schicksal nicht in seiner üblen Gewohnheit bestärken, alles Gute erst dann ankommen zu lassen, wenn man vor lauter Warten schon ganz apathisch ist und sich kaum noch freuen kann ––– 5

Durchaus einverstanden bin ich auch damit, daß Sie Ihren mathematischen und physikalischen Folianten nicht allzu viel Aufmerksamkeit schenken. Denn wenn ich es auch gewöhnlich nicht wahrhaben will, so will ich es Ihnen doch nur einmal gestehen, daß ich im Grunde ein bißchen eifer- 10 süchtig auf die Wissenschaften bin und heimlich eine teuflische Freude habe, wenn Sie sie recht gründlich vernachlässigen. Dies ist altmodisch, sentimental und gemein, ich weiß es! und ich werde es ja auch nie wieder laut werden lassen . . . 15

An Katja

[6. Juni 1904]

Ach, Katja! zwischen der unsäglichen Wonne der Sekunden, in denen ich im dunklen Garten Ihr süßes, süßes Köpfchen an meiner Wange fühlte, und der Todestraurigkeit, mit der ich Sie heute (an meinem Geburtstage!) verließ,—welch ein schrecklicher Abstand! Das ist kein 20 Vorwurf. Vielleicht ist es Schwäche, aber ich habe keine Vorwürfe für Sie. Nur Liebe! Nur Liebe!

An Katja

[Ende Juni 1904]

. . . Den ganzen Tag hatte ich langend und bangend in schwebender Pein auf einen Brief gewartet. Endlich, um 6 Uhr, hielt ich es nicht mehr aus, setzte mich aufs Rad und 25 machte in blödsinnigem Tempo eine Verzweiflungsfahrt von zwei Stunden. Ich weiß garnicht, wohin ich überall gekommen bin,—durch wildfremde Dörfer, von denen eins, glaub ich, **hieß, und wo ich einen Strauß mit einem Fleischerhund auszufechten hatte, der augenscheinlich 30 nach meinem jungen Leben lechzte. Und als ich dann ganz

aufgelöst *exhausted* verstaubt *dusty*
der Kasten = Briefkasten *mailbox* gesegnet *blessed*
zutraulich *trusting* * niemals *never*
seien Sie tausendmal bedankt! *a thousand thanks!*
* wunderbar *wonderful*
* die Geduld *patience*
der Schwächling *weakling*
werben um *to court*
Geduldsfristen stellen *to impose additional periods of waiting* * fortdauernd *continual* jemanden hin-halten *to keep someone in suspense*
immer weniger *less and less* begehrenswert *desirable*
je länger *the longer* sich hin-ziehen *to drag on*
* die Redensart *phrase* * ärgern *to irritate*
* deutlich *clear*
* die Entscheidung *decision*
das Leid *sorrow*
ab-quälen *to wring from* ihrem Wesen nach *according to her nature*
sich etwas ab-gewinnen *to wrest something from oneself* * kränken *to hurt*
die Manneswürde *manly pride* * im Stich lassen *to forsake*
der Gipfel *height* die Abgeschmacktheit *insipidity*

* einen Dienst erweisen *to render a service*

* überschätzen *to overrate*
fabeln *to talk (idly)* * behaupten *to insist*

Hergott noch mal! *for heaven's sake!*

unsinnig stolz *madly proud*
was ich mir aus Ihnen mache *what I see in you* * die Bedeutung *significance*

erwachsen *to arise*
* die Verpflichtung *obligation*
* ernsthaft *earnest* daher-reden (*coll.*) *to talk*
wert sein (*with genitive*) *to be worthy (of)*
bänglich *rather anxiously* reichen = aus-reichen *to suffice*
täppisch *awkward*
unweltlich *unworldly, not mundane enough*

erfüllt = voll
seltsam *singular* * unbestimmt *indefinable* * der Klang *sound*
der Glanz *radiance* perlenartig *pearl-like* die Blässe *paleness*

aufgelöst und verstaubt nach Hause kam, da steckte Ihr Brief im Kasten, Ihr lieber, lieber, gesegneter Brief, der so lieb und zutraulich ist, wie Sie noch niemals zu mir gesprochen haben. Seien Sie tausendmal bedankt dafür, mein Glück, mein Stern, meine wunderbare kleine Königin!— 5

—Was heißt Geduld! Ich liebe Sie! Ein Freund schrieb mir: "Was für ein Schwächling bist Du eigentlich? Alle wissen, daß Du um sie wirbst, alle sprechen davon. Und sie stellt Dir fortdauernd Geduldsfristen, hält Dich hin, spielt mit Dir. Ist das eine Rolle für Dich? Zeige ihr den Mann! 10 Ein Ultimatum! Du mußt ihr ja immer weniger begehrenswert erscheinen, je länger die Sache sich hinzieht..." Diese letzte Redensart ärgerte mich, und darum antwortete ich deutlich: "Du solltest Deine Nase nicht in Dinge stecken, die Du nicht verstehst. Sie jetzt vor die Entschei- 15 dung stellen, hieße, ihr, uns beiden zum Leid, ein Nein abquälen, da sie sich ihrem ganzen Wesen nach das Ja doch noch nicht abgewinnen kann. Deshalb den gekränkten Herrn zu spielen und mit Manneswürde das Ganze im Stich zu lassen, muß mir als der Gipfel der Abgeschmackt- 20 heit erscheinen, solange ich glauben darf, daß ich ihr selbst einen schlechten Dienst damit erweisen würde; und zu diesem Glauben hat sie mir Grund gegeben."

—Dumme kleine Katja, die noch immer von "überschätzen" fabelt und noch immer behauptet, daß sie mir 25 das nicht "sein" können wird, was ich von ihr "erwarte"! Aber ich liebe Sie ja, Hergott noch mal, verstehen Sie denn nicht, was das heißt? Was ist denn da noch weiter zu erwarten und zu sein? Meine Frau sollen Sie "sein" und mich unsinnig stolz und glücklich dadurch machen! 30 ... Was ich mir "aus Ihnen mache", die Bedeutung, die ich Ihnen gebe, die Sie für mein Leben haben und haben werden, ist doch meine Sache, und Ihnen erwächst doch keine Mühe und Verpflichtung daraus! Dumme kleine Katja! Ganz ernsthaft daherzureden, als sei sie—nein wirklich!— 35 meiner nicht wert,—meiner, der sich nach jedem Zusammensein bänglich fragt: "Reiche ich denn auch? Kann sie mich auch wollen? Bin ich ihr nicht zu täppisch, zu unweltlich, zu sehr 'Dichter'?" ——

An Katja

[Mitte August 1904]

Katja, liebe, geliebte kleine Katja, nie war ich mehr 40 erfüllt von Ihnen, als in diesen Tagen! Ich glaube, den seltsamen und unbestimmten Klang Ihrer Stimme zu hören, den dunklen Glanz Ihrer Augen, die perlenartige Blässe

wechselvoll *expressive*

* die Bewunderung *admiration* * ergreifen *to seize* die Zärtlichkeit *tenderness* auf-schwellen *to well up* kein Zeichen und Gleichnis gibt *cannot be expressed in words*

meinetwegen *for all I care*
bezaubernd *enchanting* * das Geschöpf *creature* * in der Tat *indeed*

die Freudigkeit *joyfulness* die Klugheit *cleverness*
etwas Gemeines *something low, base* * täglich *daily*
* das Brötchen *roll*
* entschlossen *resolute*
* binden *to tie* alles Naive, Edle und Gläubige *all that is naive, noble, and trusting* * tapfer *brave, valiant* die Hingabe *devotion* auf Erden = auf der Erde

festlich *festive*
empfindungsstark *highly sensitive*

aus-gehen *to end*
über alle Wesen und Werte *more than anything else*

* zueinander passen *to be suited to each other*
das Bürgertum *bourgeoisie* das Junkertum *aristocracy*
auf Ihre Art *in your way* * außerordentlich *extraordinary*
die Prinzessin *princess*

eine Art Prinz *a kind of prince*

vorbestimmt *predestined* * die Braut *bride* die Gefährtin *partner*

Ihres süßen, klugen, wechselvollen Gesichtes unter dem schwarzen Haar vor mir zu sehen,—und eine brennende Bewunderung ergreift mich, eine Zärtlichkeit schwillt in mir auf, für die es kein Zeichen und Gleichnis gibt! Und Sie? Und Sie? 5

An Katja

[Ende August 1904]

... Dumm? Meinetwegen. Sie sind ein so unsäglich bezauberndes Geschöpf, meine Katja, daß Sie in der Tat meinethalben "ein bißchen dumm" sein könnten. Daß Sie es nicht sind, wissen Sie selbst am besten. Wenn Sie aber unter "dumm" das Gegenteil von "klug" verstehen (und 10 das ist es ja wohl), so mögen Sie es immerhin sein, so bin ich es auch und zwar mit Freudigkeit. "Klugheit" nämlich ist etwas gründlich Gemeines. "Klug" ist, wer täglich nur zwei Brötchen ißt, vorsichtig lebt, vorsichtig liebt und zu vorsichtig ist, sein Leben entschlossen an seine Liebe zu 15 binden. "Dumm" ist alles Naive, Edle und Gläubige, alle tapfere Hingabe auf Erden. "Dumm" wollen wir sein, —meine Katja!—

An Katja

[Anfang September 1904]

Es ist heute ein so schöner Tag ... der Himmel ist von einem festlichen Blau wie seit Wochen nicht mehr, und ich 20 fühle mich jung und empfindungsstark wie noch niemals in meinem Leben. Ich kann nicht anders denken, als daß Alles noch gut und glücklich ausgehen muß; denn ich liebe Sie ja, Katja, ich habe Sie über alle Wesen und Werte lieb!

An Katja

[Mitte September 1904]

Wissen Sie, warum wir so gut zueinander passen? Weil 25 Sie weder zum Bürger–noch zum Junkertum gehören; weil Sie, auf Ihre Art, etwas Außerordentliches,—weil Sie, wie ich das Wort verstehe, eine Prinzessin sind. Und ich, der ich immer—jetzt dürfen Sie lachen, aber Sie müssen mich verstehen!—der ich immer eine Art Prinz in mir 30 gesehen habe, ich habe, ganz gewiß, in Ihnen meine vorbestimmte Braut und Gefährtin gefunden ...

es ist an der Zeit *the time has come*
der Zwischenzustand *interim situation* ein Ende machen (*with dat.*) *to bring to an end*
reinlich *pure* * behaglich *comfortable* * das Verhältnis *relationship*

* erstaunlich *amazing* quälend *tormentingly* herb *bitter-sweet*
(sich) sehnen *to long* * die Sehnsucht *yearning*
das Lieblingswort *favorite word* heilig *sacred*
die Zauberformel *magic formula* * der Schlüssel *key* * das Geheimnis *secret*

* die Wolke *cloud*

acht-haben *to notice*

erglänzen *to gleam* silbern *silvery*
fortan *henceforth* die Rast *rest*

das Heimweh *longing*

An Katja

[Ende September 1904]

Ich glaube, Sie fühlen so gut wie ich, wie sehr es an der Zeit ist, daß diesem Zwischenzustande ein Ende gemacht wird! Wenn wir erst vor aller Welt zusammengehören ... wird das nicht ein viel reinlicheres und behaglicheres Verhältnis sein? 5

An Katja

[Ende September 1904]

Ach, Du erstaunliches, quälend süßes, quälend herbes Geschöpf!—Sehnen—Sehnsucht! Du weißt nicht, wie ich das Wort liebe! Es ist mein Lieblingswort, mein heiliges Wort, meine Zauberformel, mein Schlüssel zum Geheimnis der Welt ... 10

ELISABETH

Hermann Hesse

Wie eine weiße Wolke
Am hohen Himmel steht,
So weiß und schön und ferne
Bist du, Elisabeth.

Die Wolke geht und wandert, 5
Kaum hast du ihrer acht,
Und doch durch deine Träume
Geht sie in dunkler Nacht.

Geht und erglänzt so silbern,
Daß fortan ohne Rast 10
Du nach der weißen Wolke
Ein süßes Heimweh hast.

New Words and Phrases to Learn

altmodisch *old-fashioned*
an-schauen *to look at*
ärgern *to irritate, annoy*
die Aufmerksamkeit,-en *attention; courtesy; favor*
außerordentlich *extraordinary*
die Bedeutung,-en *significance, meaning, importance*
behaglich *comfortable*
behaupten *to insist, maintain; to claim*
beten *to pray*
die Bewunderung *admiration*
binden (band, gebunden) *to tie, bind*
blödsinnig *idiotic, silly, stupid*
die Braut,⸚e *fiancee; bride*
das Brötchen,- *roll*
deutlich *clear, distinct, intelligible*
durchaus *completely, by all means*
eifersüchtig (auf) *jealous (of)*
einverstanden sein *to agree*
die Entscheidung,-en *decision*
entschlossen *resolute, determined*
ergreifen (ergriff, ergriffen) *to seize; to touch, move*
ernsthaft *earnest, serious*
erstaunlich *amazing, astonishing; marvelous*
erwachen (ist) *to awake, wake up*
erweisen (erwies, erwiesen) *to render, do;* einen Dienst— *to render a service*
fortdauernd *continual*
der Geburtstag,-e *birthday*
die Geduld *patience*
das Geheimnis,-ses,-se *secret*
gemein *low, base, mean; common, vulgar*
das Geschöpf,-e *creature*
gestehen (gestand, gestanden) *to confess, admit*
die Gewohnheit,-en *habit; practice; custom*
gewöhnlich *usual; ordinary*
gräßlich *terrible, horrible*
das Jahrhundert,-e *century*

der Klang,¨e *sound, ring*
kränken *to hurt, offend, insult*
lassen: im Stich— (ließ, gelassen, läßt) *to forsake, abandon*
niemals *never*
passen (*with dat.*) *to suit, be suited, fit*
reden *to talk, speak*
die Redensart,-en *phrase; expression*
das Schicksal,-e *fate; destiny*
der Schlüssel,- *key*
schrecklich *dreadful, frightful, terrible*
die Schwäche,-n *weakness*
die Sehnsucht (nach) *yearning (for)*
täglich *daily*
tapfer *brave, valiant*
die Tat,-en *deed, action, act;* in der— *indeed*
überschätzen *to overrate*
unbestimmt *indefinable; uncertain*
das Verhältnis,-ses,-se *relationship; condition; (pl.) circumstances*
vernachlässigen *to neglect*
die Verpflichtung,-en *obligation*
der Vorwurf,¨e *reproach, blame*
die Wange,-n *cheek*
die Wolke,-n *cloud*
wunderbar *wonderful, marvellous*

Vocabulary Building

A Form meaningful German sentences with two new nouns from the above list in each sentence.

B Complete the following sentences using new learn words.

1 / Liebende sind oft . . .
2 / Wenn man schlecht geschlafen hat, . . .
3 / Sie passen beide zueinander, weil . . .
4 / Überschätze ihn nicht, sonst . . .

5 / Sie hatte die gräßliche Gewohnheit, . . .

6 / Obgleich er entschlossen war, . . .

C Express in German with as many new learn words as possible.

1 / His reproaches never hurt her.

2 / I agree with your extraordinary decision.

3 / His idiotic habit annoyed her.

4 / Do not overestimate my astonishing patience!

5 / Her resolute action rendered him a distinct service.

6 / I confessed my weakness and never claimed that I am brave.

7 / His bride did not wish to forsake him although he had neglected her.

8 / The key to her secret became completely intelligible when she talked to him.

Comprehension

A Answer in German. Use as many sentences as you need.

1 / Was finden Sie in dem ersten anonymen Gedicht naiv oder altmodisch?

2 / In Heines Gedicht erscheint das geliebte Mädchen als eine Blume. Warum?

3 / Was erfahren Sie in Thomas Manns Briefen von Katja?

4 / Welchen Eindruck haben Sie vom jungen Thomas Mann?

5 / Thomas Mann sagt, daß Katja und er zueinander passen. Warum?

6 / Warum dauert es so lange bis Katja "ja" sagt?

7 / Was wäre von Thomas Manns Briefen verschieden, wenn Sie heute einen Liebesbrief schreiben würden?

8 / Eine Wolke erinnert Hesse an seine Elisabeth. Erklären Sie, warum.

B Imagine that you were Katja in September of 1904. Write the kind of letter to Thomas Mann which would correspond to your own character.

Lieber Student!

Jetzt sind Sie ein Leser, der schon über tausend deutsche Wörter kennt und benutzen kann, genau gesagt: 1023. Das ist schon sehr viel. Wenn Sie weiter lernen und üben, werden Sie bald noch leichter und schneller Deutsch lesen, schreiben und sprechen können. Das Geheimnis ist und bleibt: ab und zu wiederholen und jede neue Lernwörterliste mit Aufmerksamkeit studieren! In diesem Kapitel haben Sie viele neue Substantive (Hauptwörter) kennengelernt, und im 7. Kapitel haben Sie idiomatische Redewendungen wiederholt. Darum können Sie jetzt gleich fortfahren.

9 Nachbarn

There are all kinds of neighbors, as everybody knows only too well. If they bring out the best in us, we pride ourselves on "the neighborly spirit", especially in America; but if they tempt us to be mean, we indulge in "Schadenfreude", an untranslatable German word which roughly means that we derive delight from the misfortunes of others. Whatever the national implications may be, there is no denying that the relation to one's neighbor or the behavior of one's neighbor helps us understand society, both in a serious vein and in a playful sense. A short prose fable by Gotthold Ephraim Lessing (1729–1781), the great critic and dramatist of German Enlightenment, is followed by an aphorism by Georg Christoph Lichtenberg (1742–1799), professor at the University of Göttingen and a well-known satirist. Wilhelm Busch (1832–1908) who contributed the third short piece in this chapter, is Germany's most beloved and popular humorist. Finally, there is a short story by Wolfgang Ebert (born in 1923), a minor contemporary author and journalist whose weekly satirical column appears in *Die Zeit*. As we said before, there are all kinds of neighbors . . .

* geizig *miserly* / der Geizige *miser*

Ich Unglücklicher! *unlucky me!* * klagen *to complain* der Geizhals *miser* * der Schatz *treasure* vergraben *to bury* entwenden *to steal* verdammt *damned* an dessen Stelle *in its place*

nutzen = nützen *to make use (of)*

um so viel *by so much*
möchte = könnte rasend werden *to go mad*

sich bekümmern um *to concern oneself with*
die seinigen *his own*

tröstlich *comforting*

verdrießlich *morose*
* sich beklagen *to complain*
der Plan *plan*
* gänzlich *completely* fehl-schlagen *to fail*

die Ziege *goat* heut(e) morgen *this morning*
sag's = sage es * der Knabe *boy*
* die Sorge *worry*

DER GEIZIGE

Gotthold Ephraim Lessing

Ich Unglücklicher! klagte ein Geizhals seinem Nachbar. Man hat mir den Schatz, den ich in meinem Garten vergraben hatte, diese Nacht entwendet, und einen verdammten Stein an dessen Stelle gelegt.

Du würdest, antwortete ihm der Nachbar, deinen Schatz doch nicht genutzt haben. Bilde dir also ein, der Stein sei dein Schatz; und du bist nicht ärmer. 5

Wäre ich auch schon nicht ärmer, erwiderte der Geizhals; ist ein anderer nicht um so viel reicher? Ein anderer um so viel reicher! Ich möchte rasend werden. 10

APHORISMUS

Georg Christoph Lichtenberg

Wie glücklich würde mancher leben, wenn er sich um anderer Leute Sachen so wenig bekümmerte als um die seinigen.

TRÖSTLICH

Wilhelm Busch

Nachbar Nickel ist verdrießlich,
Und er darf sich wohl beklagen,
Weil ihm seine Pläne schließlich
Alle gänzlich fehlgeschlagen.

Unsre Ziege starb heut morgen.
Geh und sag's ihm, lieber Knabe!
Daß er nach so vielen Sorgen
Auch mal eine Freude habe.

die Hemdsärmel *shirt sleeves* der Küchentisch *kitchen table* * frühstücken *to breakfast* 'raus = heraus / hier 'raus mußten *had to move out of here* schuld an allem sind *the whole thing is the fault of* der Kerl (*coll.*) *guy* das Wohnungsamt *department of housing* jemanden auf dem Gewissen haben *to have someone on one's conscience* schreiben Sie das ruhig *you can write that* herum-fuchteln *to gesticulate wildly*

erkennen lassen *to reveal* * dicht *dense* das Brusthaar *chest-hair* * bestätigen *to confirm* zeigen auf *to point at*

zu-kehren *to turn toward* die Lederjoppe *leather jacket* * zart *delicate* schmächtig *slight* wellig *wavy* * nervös *nervous* * sich um-blicken *to look round* * betrachten *to examine* daß gesprochen wurde *that there was talking* sich zu-wenden *to turn toward*

sich (weit) entgegen-beugen *to bend* (*broadly*) *toward* betroffen *affected* * flüstern *to whisper* * fürchten *to fear*

* zu-geben *to admit;* Sie können es ruhig zugeben *you might as well admit it* man merkt es Ihnen (deutlich) an *one can* (*clearly*) *see it*

ab-lesen *to read from* Glauben schenken *to believe*

herzensgut *kindhearted* * an-bieten *to offer* zu-schieben *to push toward* * belegtes Brot *sandwich*

räumen *to vacate* nicht wahr? *right?* * zu-stimmen (*with dat.*) *to concur with* * genau *exact*

hinaus-werfen *to throw out*

* es eilig haben *to be in a hurry*

* veröffentlichen *to publish* die Gesäßtasche *hip pocket* zerknittert *crumpled*

DER NACHBAR

Wolfgang Ebert

"Und warum, meinen Sie, hat sie es getan?" fragte ich Herrn Krüger, der in Hemdsärmeln am Küchentisch saß und frühstückte. "Weil wir hier 'raus mußten ... darum hat sie es getan. Und schuld an allem sind die Kerle vom Wohnungsamt, die haben sie auf dem Gewissen, das ist klar 5
Schreiben Sie das ruhig in Ihrer Zeitung, die sollen es lesen, die Herren vom Wohnungsamt!" sagte er und fuchtelte dabei mit einem Brötchen in der Luft herum. Sein Hemd stand offen und ließ dichtes, dunkles Brusthaar erkennen.

"Fragen Sie doch ihn, er kann es Ihnen bestätigen, er ist 10
unser Nachbar", sagte er und zeigte auf den Mann, der hinter ihm am Fenster stand und uns beiden den Rücken zukehrte. Der Mann trug eine Lederjoppe. Er war zart und schmächtig gebaut und hatte langes, welliges Haar. Er schien nervös zu sein. Jetzt blickte er sich langsam nach 15
Herrn Krüger um, betrachtete seinen Rücken so, als habe er zwar gehört, daß gesprochen wurde, die Sprache aber nicht verstanden. Dann wandte er sich wieder dem Fenster zu.

In der Küche war es am Morgen dunkel vom November; Licht brannte. Herr Krüger beugte sich mir weit entgegen: 20
"Sie müssen wissen, er ist tief betroffen!" flüsterte er so, als fürchte er von dem anderen gehört zu werden.—"So hören Sie doch damit auf!" sagte der Mann am Fenster, "hören Sie doch endlich damit auf, ich bitte Sie!"

"Doch, doch, Sie sind schwer betroffen, Sie können es 25
ruhig zugeben, man merkt es Ihnen ja deutlich an!" sagte Herr Krüger und sah auf mich mit einem Gesicht, dem ich ablesen sollte, daß ich ihm schon Glauben schenken könnte.

"Aber es ist ja auch kein Wunder ... sie war ja wirklich 30
ein herzensguter Mensch, jeder hatte sie gern ... jeder. Darf ich Ihnen etwas anbieten?" fragte mich Herr Krüger und schob mir einen Teller mit belegten Broten zu.— "Habe schon gefrühstückt ... aber sagen Sie, wie war das nun: Sie sollten hier räumen, nicht wahr?" 35

"So war es ...", stimmte er mir zu, "genau wie Sie sagen ... wir hatten endlich diese Wohnung gefunden, und dann kam das Wohnungsamt und wollte uns wieder hinauswerfen."

"Und wann sollten Sie hier räumen?" 40

"Am Ersten ... so eilig hatten die es! Hier, lesen Sie mal: diesen Brief haben sie uns geschrieben, den können Sie gleich veröffentlichen." Er holte aus seiner Gesäßtasche einen zerknitterten Brief. "Und vergessen Sie nicht zu

* malen *to paint* * das Kreuz *cross* der Kringel *ring*
beschlagen *dimmed (with moisture)* die Scheibe = Fensterscheibe *window-pane* * der Raum *room* durchschütteln *to shake (thoroughly)*
lautlos *soundless*

die Backe *cheek* * kauen *to chew*
* sich um-wenden *to turn around*

es kommt auf eins heraus *it comes to the same thing*

sich etwas zu Herzen nehmen *to take something to heart*

* außer sich sein *to be beside oneself*
* die Gegend *neighborhood* um-ziehen *to move* weg wollen *to want to move away*
der Teufel *devil*
* ratlos *perplexed*
sich fahren (durch) *to slip one's hand (through)* streifen *to graze*
der huschende Blick *quick glance*

* sich rühren *to move*

sich das geringste an-merken lassen *to show the least bit* * vorher *before*

* die Wirkung *effect*
jemandem nach-winken *to wave to someone (who is leaving)*
aus dem Hause gehen *to leave the house* * schütteln *to shake*
führen *to lift* der Becher *mug*

* jemals *ever*
* dabei *yet; at the same time*

grinsen *to grin* * wütend *furious*

dabei sein *to be present* ein-ziehen *to move in*

* schaffen *to manage* packen *to affect*
deuten (auf) *to point (at)* * der Daumen *thumb*

schreiben, daß das Wohnungsamt sie auf dem Gewissen hat!"

Der Mann am Fenster malte Kreuze und Kringel auf die beschlagene Scheibe. Er lauschte jetzt ein wenig in den Raum, dann schien es, als durchschüttelte ihn ein lautloses Lachen. 5

"Wann kam denn der Brief?" fragte ich.

"Wann? Es wird wohl am Donnerstag gewesen sein, glaube ich", sagte Herr Krüger, mit vollen Backen kauend.—"Er kam Montag!" sagte der Mann am Fenster, ohne sich umzuwenden.—"Montag? War es am Montag? Nun vielleicht war es am Montag. Es kommt ja auf eins heraus. Wenn er sagt, es war am Montag, dann wird es wohl am Montag gewesen sein", sagte Herr Krüger. 10

"Und diesen Brief vom Wohnungsamt hat sie sich so zu Herzen genommen?" fragte ich. 15

"Sie war ganz außer sich! Wir hätten dann nämlich in eine ganz andere Gegend umziehen müssen, und sie wollte doch nicht weg von hier ... weiß der Teufel, warum!" Krüger machte ein ratloses Gesicht. Der Mann am Fenster fuhr sich durch sein welliges Haar und streifte mit einem huschenden Blick Herrn Krüger.—"Ja, anders kann ich es mir gar nicht erklären ... oder haben Sie eine andere Erklärung dafür, Herr Nachbar?" Der Mann am Fenster rührte sich nicht. 20 25

"Sehen Sie, er kann es sich auch nicht anders erklären. Er kannte sie ganz gut, schließlich war er ja unser Nachbar! Und sie hat sich vorher nicht das geringste anmerken lassen, nicht das geringste!"

Herr Krüger suchte in meinen Augen nach einer Wirkung seiner Worte. "Nachgewinkt hat sie mir noch am Morgen, als ich aus dem Hause ging!" Er schüttelte den Kopf und führte seinen Becher Kaffee mit beiden Händen zum Mund. Der Mann am Fenster blickte auf den Rücken des Herrn Krüger in einer Art, als sei es ganz unmöglich, einen solchen Menschen jemals zu begreifen. 30 35

"Und dabei hat sie mir doch sonst immer alles gesagt ... alles, ich wußte alles von ihr!" rief Krüger in den Raum. Der Mann grinste wütend und malte dabei sonderbare Zeichen auf die Scheibe. 40

"Wielange haben Sie hier gewohnt?" erkundigte ich mich.—"Na, so fünf Monate!" sagte Krüger. "Vier und einen halben", sagte der Mann vom Fenster her, ohne dabei den Kopf zu wenden.

"Sehen Sie, er weiß es noch genau", rief Krüger, "er war nämlich dabei, als wir einzogen und hat uns damals sehr geholfen. Ich weiß überhaupt nicht, wie wir es ohne ihn geschafft hätten. Und nun sehen Sie, wie es ihn gepackt hat!" Er deutete mit dem Daumen auf den Mann hinter ihm. 45

das Schönste kommt noch *the best is yet to come*
* ein-treffen *to arrive*

hervor-ziehen *to pull out* * das Taschentuch *handkerchief*
* wischen *to wipe*

* die Brust *chest*

*furchtbar *dreadful*

nanu! *well!*
blicke = ich blicke * das Abendbrot *supper*
herum-schauen *to look around*
dorthin *there*
das Fensterkreuz *cross-bars* (*of a window*)
* das Taschenmesser *pocket knife*
ab-schneiden *to cut off* * das Sofa *couch*

die Wäscheleine *clothes line*
zurück-schieben *to push back*
* die Kommode *bureau* das Seil *rope* der Küchenschrank *kitchen cupboard*
* reichen *to hand*
fassen *to understand*

zusammen-zucken *to wince* * heftig *violent* griff sich nach der Stirn *touched his forehead*

mit-nehmen *to affect*
* verheiratet sein *to be married*
so etwas *such a thing*
leicht vorwurfsvoll *a little reproachfully*
einen Blick zu-werfen (*with dat.*) *to cast a look* (*at*) zu lesen stand *one could read*

bezeugen *to testify to*
erstarrt sein *to be paralyzed*

* starren *to stare* * die Decke *ceiling*
die Linderung *relief* * die Qual *agony* heraus-sprudeln *to gush forth*

"Aber das Schönste kommt noch: Zwei Stunden danach trifft ein Brief ein vom Wohnungsamt, in dem geschrieben steht, daß wir die Wohnung behalten können . . . denken Sie, zwei Stunden später!"

Der Mann am Fenster zog ein Taschentuch hervor und wischte sich damit über das Gesicht.

"Wer hat sie denn gefunden?" fragte ich.

"Ich!" sagte Krüger und zeigte mit dem Messer auf seine Brust. "Ich habe sie gefunden . . . als ich abends von der Arbeit kam."

"Das muß furchtbar gewesen sein . . ."—"Und ob das furchtbar war! Wenn ich noch daran denke . . . . Also, ich komme in die Wohnung; nanu, wo ist sie denn? Wohl zu Gerda gegangen, blicke auf den Tisch, nicht einmal Abendbrot gemacht, wundere mich natürlich, schaue so im Zimmer herum, blicke zum Fenster, ja, dorthin, wo jetzt der Nachbar steht . . . und da sehe ich sie hängen, am Fensterkreuz! Also, ich nehme gleich mein Taschenmesser, schneide sie ab und lege sie hier aufs Sofa, da, wo Sie gerade sitzen. Na ja, da lag sie nun . . . Sie hat es mit einer gewöhnlichen Wäscheleine getan. Wollen Sie die mal sehen?" Er schob den Tisch zurück und suchte in der Kommode das Seil. Schließlich fand er es im Küchenschrank. "Hier . . . bitte!"—Er reichte mir das Seil.

"Eigentlich kann ich es immer noch nicht fassen, wir alle können es noch nicht fassen, auch er nicht, nicht wahr, Herr Nachbar, Sie können es auch noch nicht fassen?"—Der Mann am Fenster zuckte heftig zusammen, dann griff er sich nach der Stirn.

"Sie können sich nicht vorstellen, wie sehr es ihn mitgenommen hat, darum sagt er ja auch nichts!" sagte Herr Krüger.—"Da ist man ganze zwölf Jahre mit ihr verheiratet gewesen . . . und dann tut sie so etwas!" Er schüttelte leicht vorwurfsvoll den Kopf.—Der Mann am Fenster warf mir einen Blick zu, in dem zu lesen stand: "Gut, daß Sie es mit eigenen Ohren hören, einem anderen hätten Sie es bestimmt nicht geglaubt!"

Herr Krüger kaute an seinem belegten Brot. " . . . und dabei hat sie doch niemals geklagt, immer war sie doch glücklich und zufrieden gewesen, nicht wahr, Herr Nachbar, das können Sie doch bezeugen, ist sie nicht immer glücklich gewesen?" Es war, als sei der Mann am Fenster erstarrt. "So sagen Sie doch etwas, Herr Nachbar . . . ist sie nicht immer glücklich gewesen?"

Der Mann am Fenster starrte zur Decke, als erwarte er von dort eine Linderung seiner Qualen, dann aber sprudelte es aus ihm heraus: "Sie glücklich? Das ist gut, das muß man gehört haben . . . das ist wirklich gut! Sie und glücklich . . . !"

* unterbrechen *to interrupt* der Ausbruch *outbreak*
* anscheinend *apparent*
auf die Idee gekommen sein konnte *could have had the notion*

los-brechen *to burst out*

* die Faust *fist*
Beachtung zollen *to pay attention* der Ausfall *outburst*
der Zahnstocher *tooth pick*
führen (zu) *to lift (to)*
gedämpft *suppressed*

erläutern *to explain* * die Unwissenheit *ignorance*
gleichsam *so to say* * das Verständnis *understanding* die Handbewegung *movement of the hand*

Er unterbrach seinen Ausbruch für einen kurzen Augenblick, anscheinend versuchte er sich vorzustellen, wie ein Mensch überhaupt auf die Idee gekommen sein konnte, daß sie glücklich gewesen sei.

Dann brach er wieder los: "Nie war sie glücklich, niemals war sie glücklich! Nie ... nie ..." Dabei schlug er mehrmals mit der Faust gegen das Fensterkreuz. Ich beobachtete Herrn Krüger. Dieser zollte dem Ausfall des anderen wenig Beachtung. Indem er einen Zahnstocher langsam zum Munde führte, beugte er sich mir weit entgegen und sagte mit gedämpfter Stimme:

"Doch, doch ... sie war sehr, sehr glücklich. Ich muß es ja schließlich wissen, ich war doch ihr Mann. Dieser dort", erläuterte er mit einer für die Unwissenheit des anderen gleichsam um Verständnis bittenden Handbewegung, "dieser dort war ja nur der Nachbar ..."

New Words and Phrases to Learn

das Abendbrot *supper, dinner*
an-bieten (bot, geboten) *to offer*
anscheinend *apparent, seeming*
außer sich sein *to be beside oneself*
sich beklagen (über) *to complain (of)*
bestätigen *to confirm; to verify*
betrachten *to examine, look at, contemplate; to consider, regard*
Brot: das belegte— *sandwich*
die Brust,⸚e *breast, chest*
dabei *yet; at the same time; in doing so; besides; present*
der Daumen,- *thumb*
die Decke,-n *ceiling; blanket, cover*
dicht *thick, dense, compact; tight, close*
eilig: es—haben *to be in a hurry*
ein-treffen (traf, ist getroffen, trifft) *to arrive*
die Faust,⸚e *fist*
flüstern *to whisper*
frühstücken *to breakfast*
furchtbar *dreadful, awful, terrible*
fürchten *to fear, dread*
gänzlich *completely*
die Gegend,-en *neighborhood, district, area*
geizig *miserly, stingy; avaricious*
genau *exact, accurate*
heftig *violent; fervent; fierce*
jemals *ever*
kauen *to chew*
klagen *to complain, lament*
der Knabe,-n,-n *boy, lad*
die Kommode,-n *bureau, chest of drawers*
das Kreuz,-e *cross*
malen *to paint, draw*
nervös *nervous*

die Qual,-en *pain; agony; grief*
ratlos *helpless, perplexed*
der Raum,⸗e *room; space*
reichen *to hand, pass; to reach; to be enough, suffice*
(sich) rühren *to stir, move; touch*
schaffen (schuf, geschaffen) *to do, make, create; to work; to bring about; to cope with, manage*
der Schatz,⸗e *treasure*
schütteln *to shake*
das Sofa,-s *couch*
die Sorge,-n *care, worry, anxiety, concern; sorrow*
starren *to stare*
das Taschenmesser,- *pocket knife*
das Taschentuch,⸗er *handkerchief*
sich um-blicken *to look round*
(sich) um-wenden (wandte, gewandt) (*also weak*) *to turn around*
unterbrechen (unterbrach, unterbrochen, unterbricht) *to interrupt*
die Unwissenheit *ignorance*
verheiratet *married*
veröffentlichen *to publish*
das Verständnis *understanding, insight, comprehension*
vorher *before, previously; first*
die Wirkung,-en *effect, impact*
wischen *to wipe, rub*
wütend *enraged, furious, mad*
zart *delicate, tender*
zu-geben (gab, gegeben, gibt) *to admit, concede*
zu-stimmen (*with dat.*) *to concur* (*with*), *to agree* (*with*)

Vocabulary Building

A Form meaningful German sentences, each containing three new words from the list above.

B Find the approximate German equivalents from the above list for the following words and form short sentences with the correct word in each sentence.

Example: leise sprechen = flüstern. Sie flüsterte ihm ins Ohr.

ärgerlich
tun, arbeiten
morgens essen
an-schauen
die Dummheit
keine Zeit haben
der Effekt
Angst haben
sich drehen
der Junge
schrecklich
das Zimmer
Brot mit Ei oder Fleisch
der kürzeste Finger der Hand
mit Farben zeichnen
etwas, was weh tut

C Rephrase the following sentences, using as many new learn words as possible.

1 / Gestern abend aß er sehr langsam, denn er hatte Zeit.

2 / Nachdem sie angekommen war, sah sie die Häuser nahe bei unserm Haus genau an.

3 / Es ist kein Grund, so schrecklich wütend zu sein, nur weil ich so ungern Geld ausgebe.

4 / Die Mutter sagte zum Lehrer: "Sie haben recht, mein Sohn weiß nichts."

5 / Laß mich weiter reden, ich bin ja nicht deine Frau!

6 / Weil die Alten oft nicht wissen, was die Jungen denken und tun, sind sie unruhig und unsicher.

7 / "Was Sie gemacht haben, gefällt mir", sagte der reiche Mann, "ich werde ein Buch aus Ihren Zeichnungen machen."

Comprehension

Confirm or rewrite the following statements so that they will agree with the sentiments of the authors to whom they refer.

1 / Man lebt besser, wenn man sich um die Nachbarn nicht mehr kümmert als um sich selbst.

2 / Als die Ziege meines Nachbarn gestorben war, ging mein Sohn zu ihm und sagte: "Es tut mir leid, daß Sie so viele Sorgen haben."

3 / Frau Krüger nahm sich das Leben, weil sie ihre Wohnung räumen sollte.

4 / Da Herr Krüger zwölf Jahre verheiratet war, kannte er natürlich seine Frau viel besser als der Nachbar, der sie nur ganz selten gesehen und gesprochen hatte.

5 / Die Geschichte ist eine Satire auf die deutsche Post: wenn der zweite Brief eher gekommen wäre, wäre Frau Krüger nicht tot.

Lieber Student!

Wieder haben Sie 60 neue Wörter gelernt, und wieder war das gar nicht so schwer; geben Sie das zu? Während Ihre Unwissenheit kleiner wird, wächst Ihr Verständnis der deutschen Sprache mehr und mehr. Wir bestätigen, daß Sie jetzt mindestens 1083 deutsche Wörter kennen. Ehe Sie das nächste Kapitel beginnen, sollen Sie diesmal die Adjektive der letzten vier Kapitel (6 bis 9) wiederholen. Betrachten Sie also diese Listen noch einmal und probieren Sie aus, ob Sie noch alles wissen!

10

Unschuld der Kindheit

We have already commented in this book on the belief that youth today is tougher and less sentimental than previous generations were. Young people are less willing to be deceived by a world that seems to grow more complex and less friendly every day. The stories in the second and seventh chapters of this book have shown this to be a fact in Germany. Our picture would, however, be one-sided if we were to ignore modern man's pre-adolescent phase in which innocence and kindness are still to be found. The faith of a child is not only touching in itself, but frequently challenges and redeems the older generation, even if only for a fleeting moment. Siegfried Lenz (1926–   ) is one of the most prolific German writers. His recent novel *Deutschstunde*, became a widely discussed bestseller. In the story presented here, he focuses on a father's touching effort to preserve the innocent trust of his young son. It is followed by a brief prose sketch that tells of a tiny incident in which a child's belief in goodness restores a depressed man's faith in himself. Its author, Hans Siemsen, was a journalist in the days of the Weimar Republic. He later emigrated to the United States and died after the war. Both writers add a tone of naiveté and simplicity to the German voices presented so far.

die Unschuld *innocence*

der Nachtportier *night clerk* streichen *to stroke* abgebissene Fingerkuppen *bitten fingernails* die Kladde *registration book* bedauernd *regretfully* * drehen *to turn* * der Körper *body* wobei *whereby* * der Stoff *cloth* sich spannen *to strain*

* einzig *only* * die Möglichkeit *possibility*

nirgendwo *nowhere* das Einzelzimmer *single room*

es steht Ihnen frei *you are free*

nach-fragen *to inquire*

ergebnislos *without result* zurück-kommen *to return*

* die Lage *position*

das Doppelzimmer *double room*

* teilen *to share*

* gewiß *certain*

verbringen *to spend*

sich geben lassen *to ask to be given*

das Anmeldeformular *registration form* aus-füllen *to fill out*

zurück-reichen *to hand back* hinauf-gehen *to go upstairs*

unwillkürlich *instinctively* verlangsamen *to slow down*

* erblicken *to see*

an-halten *to hold* * der Atem *breath* * das Geräusch *sound*

* verursachen *to cause*

sich hinab-beugen *to bend down* das Schlüsselloch *key hole*

* jemand *someone* herauf-kommen *to come up* (*the stairs*)

* handeln *to act* * fort-gehen *to go away*

* selbstverständlich *of course* * so tun, als ob *to make as if* der Korridor *floor* eine andere Möglichkeit bestand darin *another possibility was* rechtmäßig *rightfully* ein-weisen *to assign*

dessen *of which* bereits *already*

herab-drücken *to press down* die Klinke *door handle* tasten nach *to grope for* die flache Hand *the palm of the hand* der Lichtschalter *light switch* inne-halten *to pause* er schloß sofort *he immediately concluded*

energisch *resolute*

Licht (an-) machen *to switch on light*

* der Gefallen *favor*

DIE NACHT IM HOTEL

Siegfried Lenz

Der Nachtportier strich mit seinen abgebissenen Fingerkuppen über eine Kladde, hob bedauernd die Schultern und drehte seinen Körper zur linken Seite, wobei sich der Stoff seiner Uniform gefährlich unter dem Arm spannte.

"Das ist die einzige Möglichkeit", sagte er. "Zu so später Stunde werden Sie nirgendwo ein Einzelzimmer bekommen. Es steht Ihnen natürlich frei, in anderen Hotels nachzufragen. Aber ich kann Ihnen schon jetzt sagen, daß wir, wenn Sie ergebnislos zurückkommen, nicht mehr in der Lage sein werden, Ihnen zu dienen. Denn das freie Bett in dem Doppelzimmer, das Sie—ich weiß nicht aus welchen Gründen—nicht nehmen wollen, wird dann auch einen Müden gefunden haben."

"Gut", sagte Schwamm, "ich werde das Bett nehmen. Nur, wie Sie vielleicht verstehen werden, möchte ich wissen, mit wem ich das Zimmer zu teilen habe; nicht aus Vorsicht, gewiß nicht, denn ich habe nichts zu fürchten. Ist mein Partner—Leute, mit denen man eine Nacht verbringt, könnte man doch fast Partner nennen—schon da?"

"Ja, er ist da und schläft."

"Er schläft", wiederholte Schwamm, ließ sich die Anmeldeformulare geben, füllte sie aus und reichte sie dem Nachtportier zurück; dann ging er hinauf.

Unwillkürlich verlangsamte Schwamm, als er die Zimmertür mit der ihm genannten Zahl erblickte, seine Schritte, hielt den Atem an, in der Hoffnung, Geräusche, die der Fremde verursachen könnte, zu hören, und beugte sich dann zum Schlüsselloch hinab. Das Zimmer war dunkel. In diesem Augenblick hörte er jemanden die Treppe heraufkommen, und jetzt mußte er handeln. Er konnte fortgehen, selbstverständlich, und so tun, als ob er sich im Korridor geirrt habe. Eine andere Möglichkeit bestand darin, in das Zimmer zu treten, in welches er rechtmäßig eingewiesen worden war und in dessen einem Bett bereits ein Mann schlief.

Schwamm drückte die Klinke herab. Er schloß die Tür wieder und tastete mit flacher Hand nach dem Lichtschalter. Da hielt er plötzlich inne: neben ihm—und er schloß sofort, daß da die Betten stehen müßten—sagte jemand mit einer dunklen, aber auch energischen Stimme:

"Halt! Bitte machen Sie kein Licht. Sie würden mir einen Gefallen tun, wenn Sie das Zimmer dunkel ließen."

statt dessen *instead*

stolpern *to stumble* die Krücke *crutch*

* ungefähr *approximate*
dirigieren *to direct* entlang-gehen *to walk along*

* wiederum *again*
der Bettpfosten *bed post* * berühren *to touch*
* erreichen *to reach* sich entkleiden *to undress*
schlüpfen *to slip* * der Atemzug *breath*; (*pl.*) *breathing*
* spüren *to feel* vorerst *for the time being*
* ein-schlafen *to fall asleep*
* die Weile *while*

der Kongreß *convention* hierher-kommen *to come here*

* geschäftlich *on business*

merkwürdig *strange*
je = jemals
* der Bahnhof *railroad station* rangieren *to shunt*
* zittern *to tremble*
vibrieren *to vibrate*
Selbstmord begehen *to commit suicide*

bang *uneasy* die Fröhlichkeit *gaiety*
Gott bewahre! *God forbid!*
der Lausejunge (*coll.*) *rascal*
seinetwegen *for his sake* hierher-fahren *to come here*
* das Krankenhaus *hospital*
wieso *why* * gesund *healthy*

zusammen-hängen mit *to be connected with*
äußerst *extremely* sensibel *sensitive* mimosenhaft *highly sensitive* (*like a mimosa*) reagieren *to react* * der Schatten *shadow*

die Hinsicht *respect* gefährdet *vulnerable*
der Bengel (*coll.*) *rascal* die Glasseele *soul* (*made*) *of glass* bedroht *in danger*

"Haben Sie auf mich gewartet?" fragte Schwamm erschrocken; doch er erhielt keine Antwort. Statt dessen sagte der Fremde:

"Stolpern Sie nicht über meine Krücken, und seien Sie vorsichtig, daß Sie nicht über meinen Koffer fallen, der ungefähr in der Mitte des Zimmers steht. Ich werde Sie sicher zu Ihrem Bett dirigieren: Gehen Sie drei Schritte an der Wand entlang, und dann wenden Sie sich nach links, und wenn Sie wiederum drei Schritte getan haben, werden Sie den Bettpfosten berühren können."

Schwamm gehorchte: er erreichte sein Bett, entkleidete sich und schlüpfte unter die Decke. Er hörte die Atemzüge des anderen und spürte, daß er vorerst nicht würde einschlafen können.

"Übrigens", sagte er zögernd nach einer Weile, "mein Name ist Schwamm."

"So", sagte der andere.

"Ja."

"Sind Sie zu einem Kongreß hierhergekommen?"

"Nein. Und Sie?"

"Nein."

"Geschäftlich?"

"Nein, das kann man nicht sagen."

"Wahrscheinlich habe ich den merkwürdigsten Grund, den je ein Mensch hatte, um in die Stadt zu fahren", sagte Schwamm. Auf dem nahen Bahnhof rangierte ein Zug. Die Erde zitterte, und die Betten, in denen die Männer lagen, vibrierten.

"Wollen Sie in der Stadt Selbstmord begehen?" fragte der andere.

"Nein", sagte Schwamm, "sehe ich so aus?"

"Ich weiß nicht, wie Sie aussehen", sagte der andere, "es ist dunkel."

Schwamm erklärte mit banger Fröhlichkeit in der Stimme: "Gott bewahre, nein. Ich habe einen Sohn, Herr . . . (der andere nannte nicht seinen Namen), einen kleinen Lausejungen, und seinetwegen bin ich hierhergefahren."

"Ist er im Krankenhaus?"

"Wieso denn? Er ist gesund, ein wenig bleich zwar, das mag sein, aber sonst sehr gesund. Ich wollte Ihnen sagen, warum ich hier bin, hier bei Ihnen, in diesem Zimmer. Wie ich schon sagte, hängt das mit meinem Jungen zusammen. Er ist äußerst sensibel, mimosenhaft, er reagiert bereits, wenn ein Schatten auf ihn fällt."

"Also ist er doch im Krankenhaus."

"Nein", rief Schwamm, "ich sagte schon, daß er gesund ist, in jeder Hinsicht. Aber er ist gefährdet, dieser kleine Bengel hat eine Glasseele, und darum ist er bedroht."

ungereift *immature*
* das Alter *age*
gefährdet sein *to be endangered*
dorthin *there*
die Schranke *barrier* * stehen-bleiben *to stop*
der Frühzug *early morning train*
der Kerl *fellow* * winken *to wave*
verzweifelt *desperately*

* verstört *troubled* benommen *dazed*
heulen *to cry* * imstande sein *to be able* (*to*)
die Schularbeiten (*pl.*) *home work*

kaputt gehen *to be ruined*
veranlaßt ihn zu solchem Verhalten *makes him behave in such a manner*

der Reisende *traveler* sich zu Herzen nehmen *to take to heart*

die Befürchtung *apprehension*
* zwingen *to force*
eine diesbezügliche Vorschrift *an order pertaining to that*
erlassen *to issue*
* das Elend *misery*
auf-saugen *to relieve*† indem *by*

* an-gehen *to concern*
aus-weichen *to avoid* ihretwegen *because of them*
wenn man's genau nimmt *strictly speaking*
die Geburt *child birth*
* das tut mir leid *I am sorry* sich auf-stützen *to prop oneself up*
die Wärme *warmth*

nicht wahr? *right?*

Bedenken kommen (*with dat.*) *to have qualms* das Vorhaben *plan*
* sich schämen *to be ashamed*
vor-haben *to plan*
glatter Betrug *plain fraud* die Hintergehung *deceit*
aufgebracht *aroused* was erlauben Sie sich! *how dare you!*
wie kommen Sie dazu! *what makes you say that!*

† *Literally: to suck up. The author alludes to the name Schwamm which means Sponge.*

"Warum begeht er nicht Selbstmord?" fragte der andere.
"Aber hören Sie, ein Kind wie er, ungereift, in solch einem Alter! Warum sagen Sie das? Nein, mein Junge ist aus folgendem Grunde gefährdet: Jeden Morgen, wenn er zur Schule geht—er geht übrigens immer allein dorthin— 5 jeden Morgen muß er vor einer Schranke stehenbleiben und warten, bis der Frühzug vorbei ist. Er steht dann da, der kleine Kerl, und winkt, winkt heftig und freundlich und verzweifelt."
"Ja und?" 10
"Dann", sagte Schwamm, "dann geht er in die Schule, und wenn er nach Hause kommt, ist er verstört und benommen, und manchmal heult er auch. Er ist nicht imstande, seine Schularbeiten zu machen, er mag nicht spielen und nicht sprechen: das geht nun schon seit Monaten so, jeden 15 lieben Tag. Der Junge geht mir kaputt dabei!"
"Was veranlaßt ihn denn zu solchem Verhalten?"
"Sehen Sie", sagte Schwamm, "das ist merkwürdig: der Junge winkt, und—wie er traurig sieht—es winkt ihm keiner der Reisenden zurück. Und das nimmt er sich so zu 20 Herzen, daß wir—meine Frau und ich—die größten Befürchtungen haben. Er winkt, und keiner winkt zurück; man kann die Reisenden natürlich nicht dazu zwingen, und es wäre absurd und lächerlich, eine diesbezügliche Vorschrift zu erlassen, aber . . . " 25
"Und Sie, Herr Schwamm, wollen nun das Elend Ihres Jungen aufsaugen, indem Sie morgen den Frühzug nehmen, um dem Kleinen zu winken?"
"Ja", sagte Schwamm, "ja."
"Mich", sagte der Fremde, "gehen Kinder nichts an. Ich 30 hasse sie und weiche ihnen aus, denn ihretwegen habe ich —wenn man's genau nimmt—meine Frau verloren. Sie starb bei der ersten Geburt."
"Das tut mir leid", sagte Schwamm und stützte sich im Bett auf. Eine angenehme Wärme floß durch seinen 35 Körper; er spürte, daß er jetzt würde einschlafen können.
Der andere fragte: "Sie fahren nach Kurzbach, nicht wahr?"
"Ja."
"Und Ihnen kommen keine Bedenken bei Ihrem Vor- 40 haben? Offener gesagt: Sie schämen sich nicht, Ihren Jungen zu betrügen? Denn, was Sie vorhaben, Sie müssen es zugeben, ist doch ein glatter Betrug, eine Hintergehung."
Schwamm sagte aufgebracht: "Was erlauben Sie sich, ich bitte Sie, wie kommen Sie dazu!" Er ließ sich fallen, zog 45 die Decke über den Kopf, lag eine Weile überlegend da und schlief dann ein.

ausgeschlossen *impossible*

* sich leisten können *to be able to afford*

noch eine *another*

niedergeschlagen *downhearted*

* enttäuschen *to disappoint*

sich entgegen-werfen *to throw oneself against*

hämmern *to beat*

der Schenkel *thigh*

* zuletzt *in the end*

* zumute sein (*with dat.*) *to feel*

mies (*coll.*) *miserable*

elend *wretched*

* häßlich *ugly*

* regnen *to rain*

* aus-drücken *to express*

* die Stimmung *mood*

sich zu Bett legen *to go to bed*

* wenigstens *at least*

weshalb *why*

der Haufen *heap*

rasch *swiftly*

wie es sich hinschreibt *as one writes it down*

von heute auf morgen *from one day to the next*

* das möblierte Zimmer *furnished room*

* die Wirtin *landlady*

einem *for one*

hinein = hinein-gehen *to go in*

unverrichteter Sache *unsuccessfully*

* sich ereignen *to happen*

so etwas *such a thing*

irgendwo *somewhere*

hilflos *helpless*

* vergnügt *cheerful*

Als er am nächsten Morgen erwachte, stellte er fest, daß er allein im Zimmer war. Er blickte auf die Uhr und erschrak: bis zum Morgenzug blieben ihm noch fünf Minuten, es war ausgeschlossen, daß er ihn noch erreichte.

Am Nachmittag—er konnte es sich nicht leisten, noch eine Nacht in der Stadt zu bleiben—kam er niedergeschlagen und enttäuscht zu Hause an. 5

Sein Junge öffnete ihm die Tür, glücklich, außer sich vor Freude. Er warf sich ihm entgegen und hämmerte mit den Fäusten gegen seinen Schenkel und rief: 10

"Einer hat gewinkt, einer hat ganz lange gewinkt."

"Mit einer Krücke?" fragte Schwamm.

"Ja, mit einem Stock. Und zuletzt hat er sein Taschentuch an den Stock gebunden und es so lange aus dem Fenster gehalten, bis ich es nicht mehr sehen konnte." 15

PAUL IST GUT

Hans Siemsen

Mir ist manchmal mies zumute. Wissen Sie, was "mies" ist? "Mies" ist ein Berliner Wort. Es bedeutet: traurig, elend, übel, häßlich. Wenn es vierzehn Tage lang regnet, dann sagt man: "Mensch, ist das ein mieses Wetter!" Es ist ein Berliner Wort. Und es drückt eine Berliner Stimmung aus. 5 Mir also ist mies zumute. Ich will nach Hause gehen und mich zu Bett legen! Da weiß ich wenigstens, wo ich bin. Da kann ich ganz einfach die Augen zumachen.

Ich weiß selbst nicht, weshalb mir so traurig zumute ist. Es gibt zwar eine ganze Menge, einen ganzen Haufen von 10 Geschichten gibt es, die einen wohl traurig machen könnten, die einem wohl Grund genug geben, traurig zu sein. Ich kenne zum Beispeil ein altes Fräulein, das liegt in seinem Zimmer und stirbt. Das geht nicht so rasch, wie es sich hinschreibt, nicht von heute auf morgen, das dauert 15 Wochen, Monate. Das Zimmer, in dem sie liegt, ist ein möbliertes Zimmer. Sie ist ganz allein. Sie hat keinen Menschen, der ihr helfen kann. Wenn ihre Wirtin ausgegangen ist, ist niemand da, der einem die Tür aufmacht. Man kann nicht hinein zu ihr, man kann sie nicht besuchen 20 und muß unverrichteter Sache wieder nach Hause gehen.

Das ist nur so eine von den vielen traurigen Geschichten, die sich Tag für Tag ereignen. Aber dies ist es eigentlich nicht, was mich traurig macht. Ich weiß ja, daß immer so etwas geschieht, daß immer irgendwo ein Mensch liegt und 25 stirbt, allein, verlassen, hilflos. Jeden Tag und jede Stunde. Wir wissen das alle—und sind doch oft so vergnügt.

* der Mut *courage*
* der Zweck *purpose*
wofür *for what*

träge *indolent*

abscheulich *abominably*

die Kreide *chalk*
ich laufe so d(a)rüber weg *I walk over it*
* sich (*dat.*) klar-machen *to realize*

weiter-gehen *continue to walk*
um die Ecke biegen *to turn the corner*

wahrhaftig *truly*
* der Roman *novel*
fies (*sl.*) *nasty*
durch-streichen *to cross out*
eben solch *the same*

sorgsam *careful*
solide *strong*
die Inschrift *inscription*
* leugnen *to deny*

* hoffnungslos *hopeless*
glauben an *to believe in*

* sich (*dat.*) Mühe geben *to try hard*
liebevoll *loving*

Nein, das ist es nicht, was mich so niedergeschlagen macht. Es ist etwas anderes. Ich habe keinen Mut. Was hat das alles für einen Zweck? denke ich. Man lebt und arbeitet—weshalb? wofür? Die Welt ist schlecht, und man kann sie nicht ändern. Die Menschen sind dumm, die Herzen zu träge. Ich verliere den Mut. Ich will nach Hause gehen und mich zu Bett legen. 5

Oh, diese abscheulich häßlichen Straßen! Haus neben Haus und Stein neben Stein! Auf einem Stein steht mit Kreide geschrieben: "Paul ist gut." Ich laufe so drüber weg, 10 ohne mir klarzumachen, was ich da eigentlich gelesen habe. Aber nachdem ich schon ein paar hundert Schritte weitergegangen bin und eigentlich um die Ecke biegen müßte, biege ich nicht um die Ecke, sondern gehe wieder zurück und suche den Stein, um genau zu sehen, was da eigentlich 15 geschrieben steht. Und wahrhaftig: da steht ein ganzer Roman. Mit weißer Kreide geschrieben steht da zuerst: "Paul ist fies." Aber das ist durchgestrichen, mit eben solch weißer Kreide dick durchgestrichen. Und darunter steht mit schönen sorgsamen Buchstaben, viel dicker und solider als 20 die erste Inschrift: "Paul ist gut."

Wer möchte es leugnen? Paul ist gut!

Du hast recht, kleines Mädchen, du hast recht, kleiner Freund! Ihr habt recht! Paul ist gut. Da ihr es ja glaubt. Paul ist gut. Wie kann da die Welt denn so ganz hoffnunglos 25 schlecht sein, wenn ihr an Paul glaubt, wenn ihr auf den Stein schreibt: Paul ist gut. Habt Dank! Ich will den Mut nicht verlieren. Ich will mir Mühe geben. Damit einmal, nach Jahren, auch auf meinen Stein eine liebevolle Hand schreibt: Hans war gut. 30

New Words and Phrases to Learn

das Alter *age; old age*
an-gehen (ging, gegangen) *to concern;* es geht mich an *it concerns me*
der Atem *breath, breathing*
der Atemzug,⸚e *breath; (pl.) breathing*
aus-drücken *to express*
der Bahnhof,⸚e *railroad station*
berühren *to touch*
(sich) drehen *to turn*
ein-schlafen (ist) (schlief, geschlafen, schläft) *to fall asleep*
einzig *only, sole, single*
das Elend *misery, distress*
enttäuschen *to disappoint*
erblicken *to catch sight of, spot; to see*
sich ereignen *to occur, happen; to take place*
erreichen *to reach; to achieve*
fort-gehen (ging, ist gegangen) *to go away*
der Gefallen,- *favor*
das Geräusch,-e *noise, sound*
geschäftlich *on business, commercial*
gesund *healthy, sound*
gewiß *certain, sure; indeed*
handeln *to act; to trade*
häßlich *ugly; offensive*

hoffnungslos *hopeless*
imstande sein *to be able* (*to*)
jemand *someone, somebody, anybody*
sich (*dat.*) klar-machen *to realize*
der Körper,- *body*
das Krankenhaus,¨-er *hospital*
die Lage,-n *position; situation*
leid: es tut mir— *I am sorry*
sich (*dat.*) leisten können (konnte, können, kann) *to be able to afford*
leugnen *to deny*
möbliert *furnished*
die Möglichkeit,-en *possibility, opportunity*
sich (*dat.*) Mühe geben (gab, gegeben, gibt) *to take pains, try hard*
der Mut *courage, spirit*
regnen *to rain*
der Roman,-e *novel*
sich schämen *to be* (*feel*) *ashamed*
der Schatten,- *shadow, shade*
selbstverständlich *of course, by all means; self-evident*
spüren *to feel, sense*
stehen-bleiben (blieb, ist geblieben) *to stop; to remain standing*
die Stimmung,-en *mood*
der Stoff,-e *material, cloth; topic*
teilen *to share; to divide*
tun: so—als ob *to pretend to, make as if*
ungefähr *approximate; about*
vergnügt *cheerful, merry*
verstört *troubled*
verursachen *to cause, produce*
die Weile *while*
wenigstens *at least*
wiederum *again*
winken *to wave, nod, wink*
die Wirtin,-nen *landlady, hostess; innkeeper*
zittern *to tremble, shake, quiver*
zuletzt *in the end, finally; last; the last time*
zumute sein *to feel;* mir ist gut— *I feel fine*
der Zweck,-e *purpose, aim, goal*
zwingen (zwang, gezwungen) *to force, compel*

Vocabulary Building

A Form sentences with three new learn words from the above list in each sentence.

B Fill in the missing new learn words.

1 / Da kein Einzelzimmer frei war, gab es nur _____, ein Doppelzimmer mit einem Mann _____.

2 / Er _____, den letzten Zug _____, obwohl er schnell lief.

3 / Mein Sohn ist nicht krank, sondern _____ und deshalb braucht er nicht _____ zu liegen.

4 / Mir war traurig _____, weil ich ihn _____.

5 / Ich war nicht _____, ihn zu erreichen; denn er _____.

6 / Was kostet dieses _____ Zimmer, fragte er _____.

C Answer the following questions by using appropriate new German learn words for the English clues given in parentheses.

1 / Warum sind Sie fröhlich? (*I feel, mood, cheerful*)

2 / Warum reist er? (*only purpose, commercial*)

3 / Haben Sie das Buch gern gelesen? (*certainly not, topic, novel, to disappoint*)

4 / Schämen Sie sich nicht? (*to be sorry, ugly, to act*)

5 / Warum blieb er stehen? (*shadow, someone, suitcase, to touch*)

6 / Berührt Sie sein Elend? (*of course, to be sorry, to touch, situation*)

7 / Warum gehen Sie fort? (*noise, to cause, to shake, to fall asleep*)

8 / Würden Sie mir einen Gefallen tun? (*to disappoint, certainly, to take pains, tired*)

Comprehension

The following words and fragmentary pieces are to be found in the text of this chapter. Form complete sentences which accurately reflect style and intention of the two authors, using at least three of the excerpts printed below in each of the sentences you are going to write:

Er erreichte sein Bett—äußerst sensibel und mimosenhaft—mit einer Krücke?—ich will nach Hause gehen—Paul ist gut—ich weiß nicht, wie Sie aussehen—Krankenhaus—bis zum Morgenzug—mit weißer Kreide geschrieben—außer sich vor Freude—drückt eine Berliner Stimmung aus—oh, diese häßlichen Straßen—Doppelzimmer—dick durchgestrichen—Anmeldeformular—machen Sie kein Licht!—und schlief dann ein—ich gehe wieder zurück—über den Koffer—nicht geschäftlich—eines Tages eine liebevolle Hand—bleich, aber sonst gesund—Hans war gut—er winkt—Schularbeiten—habt Dank!

Lieber Student!

Wieviele deutsche Wörter kennen Sie jetzt? Zählen Sie, und die Antwort ist: 1145. Stimmt es? Nun sind Sie schon imstande, vieles auf deutsch auszudrücken und zu erklären. Darum haben wir heute folgende Aufgabe für Sie: Tun Sie so, als ob Sie der Mann mit den Krücken seien und Ihrem Freund in einem Brief erzählen möchten, was Sie im Hotel erlebt haben. Schreiben Sie einen solchen Brief und benutzen Sie so viele aktive Lernwörter und Redewendungen wie möglich. Geben Sie sich Mühe!

11
Fremde Länder - fremde Sitten

The way a foreign country and its people look to a stranger is always interesting, often instructive, and at times funny. If an alien observer, hampered by inadequate familiarity with his subject, should exaggerate and distort what he perceives, his impressions still frequently contain a grain of truth. Compared with Europe, America is still less burdened with historical experiences and considerations. Johann Wolfgang von Goethe (1749–1832) correctly pointed this out 150 years ago in a little poem which is the first selection in this chapter. Snap judgments abound when it comes to foreign people themselves, their manners, and their customs. Although not all Bavarians drink beer and not all Prussians love to goosestep, there is a certain amount of truth in these and similar statements. If we look at nationalities in the magnifying mirror of humor, we often come to see them more sharply—and we may even get a few laughs in the bargain. In this spirit the national jokes of this chapter are offered. Finally, the reader may be provoked into some second thoughts about work in relation to one's goals in life, just as it occurred to the tourist at the end of Böll's story, and to many thoughtful young persons throughout the world. Heinrich Böll (born in 1917) is Germany's most popular and generally most esteemed serious writer today. His stories and novels have been widely translated.

die Sitte *custom*

den Vereinigten Staaten *to the United States*

der Kontinent *continent*
verfallene Schlösser *tumbledown castles*
der Basalt *basalt*†
* stören *to disturb* im Innern *in your internal affairs* (*in contrast to the geological reference before*) zu lebendiger Zeit *at the present time*
unnütz *idle*
* vergeblich *futile*
* benutzen *to use*
dichten *to write poetry or fiction*
bewahren (vor) *to protect* (*from*) ein gut(es) Geschick (*a good fate*) *good fortune* Ritter-, Räuber- und Gespenstergeschichten *stories about knights, robbers, and ghosts. Goethe facetiously alludes to the best-selling novels by his brother-in-law Vulpius.*

die Tänzerin *dancer* * verfolgen *to pursue*
der Heiratsantrag *proposal of marriage*

schmackhaft *tempting, alluring*
* erben *to inherit*

der Versicherungsvertreter *insurance agent*
* der Vorzug *advantage* jeweilig *respective* * die Gesellschaft *company* * die Firma *firm* funktionieren *to act, function*
* der Kunde *customer*
der Hinterbliebene *survivor* * bereits *already* * der Scheck *check*

der Stock = das Stockwerk *floor, story*

sich stürzen (aus) *to hurl oneself* (*out of*)
jemandem etwas zu-stecken *to slip someone something*

† *Goethe wrongly believed that there was no basalt in the United States, and, consequently, less danger of volcanic disturbances than in Europe.*

DEN VEREINIGTEN STAATEN

Johann Wolfgang von Goethe

Amerika, du hast es besser
Als unser Kontinent, der alte,
Hast keine verfallenen Schlösser
Und keine Basalte.
Dich stört nicht im Innern, 5
Zu lebendiger Zeit,
Unnützes Erinnern
Und vergeblicher Streit.
Benutzt die Gegenwart mit Glück!
Und wenn nun eure Kinder dichten, 10
Bewahre sie ein gut Geschick
Vor Ritter-, Räuber- und Gespenstergeschichten.

IM SPIEGEL DES HUMORS

ANGLO-AMERIKANER

Eine schöne amerikanische Tänzerin verfolgt Bernard Shaw mit Heiratsanträgen.

"Stellen Sie sich vor", erklärt sie, um ihm die Sache schmackhafter zu machen, "wir bekommen ein Kind und es erbt Ihren Geist und meine Schönheit . . ." 5

"Nicht schlecht", erwidert Bernard Shaw, "aber was machen wir, wenn es *meine* Schönheit erbt und *Ihren* Geist?"

NEW YORKER

Zwei New Yorker Versicherungsvertreter erklären einander die Vorzüge ihrer jeweiligen Gesellschaft. 10

"Keine andere Firma funktioniert so schnell wie unsere", sagt der erste. "Wenn ein Kunde am Montag stirbt, haben die Hinterbliebenen bereits am Dienstag früh ihren Scheck."

"Das ist noch gar nichts", sagt der zweite. "Unsere Firma hat ihre Büros im 45. Stock des Empire State 15 Building. Einer unserer Kunden, der im 80. Stockwerk gewohnt hat, hat sich letzte Woche aus dem Fenster gestürzt. Und als er am 45. Stock vorbeiflog, haben wir ihm schon einen Scheck zugesteckt."

(die) Bayern *Bavarians*

* der Pfarrer *priest*
die Dorfgemeinde *rural community*

mitten in *in the middle of*

* der Mond *moon*

der Betreffende *that person*
belehren *to instruct*

* schon wieder *again*
Herr Pfarrer (*address*) *father*

(die) Österreicher *Austrians*

aus-stehen können *to be able to stand*
durch (einen) Zufall *by chance*
Innsbruck *town in Tyrol* der Kardinal *cardinal*
der Orden *decoration*
stolzieren *to strut* * der Bahnsteig *platform*
jemandem eins aus-wischen *to irk someone* zu-gehen (auf) *to go up (to)*
die Eminenz *Eminence*
der Streckenwärter *track walker*
München *Munich*

* gnädige Frau (*address*) *madam*

(die) Italiener *Italians*

der Neapolitaner *resident of Naples* soeben *just* ein-treffen *to arrive*
* der Hafen *harbor* der Passagier *passenger* * entdecken *to discover*
das Einwanderungsamt *immigration office*
* der Beamte *official*

* das Gepäck *baggage*

* wechseln *to change* / zum Wechseln *for a change* (*of clothing*) * mit-nehmen *to take along* aus-wandern *to emigrate*

BAYERN

"Was ist ein Wunder?" fragt der Pfarrer einer kleinen Dorfgemeinde in Bayern.

"Das weiß ich nicht", antwortet der Knabe.

"Was würdest du sagen, wenn die Sonne plötzlich anfinge, mitten in der Nacht zu scheinen?" 5

"Ich würde sagen, daß das nicht die Sonne, sondern der Mond ist."

"Wenn dir aber jemand erklärt, daß dort oben nicht der Mond, sondern wirklich die Sonne scheint?"

"Ich würde sagen, daß der Betreffende lügt." 10

"Wenn ich es aber selbst bin, der dich belehrt, daß du nicht den Mond, sondern die Sonne scheinen siehst, was würdest du dann sagen?"

"Ich würde sagen, daß Sie schon wieder zu viel getrunken haben, Herr Pfarrer." 15

ÖSTERREICHER

Peter und Paul haben einander schon in der Schule nicht ausstehen können.

Nach dreißig Jahren trifft Peter durch einen Zufall Paul am Innsbrucker Bahnhof. Peter ist inzwischen Kardinal geworden und Paul General: die Brust voller Orden, 20 stolziert er auf dem Bahnsteig auf und ab. Um ihm eins auszuwischen, geht Seine Eminenz auf den General zu und fragt:

"Können Sie mir sagen, Herr Streckenwärter, wann der nächste Zug nach München geht?" 25

Paul schaut den Kardinal kurz an, erkennt ihn und antwortet:

"In dreißig Minuten, gnädige Frau."

ITALIENER

Ein Neapolitaner wird auf einem soeben eingetroffenen Schiff im New Yorker Hafen als blinder Passagier entdeckt 30 und zum Einwanderungsamt gebracht.

"Haben Sie Geld?" fragt ihn ein Beamter.

"Nein."

"Gepäck?"

"Nein." 35

"Sie werden doch nicht behaupten, daß Sie nicht einmal ein Hemd zum Wechseln mitgenommen haben?"

"Glauben Sie, ich wäre ausgewandert, wenn ich noch ein Hemd gehabt hätte?"

(die) Sachsen *Saxonians*

Dresden *city in the State of Saxonia (East Germany)*

hauen (*coll.*) *to strike*

verulken (*coll.*) *to fool*

die Anekdote *anecdote* die Senkung *lowering* die Arbeitsmoral *work morale* * westlich *western* * die Küste *shore* ärmlich *shabbily* * kleiden *to dress* das Fischerboot *fishing boat* dösen *to doze* schick *elegantly* der Farbfilm *color film* der Fotoapparat *camera* idyllisch *idyllic* fotografieren = photographieren *to take pictures* schneeweiß *snow-white* der Wellenkamm *crest of a wave* * das Boot *boat* die Fischermütze *fishing cap* klick *onomatopoetic word (the sound of shutter)* aller guten Dinge sind drei *three is lucky* spröde *hard* feindselig *hostile* * wecken *to awaken* * der Fischer *fisherman* * sich auf-richten *to straighten up* schläfrig *sleepily* die Zigarettenschachtel *pack of cigarettes* angeln nach *to reach for* * bevor *before* das Gesuchte *what he was looking for* * eifrig *eager* * die Schachtel *pack (of cigarettes)* nicht gerade *not quite*

das Feuerzeug *lighter* ab-schließen *to conclude* eilfertig *hasty* * die Höflichkeit *courtesy, politeness* meßbar *measurable* nachweisbar *demonstrable* * zuviel *too much* / das Zuviel *excess* * flink *quick* * entstehen *to ensue* gereizt *irritated* die Verlegenheit *embarrassment* der Landessprache mächtig *capable of speaking the local language* überbrücken *to bridge* der Fang *catch* das Kopfschütteln *shaking of the head* * günstig *favorable* das Kopfnicken *nodding of the head* aus-fahren *to put to sea* steigend *increasing* die Nervosität *nervousness*

liegt ihm ... am Herzen *he has ... at heart* das Wohl *well-being* nagen *to gnaw* * die Trauer *sadness* verpaßt *missed* * die Gelegenheit *opportunity*

SACHSEN

Ein großer Mann kommt in ein Restaurant in Dresden und schreit: "Wo ist Herr Müller?" Niemand antwortet. Der Mann wird immer wütender und wiederholt seine Frage. Schweigen im Restaurant und große Pause. Schließlich steht ein kleiner Mann auf und sagt: "Ich heiße Müller." 5

Der große Mann haut den kleinen ins Gesicht, dreht sich um und geht hinaus. Wieder Schweigen. Alle blicken den kleinen Mann an.

Der fängt an zu lächeln und sagt: "Den habe ich aber verulkt. Ich heiße nämlich gar nicht Müller!" 10

ANEKDOTE ZUR SENKUNG DER ARBEITSMORAL

Heinrich Böll

In einem Hafen an einer westlichen Küste Europas liegt ein ärmlich gekleideter Mann in seinem Fischerboot und döst. Ein schick angezogener Tourist legt eben einen neuen Farbfilm in seinen Fotoapparat, um das idyllische Bild zu fotografieren: blauer Himmel, grüne See mit friedlichen 5 schneeweißen Wellenkämmen, schwarzes Boot, rote Fischermütze. Klick. Noch einmal: klick, und da aller guten Dinge drei sind und sicher sicher ist, ein drittes Mal: klick. Das spröde, fast feindselige Geräusch weckt den dösenden Fischer, der sich schläfrig aufrichtet, schläfrig nach seiner 10 Zigarettenschachtel angelt; aber bevor er das Gesuchte gefunden, hat ihm der eifrige Tourist schon eine Schachtel vor die Nase gehalten, ihm die Zigarette nicht gerade in den Mund gesteckt, aber in die Hand gelegt, und ein viertes Klick, das des Feuerzeuges, schließt die eilfertige Höflichkeit 15 ab. Durch jenes kaum meßbare, nie nachweisbare Zuviel an flinker Höflichkeit ist eine gereizte Verlegenheit entstanden, die der Tourist—der Landessprache mächtig—durch ein Gespräch zu überbrücken versucht.

"Sie werden heute einen guten Fang machen." 20

Kopfschütteln des Fischers.

"Aber man hat mir gesagt, daß das Wetter günstig ist."

Kopfnicken des Fischers.

"Sie werden also nicht ausfahren?"

Kopfschütteln des Fischers, steigende Nervosität des 25 Touristen.

Gewiß liegt ihm das Wohl des ärmlich gekleideten Menschen am Herzen, nagt an ihm die Trauer über die verpaßte Gelegenheit.

"Oh, Sie fühlen sich nicht wohl?" 30

über-gehen *to proceed* die Zeichensprache *sign language*
wahrhaft *truly*
* großartig *great*
sich recken *to stretch* demonstrieren *to demonstrate*
athletisch *athletic* phantastisch *excellent*
der Gesichtsausdruck *facial expression*
* unterdrücken *to suppress*
* sozusagen *so-to-speak* * drohen *to threaten* sprengen *to burst*

knapp *concisely*

der Hummer *lobster* der Korb *lobster pot*
* das Dutzend *dozen* die Makrele *mackerel*
auf-tauen *to relax* * klopfen *to tap*
beruhigend *soothingly*
dessen besorgter Gesichtsausdruck *his* (*the tourist's*) *concerned facial expression*
* der Ausdruck *expression* unangebracht *unwarranted* die Kümmernis *care*
* übermorgen *day after tomorrow*
* erleichtern *to ease* * die Seele *mind*

der Bootsrand *boat ledge*
die Kamera *camera*
Nachdruck verleihen (*with dat.*) *to emphasize*
* persönlich *personal* * die Angelegenheit *affair*
* mischen *to mix*

* fangen *to catch*

* fort-fahren *to continue*

* spätestens *at the latest*

der Kutter *cutter, smack* (*small fishing vessel*)

* die Begeisterung *enthusiasm* verschlägt ihm . . . die Stimme *takes away . . . his voice*
das Kühlhaus *cold-storage plant* die Räucherei *smoke house*
die Marinadenfabrik *pickling plant* der Hubschrauber *helicopter*

Endlich geht der Fischer von der Zeichensprache zum wahrhaft gesprochenen Wort über. "Ich fühle mich großartig", sagt er. "Ich habe mich nie besser gefühlt." Er steht auf, reckt sich, als wolle er demonstrieren, wie athletisch er gebaut ist. "Ich fühle mich phantastisch." 5

Der Gesichtsausdruck des Touristen wird immer unglücklicher, er kann die Frage nicht mehr unterdrücken, die ihm sozusagen das Herz zu sprengen droht: "Aber warum fahren Sie dann nicht aus?"

Die Antwort kommt prompt und knapp. "Weil ich heute 10 morgen schon ausgefahren bin."

"War der Fang gut?"

"Er war so gut, daß ich nicht noch einmal auszufahren brauche, ich habe vier Hummer in meinen Körben gehabt, fast zwei Dutzend Makrelen gefangen . . ." 15

Der Fischer, endlich erwacht, taut jetzt auf und klopft dem Touristen beruhigend auf die Schultern. Dessen besorgter Gesichtsausdruck erscheint ihm als ein Ausdruck zwar unangebrachter, doch rührender Kümmernis.

"Ich habe sogar für morgen und übermorgen genug", 20 sagt er, um des Fremden Seele zu erleichtern. "Rauchen Sie eine von meinen?"

"Ja, danke."

Zigaretten werden in Münder gesteckt, ein fünftes Klick, der Fremde setzt sich kopfschüttelnd auf den Bootsrand, 25 legt die Kamera aus der Hand, denn er braucht jetzt beide Hände, um seiner Rede Nachdruck zu verleihen.

"Ich will mich ja nicht in Ihre persönlichen Angelegenheiten mischen", sagt er, "aber stellen Sie sich mal vor, Sie führen heute ein zweites, ein drittes, vielleicht sogar ein 30 viertes Mal aus und Sie würden drei, vier, fünf, vielleicht gar zehn Dutzend Makrelen fangen . . . stellen Sie sich das mal vor."

Der Fischer nickt.

"Sie würden", fährt der Tourist fort, "nicht nur heute, 35 sondern morgen, übermorgen, ja, an jedem günstigen Tag zwei-, dreimal, vielleicht viermal ausfahren—wissen Sie, was geschehen würde?"

Der Fischer schüttelt den Kopf.

"Sie würden sich in spätestens einem Jahr einen Motor 40 kaufen können, in zwei Jahren ein zweites Boot, in drei oder vier Jahren könnten Sie vielleicht einen kleinen Kutter haben, mit zwei Booten oder dem Kutter würden Sie natürlich viel mehr fangen—eines Tages würden Sie zwei Kutter haben, Sie würden. . . ", die Begeisterung verschlägt 45 ihm für ein paar Augenblicke die Stimme, "Sie würden ein kleines Kühlhaus bauen, vielleicht eine Räucherei, später eine Marinadenfabrik, mit einem eigenen Hubschrauber

rund-fliegen *to fly round* der Fischschwarm *school of fish* aus machen *to spot* per Funk *by radio* Anweisung geben *to give direction* die Lachsrechte erwerben *to acquire the rights to salmon-fishing* eröffnen *to open* der Zwischenhändler *middleman* * exportieren *to export*

im tiefsten Herzen betrübt *with great sadness* seiner Urlaubsfreude schon fast verlustig *already almost deprived of the enjoyment of his vacation* herein-rollen *to roll in* die Flut *tide* * munter *lively* * die Erregung *excitement*

sich verschlucken *to swallow the wrong way* still *quiet* beruhigt *comfortably*

von dannen ziehen (*coll.*) *to go away* solcherlei *in such a way* belehrt *advised* * nachdenklich *pensive*

zurück-bleiben *to remain* * die Spur *trace* * das Mitleid *pity* * der Neid *envy*

rundfliegen, die Fischschwärme ausmachen und Ihren Kuttern per Funk Anweisung geben. Sie könnten die Lachsrechte erwerben, ein Fischrestaurant eröffnen, den Hummer ohne Zwischenhändler direkt nach Paris exportieren—und dann ...", wieder verschlägt die Begeisterung dem Fremden die Sprache. Kopfschüttelnd, im tiefsten Herzen betrübt, seiner Urlaubsfreude schon fast verlustig, blickt er auf die friedlich hereinrollende Flut, in der die ungefangenen Fische munter springen. "Und dann", sagt er, aber wieder verschlägt ihm die Erregung die Sprache.

Der Fischer klopft ihm auf den Rücken, wie einem Kind, das sich verschluckt hat. "Was dann?" fragt er leise.

"Dann", sagt der Fremde mit stiller Begeisterung, "dann können Sie beruhigt hier im Hafen sitzen, in der Sonne dösen—und auf das herrliche Meer blicken."

"Aber das tu ich ja schon jetzt", sagt der Fischer, "ich sitze beruhigt am Hafen und döse, nur Ihr Klicken hat mich dabei gestört."

Tatsächlich zog der solcherlei belehrte Tourist nachdenklich von dannen, denn früher hatte er auch einmal geglaubt, er arbeite, um eines Tages einmal nicht mehr arbeiten zu müssen, und es blieb keine Spur von Mitleid mit dem ärmlich gekleideten Fischer in ihm zurück, nur ein wenig Neid.

New Words and Phrases to Learn

die Angelegenheit,-en *affair, concern, matter*
(sich) auf-richten *to straighten up, get up, rise, sit up*
der Ausdruck,¨-e *expression; look*
der Bahnsteig,-e *platform*
der Beamte,-n,-n *official, civil servant, officer*
die Begeisterung *enthusiasm*
benutzen *to use, avail oneself of*
bereits *already*
bevor *before*
das Boot,-e *boat*
drohen *to threaten, menace*
das Dutzend,-e *dozen*
eifrig *eager*
entdecken *to discover*
entstehen (entstand, ist entstanden) *to ensue, arise; to come into being*
erben *to inherit*
erleichtern *to ease*
die Erregung,-en *excitement, agitation*
exportieren *to export*
fangen (fing, gefangen, fängt) *to catch*
die Firma, (*pl.*) Firmen *firm*
der Fischer,- *fisherman*
flink *quick, nimble, brisk*
fort-fahren (fuhr, ist gefahren, fährt) *to continue, go on*

die Gelegenheit,-en *opportunity, chance; occasion*
das Gepäck *luggage, baggage*
die Gesellschaft,-en *company; society; party*
gnädige Frau (*address*) *madam*
großartig *great, splendid, magnificent*
günstig *favorable; convenient*
der Hafen,⸗ *harbor*
die Höflichkeit,-en *courtesy, politeness*
kleiden *to dress; to suit, be becoming*
klopfen *to tap, beat, knock*
der Kunde,-n,-n *customer, client*
die Küste,-n *shore, coast*
mischen *to mix, blend*
das Mitleid *pity, compassion*
mit-nehmen (nahm, genommen, nimmt) *to take along*
der Mond,-e *moon*
munter *lively, brisk*
nachdenklich *pensive, thoughtful, reflective*
der Neid *envy*
persönlich *personal*
der Pfarrer,- *priest, minister, pastor*
die Schachtel,-n *box*
der Scheck,-s *check*
schon wieder *again*
die Seele,-n *soul; mind; spirit*
die Sitte,-n *custom; habit*
sozusagen *so-to-speak*
spätestens *at the latest*
die Spur,-en *trace, mark; track, trail*
stören *to disturb; to trouble*
die Trauer *sadness, sorrow, grief*
übermorgen *day after tomorrow*
unterdrücken *to suppress, stifle*
verfolgen *to pursue, follow*
vergeblich *futile, fruitless; in vain*
der Vorzug,⸗e *advantage; preference*
wechseln *to change, switch*
wecken *to wake, awaken*
westlich *western*
zuviel *too much*

Vocabulary Building

A Form meaningful German sentences, each of which should contain one noun, one verb, and one adverbial expression from the above list.

Example: Der Pfarrer drohte ihm vergeblich.

B Complete the following sentences, using new learn words.

1 / Amerika hat es besser, weil _____.

2 / Der Fischer sagte zum Touristen : " _____.

3 / Der Italiener war so arm, daß _____.

4 / San Francisco liegt _____.

5 / Der Tourist hatte kein Mitleid mit dem Fischer, denn _____.

C Answer the following questions by using the German equivalents for the words given in parentheses.

1 / Wen soll ich fragen? (*official, platform*)

2 / Wo war er und was tat er? (*harbor, boat, catch*)

3 / Haben Sie meinen Mann gefunden? (*Madam, trace, to pursue, in vain*)

4 / Wie kann die Firma wachsen? (*splendid, opportunity, to appear, export*)

5 / Welche Gefühle zeigt sie? (*sadness, envy, pity, excitement, to mix*)

D Rephrase in German, using as many new learn words as possible.

1 / Es macht die Sache leichter, wenn Sie nicht zeigen, daß Sie mit ihr leiden.

2 / Die Nacht war sehr hell, als Columbus zum ersten Mal Amerika sah.

3 / Wir verkaufen nur an Firmen in fremden Ländern, aber nicht an solche im Osten.

4 / Ich brauche die Koffer nur, um die 36 Hemden, die von meinem toten Onkel sind, mit auf die Reise zu nehmen.

5 / Sagen Sie mir nicht später als 7 Uhr, daß ich aufstehen soll, und klopfen Sie dabei an die Tür.

Comprehension

Confirm, revise, or rewrite the following statements so that they agree with the texts to which they refer.

1 / Bernard Shaw wollte keinen Sohn haben, der schöner als er selbst sein würde.

2 / Der Fischer schüttelte den Kopf, weil er die Sprache des Touristen nicht verstand.

3 / Weil Amerika keine verfallenen Schlösser hat, gibt es dort keine Vulkane, glaubte Goethe.

4 / Der Tourist konnte nicht verstehen, daß der Fischer mit einem Fang am Tag zufrieden war.

5 / Weil Paul eine Uniform trug, wollte Peter ihm eine Freude machen, als er "Herr Streckenwärter" sagte.

6 / Die meisten Menschen könnten ein glücklicheres Leben führen, wenn sie nicht so faul wie der Fischer wären.

7 / Die Geschichte aus Dresden zeigt den goldenen Humor der Sachsen.

Lieber Student!

Schon wieder haben Sie mehr als fünf Dutzend neue deutsche Wörter gelernt. Jetzt können Sie bereits 1229 Wörter benutzen. Das ist zwar noch nicht zu viel, aber es erleichtert Ihre Aufgabe, die Wörter flink zu wechseln und richtig zu mischen und den besten Ausdruck zu finden. Wiederholen Sie heute eifrig alle Hauptwörter (nouns) der letzten drei Kapitel (9, 10, 11), bevor Sie mit dem nächsten Kapitel fortfahren.

12

Junge Menschen sind verschieden

Just as there are all kinds of neighbors, as discussed in Chapter 9, there are also all kinds of young people, a fact which should be obvious to students. Some are full of ambition and aspire to become great artists or writers, and some are satisfied with just making a modest living and "having a good time" with new clothes or a new car. The latter prevail in countries with limited social mobility where relatively few young persons go to high school or college; Germany is one of those countries. In the following prose sketch Hans Siemsen (see also Chapter 10) describes the daily ritual of a teenage locksmith apprentice who, after working hours, transforms himself into an overdressed little gentleman in order to go out for the evening. Only in the last sentences does the author's benevolent depiction give way to implied criticism of a social order in which parents are quite satisfied with the blue collar status of their children as long as it does not show. □ By contrast, Hermann Hesse's hero in his modern fairy tale is a young man who dreams of becoming a great painter or writer. Hesse injects some criticism of his impatient young man, however gently, toward the end of the story. It is perseverance, stubbornness, and hard work that will make the difference between an artist and an amateur or, in more general terms, between greatness and mediocrity; no matter what a person's goals in life may be. (See Chapters 6 and 8 for other works by Hesse.)

sich fein machen *to dress up*

der Portier (*Fr.*) *janitor* richtiger *better*

der Zivilberuf *civilian occupation*†

der Schlosserlehrling *apprentice to a locksmith*

der Hauptteil *main part*

* die Hauptsache *main thing*
von meinem Fenster aus = von meinem Fenster
Gott sei Dank *thank God*
ans = an das

der Handspiegel *hand mirror* kunstvoll *ingeniously* befestigen *to fasten*
fein *elegant*

* nach-sehen *to examine*
an-haben *to have on* (*clothes*)
aus-probieren *to try out*
die Krawatte *necktie* das Kostüm *costume*
* lila *purple*
* sorgfältig *careful*

der Streifen *stripe* das Hufeisen *horseshoe*
* verschwinden *to disappear*

* bedeutend *considerable*
die Unterjacke *undershirt*
steifgestärkt *stiffly starched* das Chemisette (*Fr.*) (*false*)*shirt-front*
vornehm *distinguished* das Oberhemd *dress shirt*
* braun *brown*

die Wäsche *laundry*
die Frisur *hair-do*
die Bürste *brush* der Kamm *comb* der Taschenkamm *pocket comb*
die Schlosserwerkzeuge (*pl.*) *locksmith tools*

hervorragend *remarkable*

† *Siemsen, writing in 1926 when there was no universal military service, ironically refers here to the customary distinction between military rank and civilian occupation prior to World War I.*

OTTO MACHT SICH FEIN

Hans Siemsen

Otto ist der Sohn von Herrn Mittwoch. Und Herr Mittwoch ist mein Portier, richtiger: der Portier des Hauses, in dem ich wohne. Otto ist siebzehn oder achtzehn Jahre alt und in seinem Zivilberuf (warum nennt man das eigentlich Zivilberuf, gibt es noch einen anderen Beruf als den Zivilberuf?), 5 in seinem Zivilberuf ist er Schlosserlehrling.

Abends um fünf kommt er von seiner Arbeit nach Hause. Und nun fängt eigentlich erst der Hauptteil des Tages für ihn an. Er ißt, wäscht sich und macht sich fein. Essen und Waschen dauert nicht lange. Das "Feinmachen", das ist die 10 Hauptsache.

Von meinem Fenster aus kann ich in Mittwochs Küche sehen. Da ist es aber, Gott sei Dank, so dunkel, daß man niemand erkennen kann, wenn er nicht gerade ans Fenster kommt. Aber Otto kommt ans Fenster. Denn da hat er seinen 15 kleinen Handspiegel kunstvoll befestigt. Und nun kommt er, während er sich fein macht, immer wieder, um zu sehen, wie fein er inzwischen geworden ist.

Erst kommt er und sieht aus, wie eben ein Schlosserlehrling aussieht, der von der Arbeit kommt. Dann geht er und 20 wäscht sich. Und dann kommt er und sieht nach, wie er aussieht, wenn er sich gewaschen hat. Er hat nur noch sehr wenig an und benutzt die Gelegenheit, um auszuprobieren, welche von seinen Krawatten zu diesem Kostüm am besten paßt. Die lila oder die grüne? Die lila Krawatte paßt am 25 besten. Er legt sie sorgfältig auf die Kommode und sucht nun das schönste von seinen Hemden. Das mit den blauen Streifen? Oder das mit den Hufeisen? Das ist nicht so einfach. Und er verschwindet für einige Zeit im Dunkel des Zimmers. 30

Wenn er nun wiederkommt, dann hat er schon bedeutend mehr an. Kein Hemd. Sondern eine Unterjacke und ein steifgestärktes Chemisette. Das ist zwar nicht so vornehm wie ein richtiges Oberhemd, aber schöner. Denn es hat zwei Streifen, einen braunen und einen blauen, und zwischen 35 beiden einen weißen. So schön kann ein Oberhemd gar nicht aussehen. Und dann ist es auch nicht so teuer in der Wäsche.

Und nun kommt das Wichtigste: die Frisur. Otto hat zwei Bürsten und einen Kamm. Und dann noch einen Taschen- 40 kamm. Und wenn er seine Schlosserwerkzeuge so gut zu gebrauchen versteht wie seine beiden Bürsten und Kämme, dann muß er ein ganz hervorragender Schlosserlehrling sein.

(sich) kämmen *to comb one's hair* (sich) bürsten *to brush one's hair*
* probieren *to try*
der Scheitel *part*

wieder-erkennen *to recognize (again)* nochmal = noch einmal

der Kragen *collar*
* bunt *bright* die Brusttasche *breast pocket*
der Strohhut *straw hat* wieder-kennen = wieder-erkennen

* aus-gehen *to go out*

doch eben erst um viere *only just about at 4 P.M.*

der Schlosseranzug *locksmith's overall* verarbeitet *toilworn* dreckig *dirty*
die Rowdymütze *workman's cap*
unfrisiert *uncombed* der Schopf *shock of hair* hervor-gucken *(coll.) to peep out*
nobel *noble*
schöngestärkt *beautifully starched*

mir's = mir es

* überzeugen *to convince*

etwas auf sich halten *to think highly of oneself*
Kleider machen Leute *fine feathers make fine birds*

das Märchen *fairy tale* der Korbstuhl *wicker chair*

die Mansarde *attic (room)*
* der Maler *painter* manches recht Schwierige *many a difficulty*
* überwinden *to overcome* fürs erste *for the time being*

Er kämmt und bürstet sich nicht einfach so, wie wir das tun, sondern wie ein Künstler. Er probiert nicht eine Frisur, sondern viele. Er probiert den Scheitel links und dann wieder rechts und dann in der Mitte. Und dann kämmt er das Haar ganz gerade zurück. Und nachdem er sehr viel Wasser dazu gebraucht hat, gefällt ihm das am besten. 5

Er ist nun so schön geworden, daß er sich selbst gar nicht wiedererkennt und immer nochmal in den Spiegel sehen muß.

Und nun noch den schönen weißen Kragen und die lila Krawatte und das bunte Taschentuch in der Brusttasche und den neuen Strohhut!—Wer kennt ihn nun noch wieder? Niemand! Das ist kein Schlosserlehrling mehr, das ist nicht mehr der kleine Otto, das ist—ja ich weiß gar nicht, wer das ist. 10 15

Ob Otto eine Braut hat? Ich weiß es nicht. Aber jeden Abend macht er sich so fein. Und jeden Abend geht er, wenn er sich fein gemacht hat, aus. Und wenn das jeden Tag geschieht, so könnt ihr euch gar nicht vorstellen, was alles am Sonntag nötig ist, um Otto fein zu machen. Da fängt er schon am Vormittag an—und ist doch eben erst um viere fertig. 20

Und wenn ich ihm nun sagen würde: "Lieber Otto, wenn du abends um fünf von der Arbeit kommst in deinem blauen Schlosseranzug, mit deinen verarbeiteten, dreckigen Händen, mit deiner kleinen Rowdymütze, unter der dein unfrisierter blonder Schopf hervorguckt, dann siehst du viel netter und viel hübscher und sogar viel nobler aus als mit deiner lila Krawatte, deinem schöngestärkten Chemisette und deinem bunten Taschentuch"—wenn ich ihm das sagte, dann würde er mir's nicht glauben. Und Herr und Frau Mittwoch würden es auch nicht glauben. Denn sie lieben ihren Otto und sind stolz auf ihn und auf sein Chemisette und seine lila Krawatte. Und sind sehr davon überzeugt, daß man wohl ein Schlosserlehrling sein darf, aber daß es nicht schön ist, wenn man so aussieht, als wäre man ein Schlosserlehrling. Denn man muß doch etwas auf sich halten! Und Kleider machen Leute. 25 30 35

MÄRCHEN VOM KORBSTUHL

Hermann Hesse

Ein junger Mensch saß in seiner einsamen Mansarde. Er hatte Lust, ein Maler zu werden; aber da war manches recht Schwierige zu überwinden, und fürs erste wohnte er ruhig in seiner Mansarde, wurde etwas älter und hatte sich daran ge-

stundenlang *for hours*
versuchsweise *as an experiment* das Selbstbildnis *self-portrait*
* zeichnen *to draw* * das Heft *sketch book* an-füllen *to fill*
* befriedigen *to satisfy*
dafür *considering* * völlig *complete* die Schulung *schooling*
* das Blatt *sheet*
* gelingen *to turn out* die Falte *line*
ich habe etwas . . . an mir *I have something . . . in me* der Denker *thinker*
* ähnlich *similar* / etwas Ähnliches *something like that* der Mundwinkel *corner of the mouth* ein klein wenig *a little bit* herunter-ziehen *to pull down* eigen *peculiar* direkt schwermütig *quite melancholic*

* unangenehm *disagreeable* * der Fortschritt *progress*
* Forderungen stellen (an) *to make demands (on)*

* wünschenswert *desirable*
innig *intimate*

Unrecht an-tun *to abuse*

zuweilen *sometimes, occasionally*
wie . . . ergangen war *how . . . had fared* gleich ihm *like he*

mißmutig *discouraged* bedrückt *depressed*

holländisch *Dutch*
* die Leidenschaft *passion* die Raserei *rage* besessen *possessed*
* ganz und gar *completely* * beherrschen *to dominate* der Drang *urge*
* die Ähnlichkeit *similarity* im Weiter-lesen *while reading on*
alsdann = dann * mancherlei *many things* auf ihn selbst weniger paßte *applied less to him* unter anderem *among other things* der Holländer *Dutchman*
ab-malen = malen
unentwegt *incessantly*
so habe er einmal . . . gemalt *at one time he is said to have painted . . .* die Holzschuhe *wooden shoes* ein andermal = ein anderes Mal
schief *crooked* * grob *crude* * roh *unfinished*
der Küchen- und Bauernstuhl *farm kitchen chair*
* das Holz *wood* das Stroh *straw* flechten *to weave* * ziemlich *rather*
zerschlissen *ragged* der Sitz *seat* eines Blickes gewürdigt hätte *would have glanced at twice* habe . . . gemalt *is said to have painted . . .*
* die Treue *faithfulness*

wöhnt, stundenlang vor einem kleinen Spiegel zu sitzen und versuchsweise sein Selbstbildnis zu zeichnen. Er hatte schon ein ganzes Heft mit solchen Zeichnungen angefüllt, und einige von diesen Zeichnungen hatten ihn sehr befriedigt.

"Dafür, daß ich noch völlig ohne Schulung bin", sagte er zu sich selbst, "ist dieses Blatt doch eigentlich recht gelungen. Und was für eine interessante Falte da neben der Nase. Man sieht, ich habe etwas vom Denker an mir, oder doch so etwas Ähnliches. Ich brauche nur die Mundwinkel ein klein wenig herunterzuziehen, dann gibt es einen so eigenen Ausdruck, direkt schwermütig."

Nur wenn er die Zeichnungen dann einige Zeit später wieder betrachtete, gefielen sie ihm meistens gar nicht mehr. Das war unangenehm, aber er schloß daraus, daß er Fortschritte mache und immer größere Forderungen an sich selbst stelle.

Mit seiner Mansarde und mit den Sachen, die er in seiner Mansarde stehen und liegen hatte, lebte dieser junge Mann nicht ganz im wünschenswertesten und innigsten Verhältnis, doch immerhin auch nicht in einem schlechten. Er tat ihnen nicht mehr und nicht weniger Unrecht an, als die meisten Leute tun, er sah sie kaum und kannte sie schlecht.

Wenn ihm wieder ein Selbstbildnis nicht recht gelungen war, dann las er zuweilen in Büchern, aus welchen er erfuhr, wie es anderen Leuten ergangen war, welche gleich ihm als bescheidene und gänzlich unbekannte junge Leute angefangen hatten und dann sehr berühmt geworden waren. Gern las er solche Bücher, und las in ihnen seine eigene Zukunft.

So saß er eines Tages wieder etwas mißmutig und bedrückt zu Hause und las über einen sehr berühmten holländischen Maler. Er las, daß dieser Maler von einer wahren Leidenschaft, ja Raserei besessen gewesen sei, ganz und gar beherrscht von dem einen Drang, ein guter Maler zu werden. Der junge Mann fand, daß er mit diesem holländischen Maler manche Ähnlichkeit habe. Im Weiterlesen entdeckte er alsdann mancherlei, was auf ihn selbst weniger paßte. Unter anderem las er, wie jener Holländer bei schlechtem Wetter, wenn man draußen nicht malen konnte, unentwegt und voll Leidenschaft alles, auch das geringste, abgemalt habe, was ihm unter die Augen gekommen sei. So habe er einmal ein altes Paar Holzschuhe gemalt, und ein andermal einen alten, schiefen Stuhl, einen groben, rohen Küchen- und Bauernstuhl aus gewöhnlichem Holz, mit einem aus Stroh geflochtenen, ziemlich zerschlissenen Sitz. Diesen Stuhl, welchen gewiß sonst niemals ein Mensch eines Blickes gewürdigt hätte, habe nun der Maler mit so viel Liebe und Treue, mit so viel Leidenschaft und

die Hingabe *devotion*
* geradezu *downright*
* der Schriftsteller *writer* der Strohstuhl *chair with straw seat*

inne-halten *to pause* der Lesende *reader*
* beschließen *to decide*
äußerst *very* * rasch *quick*
* der Entschluß *decision* * der Meister *master* * nach-ahmen *to imitate*
* die Größe *greatness*
umher-blicken *to look around* die Dachstube *attic room*

recht wenig *very little*
* nirgends *nowhere*

betrübt *sad* mutlos *discouraged* es ging ihm . . . wie schon so oft *he felt . . . as he had so often felt before*

* die Kleinigkeit *little thing* der Fingerzeig *hint* wunderlich *odd*
die Fügung *coincidence*
bei ihm aus-blieben *failed to appear in his case* vergebens auf sich warten ließen *kept him waiting in vain* sich auf-raffen *to recover*
* ein-sehen *to realize* erst recht *more than ever*
* hartnäckig *stubbornly* * der Ruhm *fame*
mustern *to examine* * der Gegenstand *object* das Stübchen *little room* recht wohl *very well* das Modell *model*

spitzen *to sharpen* der Künstlerbleistift *artist's pencil* das Skizzenbuch *sketch book* * das Knie *knee* * der Strich *stroke, line*
* genügend *sufficient* an-deuten *to indicate* zog aus *drew*
hieb...dick die Umrisse hin *...boldly put down the outlines*
dreieckig *triangular*
locken *to entice* an-geben *to indicate* kraftvoll *forcefully*
irgend etwas *something*
weiter-machen *to continue*
* prüfen *to examine*
stark verzeichnet *very distorted*
* zornig *angrily* hinein-reißen *to draw in* heften *to fix*
grimmig *grimly*
* böse *sore*
der Satan *devil*
launisches Vieh (*sl.*) *fickle beast*
knacken *to creak* gleichmütig *calmly*

an-stoßen *to nudge* die Fußspitze *tip of the toe*
zurück-weichen *to retreat*
dummer Kerl *stupid fellow* * der Jüngling *young man*
krumm *twisted*

Hingabe gemalt, daß das eines seiner schönsten Bilder geworden sei. Viele schöne, und geradezu rührende Worte fand der Schriftsteller über diesen gemalten Strohstuhl zu sagen.

Hier hielt der Lesende inne und besann sich. Da war etwas Neues, was er versuchen mußte. Er beschloß, sofort —denn er war ein junger Mann von äußerst raschen Entschlüssen—das Beispiel dieses großen Meisters nachzuahmen und einmal diesen Weg zur Größe zu probieren.

Nun blickte er in seiner Dachstube umher und merkte, daß er die Sachen, zwischen denen er wohnte, eigentlich noch recht wenig angesehen habe. Einen krummen Stuhl mit einem aus Stroh geflochtenen Sitz fand er nirgends, auch keine Holzschuhe standen da, er war darum einen Augenblick betrübt und mutlos und es ging ihm beinahe wieder wie schon so oft, wenn er über dem Lesen vom Leben großer Männer den Mut verloren hatte: er fand dann, daß gerade alle die Kleinigkeiten und Fingerzeige und wunderlichen Fügungen, welche im Leben jener anderen eine so schöne Rolle spielten, bei ihm ausblieben und vergebens auf sich warten ließen. Doch raffte er sich bald wieder auf und sah ein, daß es jetzt erst recht seine Aufgabe sei, hartnäckig seinen schweren Weg zum Ruhm zu verfolgen. Er musterte alle Gegenstände in seinem Stübchen und entdeckte einen Korbstuhl, der ihm recht wohl als Modell dienen könnte.

Er zog den Stuhl mit dem Fuß ein wenig näher zu sich, spitzte seinen Künstlerbleistift, nahm das Skizzenbuch auf die Knie und fing an zu zeichnen. Ein paar leise erste Striche schienen ihm die Form genügend anzudeuten, und nun zog er rasch und kräftig aus und hieb mit ein paar Strichen dick die Umrisse hin. Ein tiefer, dreieckiger Schatten in einer Ecke lockte ihn, er gab ihn kraftvoll an, und so fuhr er fort, bis irgend etwas ihn zu stören begann.

Er machte noch eine kleine Weile weiter, dann hielt er das Heft von sich weg und sah seine Zeichnung prüfend an. Da sah er, daß der Korbstuhl stark verzeichnet war.

Zornig riß er eine neue Linie hinein und heftete dann den Blick grimmig auf den Stuhl. Es stimmte nicht. Das machte ihn böse.

"Du Satan von einem Korbstuhl", rief er heftig, "so ein launisches Vieh habe ich noch nie gesehen!"

Der Stuhl knackte ein wenig und sagte gleichmütig: "Ja, sieh mich nur an! Ich bin, wie ich bin, und werde mich nicht mehr ändern."

Der Maler stieß ihn mit der Fußspitze an. Da wich der Stuhl zurück und sah jetzt wieder ganz anders aus.

"Dummer Kerl von einem Stuhl", rief der Jüngling, "an dir ist ja alles krumm und schief."—Der Korbstuhl lächelte

* sanft *gently* die Perspektive *perspective*

auf-springen *to jump up*
der Bengel (*coll.*) *rascal*
der Schulmeister *school master*
merke dir das! *remember that!*

bis . . . geklopft wurde *until . . . there was knocking* von unten her *from below* * der Fußboden *floor* älterer *elderly* der Gelehrte *scholar* * der Lärm *noise* vertragen *to tolerate*
vor-nehmen *to take up*
* die Wirklichkeit *reality*

da stand *it said* (*in the book*) der Strohsessel *chair with straw seat*

reichlich viel *ample*
der Künstlerhut *artist's hat*
vor längerer Zeit *some time ago*
* unbefriedigend *unsatisfactory* / das Unbefriedigende *dissatisfaction* die Malerei *painting* (*as an art form*) ihm . . . aufgefallen war *he was struck by . . .* die Plage *worry* * die Enttäuschung *disappointment*
die Oberfläche *surface*
dar-stellen *to depict* das Tiefe *profoundness*
* der Beruf *profession*
faßte . . . den Gedanken ins Auge *toyed . . . with the idea* * mehrmals *several times* * ernstlich *serious* die Neigung *inclination*

zurück-bleiben *to remain behind*

* ordentlich *decent* sich an-spinnen *to begin*

manches Wertvolle *many a valuable thing*

ein wenig und sagte sanft: "Das nennt man Perspektive, junger Mann."

Da sprang der Jüngling auf. "Perspektive!" schrie er wütend. "Jetzt kommt dieser Bengel von einem Stuhl und will den Schulmeister spielen! Die Perspektive ist meine 5 Angelegenheit, nicht deine, merke dir das!"

Da sagte der Stuhl nichts mehr. Der Maler ging einige Male heftig auf und ab, bis von unten her mit einem Stock zornig gegen seinen Fußboden geklopft wurde. Dort unten wohnte ein älterer Mann, ein Gelehrter, der keinen Lärm 10 vertrug.

Er setzte sich und nahm sein letztes Selbstbildnis wieder vor. Aber es gefiel ihm nicht. Er fand, daß er in Wirklichkeit hübscher und interessanter aussehe, und das war die Wahrheit. 15

Nun wollte er in seinem Buch weiterlesen. Aber da stand noch mehr von jenem holländischen Strohsessel und das ärgerte ihn. Er fand, daß man von jenem Sessel doch wirklich reichlich viel Lärm mache, und überhaupt . . .

Der junge Mann suchte seinen Künstlerhut und beschloß, 20 ein wenig auszugehen. Er erinnerte sich, daß ihm schon vor längerer Zeit einmal das Unbefriedigende der Malerei aufgefallen war. Man hatte da nichts als Plage und Enttäuschungen, und schließlich konnte ja auch der beste Maler der Welt bloß die simple Oberfläche der Dinge 25 darstellen. Für einen Menschen, der das Tiefe liebte, war das am Ende kein Beruf. Und er faßte wieder, wie schon mehrmals, ernstlich den Gedanken ins Auge, doch noch einer früheren Neigung zu folgen und lieber Schriftsteller zu werden. Der Korbstuhl blieb allein in der Mansarde 30 zurück. Es tat ihm leid, daß sein junger Herr schon gegangen war. Er hatte gehofft, es werde sich nun endlich einmal ein ordentliches Verhältnis zwischen ihnen anspinnen. Er hätte recht gern zuweilen ein Wort gesprochen, und er wußte, daß er einen jungen Menschen wohl manches Wertvolle 35 zu lehren haben würde. Aber es wurde nun leider nichts daraus.

New Words and Phrases to Learn

ähnlich *similar, alike*
die Ähnlichkeit,-en *similarity, resemblance, likeness*
aus-gehen (ging, ist gegangen) *to go out; to end*
bedeutend *considerable, significant*
befriedigen *to satisfy*
beherrschen *to dominate, govern; to master*
der Beruf,-e *profession, occupation*
beschließen (beschloß, beschlossen) *to decide*
das Blatt,⸚er *leaf, page, sheet (of paper)*
bös(e) *angry, sore; bad, wicked*
braun *brown*
bunt *bright, gay, multicolored*
ein-sehen (sah, gesehen, sieht) *to realize, comprehend, understand, see*
der Entschluß,⸚(ss)e *decision, resolve, resolution*
die Enttäuschung,-en *disappointment*
ernstlich *serious*
Forderungen stellen (an) *to make demands (on)*
der Fortschritt,-e *progress*
der Fußboden,⸚ *floor*
ganz und gar *completely, altogether*
der Gegenstand,⸚e *object, thing*
gelingen (gelang, ist gelungen) *to turn out, succeed;* es gelingt mir *I succeed*
genügend *sufficient*
geradezu *almost; downright*
grob *crude, rough, coarse*

die Größe,-n *greatness; size*
hartnäckig *stubborn*
die Hauptsache,-n *main thing*
das Heft,-e *notebook*
das Holz,¨er *wood, piece of wood*
der Jüngling,-e *young man*
die Kleinigkeit,-en *little thing, trifle*
das Knie,-e *knee*
der Lärm *noise*
die Leidenschaft,-en *passion*
lila *purple*
der Maler,- *painter*
mancherlei *many things; diverse, different, various*
mehrmals *several times, repeatedly*
der Meister,- *master*
nach-ahmen *to imitate*
nach-sehen (sah, gesehen, sieht) *to examine, check, look to see; to look after*
nirgends *nowhere*
ordentlich *decent; tidy, orderly*
probieren *to try, attempt; to test; to taste*
prüfen *to examine, investigate, test*
rasch *quick, swift*
roh *raw; unfinished*
der Ruhm *fame*
sanft *gentle, soft, mild; smooth*
der Schriftsteller,- *writer*
sorgfältig *careful*
der Strich,-e *stroke, line*
die Treue *faithfulness, loyalty*
überwinden (überwand, überwunden) *to overcome, subdue, conquer, surmount*
überzeugen *to convince*
unangenehm *disagreeable, unpleasant*
unbefriedigend *unsatisfactory*
verschwinden (verschwand, ist verschwunden) *to disappear*
völlig *complete, total, absolute*
die Wirklichkeit,-en *reality*
wünschenswert *desirable*
zeichnen *to draw*
ziemlich *rather, pretty, fairly*
zornig *angry, irate*

Vocabulary Building

A Form meaningful German sentences with four new learn words in each of them.

Example: Der böse Jüngling ist mir völlig unangenehm.

B Convey the opposite meaning of the sentences just written by using as many German expressions as you can think of.

Examples: Ich habe den freundlichen Jungen sehr gern. Der angenehme junge Mann gefällt mir außerordentlich.

C Express in German, using as many new learn words as possible.

1 / The painter has drawn this object very quickly.

2 / I overcame my serious resolution to become a similar writer.

3 / Do not imitate the master so stubbornly!

4 / The raw brown wood of the floor is a disappointment to me.

5 / In reality your progress is rather unsatisfactory.

6 / Angry passion is completely unpleasant but loyalty is desirable.

7 / The fame of an important writer convinces most people of his greatness.

8 / It is no trifle but the main thing in life that a man has a decent profession.

9 / Do not make serious demands on her loyalty.

10 / The stubborn noise made him so angry that he disappeared before he could sufficiently test her decision

Comprehension

A Answer in German. Use as many sentences as you need.

1 / Woher weiß Hans Siemsen, was Otto anhat und anzieht?

2 / Erklären Sie die Bedeutung des letzten Satzes in der Geschichte Siemsens.

3 / Hesse schreibt, daß der junge Mensch "nicht ganz im wünschenswertesten Verhältnis" zu seinen Sachen in der Mansarde lebte. Was meint er damit?

4 / Was ist der Grund dafür, daß der junge Mann einen Stuhl malen wollte?

5 / Warum wurde der junge Mann so ärgerlich?

6 / Am Ende sagt Hesse, daß der Korbstuhl "einen jungen Menschen wohl manches Wertvolle zu lehren haben würde". Was meint er damit?

7 / Warum wollte der junge Maler plötzlich Schriftsteller werden?

B Write a short German essay on your own life goals and expectations, using the two young people in this chapter for comparison.

Lieber Student!

In diesem Kapitel haben Sie 65 neue Wörter gelernt. Das bedeutet, daß Sie jetzt 1294 deutsche Wörter kennen. Die Hauptsache bleibt, daß Sie weiter Ihr Vokabular prüfen. Fassen Sie den ernstlichen Entschluß, mehrmals und sorgfältig alle Lernwörter zu wiederholen. Schon jetzt wird es Ihnen gelingen, schneller zu lesen. Es ist wünschenswert, daß Sie eifrig fortfahren zu lernen. Der Fortschritt wird Sie befriedigen. Sie sind auf dem besten Weg, die deutsche Sprache beherrschen zu lernen.

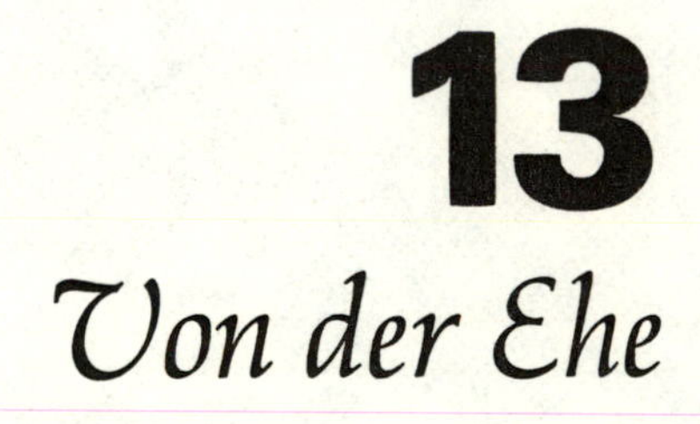

13
Von der Ehe

Great love often leads to marriage and in most societies this is expected to happen. The case of Thomas and Katja Mann (Chapter 8) has already provided us with a German illustration. Let us pursue the theme once more, but this time under the more sobering and realistic aspect of marriage and matrimony. A universal theme such as this is bound to elicit a wide range of responses, intellectual as well as emotional, serious as well as facetious. In the selections which follow the student will have the additional benefit of varying linguistic styles. The first pieces of this chapter are humorous, ranging from good-natured satire to malice and black humor. Abraham A. Santa Clara (1644–1709) was a preacher known for his wit and folksy idiom. We are already acquainted with the humorist Wilhelm Busch (Chapter 9). After three contemporary jokes which follow, the mood changes to the bitter-sweet melancholy of Heinrich Heine (Chapter 8) who comments on a lover's heartbreak when his beloved marries another person. Finally, there is a touching story by the young Bertolt Brecht about the age-old problems of marital suspicion and trust. (See his works also in Chapters 1 and 5.)

* die Ehe *marriage*

ungleich *unmatched; dissimilar* die Eheleute *spouses*

will er = wenn er will * sauer *sour*
das Mehl *flour* der Grieß *farina*

fasten *to fast*
gehn = gehen rasten *to rest*
recht = rechts link = links
der Spatz *sparrow* der Fink *finch*
der Brocken *morsel*
* die Strümpf' = Strümpfe *stockings* * die Socke *sock*

sauft = säuft / saufen (*coll.*) *to guzzle* trink' = trinke

der Alt *alto* (*voice*) der Baß *bass*
nieder-sitzen (*old fashioned*) *to sit down*
kratz' = kratze / kratzen *to scratch*

erbarm es Gott! *God have mercy!*

* die Kritik *critique*

desgleichen *likewise*
* dennoch *yet*
der Bund *union* heil'gen = heiligen / heilig *holy*
Euch . . . die Hände reichen *to join hands . . .*

bei Sinnen sein *to be in one's right senses*
* das Kapitel *chapter*
gehör'gen = gehörigen / gehörig *necessary* * die Mittel *means*

im Sterben liegen *to be dying*

das Geständnis *confession*

DIE UNGLEICHEN EHELEUTE

Abraham A. Santa Clara

Will er sauer, so will ich süß,
Will er Mehl, so will ich Grieß,
Schreit er hu, so schrei' ich ha,
Ist er dort, so bin ich da,
Will er essen, so will ich fasten, 5
Will er gehn, so will ich rasten,
Will er recht, so will ich link,
Sagt er Spatz, so sag ich Fink,
Ißt er Suppen, so eß' ich Brocken,
Will er Strümpf', so will ich Socken, 10
Sagt er ja, so sag' ich nein,
Sauft er Bier, so trink' ich Wein,
Will er dies, so will ich das,
Singt er den Alt, so sing' ich den Baß,
Steht er auf, so sitz' ich nieder, 15
Schlägt er mich, so kratz' ich wieder,
Will er hü, so will ich hott,
Das ist ein Leben, erbarm es Gott!

KRITIK DES HERZENS

Wilhelm Busch

Sie hat nichts und du desgleichen;
Dennoch wollt ihr, wie ich sehe,
Zu dem Bund der heil'gen Ehe
Euch bereits die Hände reichen.

Kinder, seid ihr denn bei Sinnen,
Überlegt euch das Kapitel!
Ohne die gehör'gen Mittel
Soll man keinen Krieg beginnen.

DREI WITZE

Fiedlers Frau liegt im Sterben.

"Alfons", flüstert sie, "bevor ich dich und die Welt verlasse, muß ich dir ein Geständnis machen. Es war nicht das

das Dienstmädchen *maid*
der Wandsafe *wall safe*
verjubeln *to squander*

die anonyme Anzeige . . . erstattete *denounced you anonymously . . .*
das Finanzamt *internal revenue office*
* sich beruhigen *to calm down*
* trösten *to comfort*
vergiften *to poison*

* die Vorstellung *performance*

* besorgen *to get, procure*

befremdet *puzzled* schwarzgekleidet (*dressed*) *in black*

* verzeihen Sie *pardon me*

* der Fall *case* * weiter-geben *to pass on*

versichern *to assure*
die Beerdigung *funeral*

der Dorfpfarrer *country preacher* predigen *to preach* die Zehn Gebote *the Ten Commandments* * stehlen *to steal* * aus-sprechen *to pronounce* zusammen-zucken *to wince* er wirkt auch weiterhin unruhig *he continues to appear restless* * umher-blicken *to look around* irritiert *irritatedly, in irritation* * beißen *to bite*
ehebrechen *to commit adultery*
sich zurück-lehnen *to lean back* * bequem *comfortable*
andächtig *attentively* die Predigt *sermon*
der Gottesdienst *church service* zu-treten (auf) *to walk up* (*to*)
* seltsam *strange* * das Benehmen *behavior*

kam ich . . . drauf *I . . . remembered*
* der Regenschirm *umbrella*

stehen-lassen (*to leave standing*) *to leave* (*behind*)

Dienstmädchen, das die siebentausend Mark aus deinem Wandsafe nahm. Das war ich. Das Geld habe ich zusammen mit Otto verjubelt, deinem besten Freund. Ich war es auch, die deine Freundin zwang, die Stadt zu verlassen, und ich war es, die die anonyme Anzeige ans Finanzamt erstattete, ach, Alfons—"

"Beruhige dich nur, meine Liebe", sagt Fiedler freundlich. "Vielleicht tröstet es dich, wenn ich dir sage, daß ich es war, der dich vergiftet hat."

Broadway. Dreihundertneununddreißigste Vorstellung des Musicals "My Fair Lady", zu dem man sich die Karten Monate vorher besorgen muß. Das Theater ist voll, nur in der Mitte der dritten Reihe ist ein Platz leer. Der junge Mann, der rechts von dem freien Platz sitzt, betrachtet ihn befremdet und wendet sich dann an die schwarzgekleidete Dame, die links davon sitzt.

"Verzeihen Sie", flüstert er, "gehört der Platz Ihnen?"

"Er war für meinen Mann bestimmt", flüstert die Dame zurück, "aber der ist inzwischen gestorben."

"Ach so", sagt der junge Mann, "aber hätten Sie in diesem Fall die Karte nicht an einen Ihrer Freunde weitergeben können?"

"Das habe ich ja versucht", versichert die Dame, "aber die sind heute alle in Boston bei der Beerdigung."

Der Dorfpfarrer predigt über die Zehn Gebote. Als er den Satz "Du sollst nicht stehlen" ausspricht, sieht er, wie ein Mann in der ersten Reihe zusammenzuckt. Er wirkt auch weiterhin unruhig, blickt irritiert umher und beißt sich die Lippen, bis der Pfarrer zu dem Gebot kommt: "Du sollst nicht ehebrechen." Da lächelt der Mann in der ersten Reihe, lehnt sich bequem zurück und lauscht, wie am Anfang, andächtig der Predigt.

Nach dem Gottesdienst tritt der Pfarrer auf den Mann zu und fragt ihn nach dem Grund seines seltsamen Benehmens.

"Sehen Sie, Herr Pfarrer", sagt der Mann mit verlegenem Lächeln, "als Sie sagten: 'Du sollst nicht stehlen', kam ich plötzlich drauf, daß mein Regenschirm verschwunden war. Als Sie aber sagten: 'Du sollst nicht ehebrechen'—da fiel mir ein, wo ich ihn stehengelassen hatte."

erwählen *to choose*
andre = andere
sich vermählen mit *to marry*

aus Ärger *out of anger*
den ersten, besten Mann, der ihr in den Weg gelaufen *the first man who came along*

* übel d(a)ran sein *to be in a bad way*

just *just now* passieret = passiert
entzwei *in two*

das Gut *property*

die Taube *turtledove*

heraus-sagen *to blurt out*
* scharf *keen*
das Besitztum *property*
der Schuldner *debtor*
* notwendig *urgent*
nicht viel Federlesens machen mit *to make short shrift of*
aus-pfänden *to distrain*
so . . . , daß . . . *in such a manner, that*
in die Fremde ziehen *to leave home*

hinüber-gehen *to go over*
pfänden *to distrain* * mitten in *in the middle of*

EIN JÜNGLING LIEBT EIN MÄDCHEN

Heinrich Heine

Ein Jüngling liebt ein Mädchen,
Die hat einen andern erwählt;
Der andre liebt eine andre,
Und hat sich mit dieser vermählt.

Das Mädchen heiratet aus Ärger 5
Den ersten, besten Mann,
Der ihr in den Weg gelaufen;
Der Jüngling ist übel dran.

Es ist eine alte Geschichte,
Doch bleibt sie immer neu; 10
Und wem sie just passieret,
Dem bricht das Herz entzwei.

DIE ANTWORT

Bertolt Brecht

Es war ein reicher Mann, der hatte eine junge Frau, die war ihm mehr wert als all sein Gut, und das war nicht wenig. Sie war nicht mehr sehr jung und er auch nicht. Aber sie lebten zusammen wie zwei Tauben, und er hatte zwei gute Hände, das waren ihre Hände, und sie hatte einen guten 5 Kopf, das war sein Kopf. Sie sagte oft zu ihm: "Ich kann nicht gut denken, lieber Mann, ich sage alles nur so heraus." Er aber besaß einen scharfen Verstand, und darum wurde sein Besitztum immer schöner. Da geschah es nun eines Tages, daß er einen Schuldner in die Hände bekam, dessen 10 Gut er notwendig brauchte, auch war es kein guter Mensch. Deshalb machte er nicht viel Federlesens mit ihm und pfändete ihn aus. Der Mensch sollte noch eine Nacht in seinem Hause schlafen, in dem er alle seine Jahre so gelebt hatte, daß er nun in die Fremde ziehen mußte; am Morgen 15 danach sollte ihm alles genommen werden.

In dieser Nacht nun konnte seine Frau nicht schlafen. Sie lag neben ihrem Manne da und dachte nach und stand auf. Sie stand auf und ging zu dem Nachbar hinüber, den ihr Mann pfänden wollte, mitten in der Nacht. Denn sie dachte, 20

indem sie . . . half *by helping . . .*
* das Wissen *knowledge*

hatte . . . geraten *had guessed . . .*
genoß die Stunden aus *enjoyed the last hours* (*in his house*)
der Schmuck *jewelry*

* ebenfalls *also* herum-gehen *to walk around*
* sich ängstigen *to be alarmed*
* hinüber-gehen *to go over*
vergraben *to bury*
durchs = durch das

das Kästchen *small box*
* zweifeln (an) *to doubt* (*someone*) * zugleich *at the same time*

* töten *to kill*
* die Sünde *sin*
auf sich laden *to burden oneself with*

* hatte Eile *had to hurry*
* sich verstecken *to hide* heraus-treten *to step out*
* hinüber-laufen *to run over*
* stumm *silent* * drinnen *inside*
aufs = auf das
* das Gewissen *conscience* bedrängen *to bother* darüber, daß *over the fact, that*

schlug des Mannes Gewissen *the man was smitten by his conscience*
* erst recht *more than ever* hatte große Scham *was very ashamed*
* mißtrauen *to distrust*
zum andernmal *another time* an-lügen *to lie to* * die Scham *shame*
sich ein-reden *to persuade oneself*
* die Stube *room* * hinunter-gehen *to go down*
da-sitzen *to sit there*
ward = wurde
* versagen *to fail*
* fort-laufen *to run away*
* die Richtung *direction*

leer *desolate*
machte er einen Bogen (um die Dörfer) *he bypassed* (*the villages*)
zerfallen *dilapidated*
die Hütte *hut* * herum *around*
die Aue *meadow* * fett *fat* das Kraut *herb* fischreich *full of fish*
* sich die Zeit vertreiben *to while away the time*
das Kräutersammeln *gathering of herbs*

daß sie ihren eigenen Mann nicht kränken durfte, indem sie mit seinem Wissen dem Nachbar half. Und sie konnte den Menschen auch nicht leiden sehen. Der Mensch war auch wach, da hatte sie recht geraten, er saß in seinen vier Wänden und genoß die Stunden aus. Als er sie sah, erschrak er, sie aber wollte ihm nur recht schnell ihren Schmuck geben.

Weil sie nun dazu Zeit brauchte oder weil ihr Mann im Schlaf spürte, daß sie nicht bei ihm war, erwachte er und stand ebenfalls auf und ging im Hause herum, rief sie und ängstigte sich und ging auf die Straße. Da sah er Licht in seines Nachbars Hause und ging hinüber, um zu sehen, ob er was vergrabe, das ihm nicht mehr gehörte, und dabei, als er durchs Fenster sah, erblickte er seine Frau bei dem Nachbar, mitten in der Nacht. Er hörte sie nicht und sah auch das Kästchen in ihrer Hand nicht, darum stieg ihm das Blut in den Kopf, und er zweifelte an seiner Frau. Zugleich faßte er sein Messer in der Tasche und überlegte sich, wie er die beiden töten könnte. Da hörte er seine Frau sagen: "Nimm es nur; ich will nicht, daß mein Mann eine solche Sünde auf sich lädt, und ich will auch nicht, daß ich ihm wehe tue, indem ich dir helfe; denn du bist ein schlechter Mensch." Damit ging sie zur Tür, und der Mann hatte Eile, sich zu verstecken, da sie schnell heraustrat und in ihr Haus hinüberlief.

Er ging stumm hinter ihr her, und drinnen sagte er ihr, er hätte nicht schlafen können und sei aufs Feld gegangen, weil ihn sein Gewissen bedränge darüber, daß er dem Nachbar sein Haus wegnehmen wolle. Da fiel ihm die Frau an die Brust und weinte, eine solche Freude hatte sie. Aber als sie nun wieder zusammen schliefen, schlug des Mannes Gewissen erst recht, und er hatte große Scham, denn nun war er zweimal zu klein gewesen, einmal, als er ihr mißtraute, und zum andernmal, als er sie anlog. Seine Scham war so groß, daß er sich einredete, er sei ihrer nicht mehr wert, und wieder aufstand und in die Stube hinunterging und lange dasaß, so wie der Nachbar drüben in seinem Haus. Dann aber ward es schlimmer bei ihm, denn ihm half niemand, weil er sogar versagt hatte. Darum ging er gegen Morgen von seinem Hause, als es noch dunkel war, und lief fort mit dem Wind, ohne eine Richtung.

Er lief den ganzen Tag, ohne etwas zu essen, auf einer Straße, die in eine leere Gegend führte, und wenn sie durch Dörfer kam, machte er einen Bogen. Am Abend kam er an einen schwarzen Fluß, an dem fand er eine zerfallene Hütte, in der niemand war, und da um sie herum in den Auen fette Kräuter wuchsen und der Fluß fischreich war, so blieb er dort drei Jahre lang und vertrieb sich die Zeit mit Kräutersammeln und indem er Fische fing. Dann wurde es

* das heißt *that means*

* zahlreich *numerous*
* das Essen *food* bedrecken *to dirty*
betteln *to beg* * knien *to kneel*

* mächtig *powerful*
quälen *to torment*
* herum-laufen *to run around* der zu schlecht für die Kette ist *who is not even worth chaining (like a stray dog)* vergehen *to pass* unterdem = unterdessen *in the meantime* wo = als

her *ago*
die Vorstadt *suburb*
* der Hof *courtyard* die Schenke *tavern*
* die Mittagszeit *noontime*
des Weges kommen = kommen der Wirt *innkeeper* der Bettler *beggar*
durchfahren *to flash through* ging = schlug
wie das eines geht, der *as a person's heart beats who* versehentlich *by mistake*
er hat kein Recht dazu *he has no right to listen*
heraus-bringen *to utter*
* aus-strecken *to stretch out* * vorüber-gehen *to go past*
* ähnlich sehen *to look like*
der Zug = Gesichtszug *feature* man sah ihm nicht einmal mehr an *one could not even see anymore*

* unverschämt *impertinent*
den Mund auseinander-bringen *to open the mouth*

sich nieder-beugen *to bend down*
wanken *to shake* erblassen *to grow pale*

dieweil = während * der Schmerz *pain*

ihm zu einsam dort, das heißt: die Stimmen der Wasser wurden zu laut für ihn, und die Gedanken wuchsen zu zahlreich, von denen es heißt: sie sind wie Vögel, die das Essen bedrecken. Darum ging er in eine Stadt und dann in viele Städte, ohne Richtung, und bettelte dort und kniete in den Kirchen. 5

Aber mit der Zeit wurden seine Gedanken mächtiger über ihn, und sie quälten ihn sehr. So begann er zu trinken und herumzulaufen wie ein Hund, der für die Kette zu schlecht ist. Es vergingen aber unterdem viele Jahre. Da geschah es einmal zu der Zeit, wo er seinen Namen schon vergessen hatte, daß er, der halb blind geworden war, wieder zu der Stadt zurückkehrte, in der er einmal gewohnt hatte, das war viele Jahre her. Er erkannte sie auch nicht wieder und kam nicht weiter als bis zu der Vorstadt, da lag er im Hof einer Schenke. 10 15

Nun kam eines Tages um die Mittagszeit eine Frau des Weges in den Hof und redete mit dem Wirt. Als der Bettler aber die Stimme hörte, durchfuhr es ihn, und sein Herz ging schneller, wie das eines geht, der versehentlich in einen Saal gekommen ist, in dem es schöne Musik gibt, aber er hat kein Recht dazu. Und der Mann sah, daß es seine Frau war, die da redete, und brachte kein Wort heraus. Nur die Hand streckte er aus, als sie vorüberging. Aber die Frau erkannte ihn nicht, denn er sah sich nicht mehr ähnlich, in keinem Zug, ja, man sah ihm nicht einmal mehr an, daß er eine solche Qual hatte, so war sein Gesicht geworden. Also wollte die Frau vorübergehen, denn es gab so viele Bettler, und dieser schien unverschämt. Da aber brachte der Mann den Mund auseinander, und es gelang ihm, etwas zu sagen, das klang, als hieße es: Frau! 20 25 30

Da beugte sich die Frau nieder und sah ihn an und ihre Kniee begannen zu wanken, und sie erblaßte sehr. Und als er schon nicht mehr sein Herz hörte, da hörte er sie, und sie sagte: "Mein lieber Mann, wie hast du mich doch lange warten lassen, bis daß ich nun häßlich geworden bin, dieweil sieben Jahre mir wie Schmerzen vergangen sind und ich *fast* an dir gezweifelt hätte." 35

New Words and Phrases to Learn

ähnlich sehen (sah, gesehen, sieht) *to look like*

sich ängstigen *to be alarmed; to be afraid*

aus-sprechen (sprach, gesprochen, spricht) *to pronounce; to utter, say*

aus-strecken *to stretch out*

beißen (biß, gebissen) *to bite*

das Benehmen *behavior*

bequem *comfortable*

(sich) beruhigen *to calm (down)*

besorgen *to procure, get; to see to*

dennoch *yet, still; though, nevertheless, however*

drinnen *inside*

ebenfalls *also, likewise, as well*

die Ehe,-n *marriage*

die Eile *haste;*—haben *to be in a hurry*

erst recht *more than ever, all the more*

das Essen *food, meal, dinner*

der Fall,⸚e *case; fall*

fett *fat; rich; greasy*

fort-laufen (lief, ist gelaufen, läuft) *to run away*

das Gewissen *conscience*

heißen: das heißt: *that means:*

herum *around*

herum-laufen (lief, ist gelaufen, läuft) *to run around*

hinüber-gehen (ging, ist gegangen) *to go over (there)*

hinüber-laufen (lief, ist gelaufen, läuft) *to run over (there)*

hinunter-gehen (ging, ist gegangen) *to go down*
der Hof,¨-e *courtyard; farm*
das Kapitel,- *chapter*
knien *to kneel*
die Kritik,-en *critique, criticism, review*
mächtig *powerful, mighty*
mißtrauen (*with dat.*) *to distrust, suspect*
die Mittagszeit,-en *noontime*
das Mittel,- *means, money; remedy*
mitten in *in the middle of, right in*
notwendig *necessary, urgent*
der Regenschirm,-e *umbrella*
die Richtung,-en *direction*
sauer *sour*
die Scham *shame, disgrace*
scharf *sharp, keen; pointed*
der Schmerz,-en *pain; grief*
seltsam *strange, odd, unusual, peculiar*
die Socke,-n *sock*
stehlen (stahl, gestohlen, stiehlt) *to steal*
der Strumpf,¨-e *stocking*
die Stube,-n *room*
stumm *silent, mute*
die Sünde,-n *sin*
töten *to kill*
trösten *to comfort, console*
übel d(a)ran sein *to be in a bad way*
umher-blicken *to look around*
unverschämt *impertinent, impudent, fresh*
versagen *to fail*
(sich) verstecken *to hide*
verzeihen (verzieh, verziehen) *to pardon, forgive;* verzeihen Sie *pardon me*
die Vorstellung,-en *performance*
vorüber-gehen (ging, ist gegangen) *to go past*
weiter-geben (gab, gegeben, gibt) *to pass on*
das Wissen *knowledge*
zahlreich *numerous*
Zeit: sich (*dat.*) die—vertreiben (vertrieb, vertrieben) *to while away the time*
zugleich *at the same time; together*
zweifeln (an) *to doubt* (*someone or something*)

Vocabulary Building

A Form meaningful German sentences with one separable prefix verb such as hinüber-laufen and three other words from the above list in each.

B Make a list of ten idiomatic expressions such as Eile haben, starting with this chapter and going back as far as you need, and then form ten sentences with a properly applied idiomatic phrase in each of them.

C Fill in the missing new learn words.

1 / Obwohl die _____ der _____ von *Hamlet* sehr gut war, _____ ihr.

2 / Diese _____ sind nicht warm genug; ziehen Sie lieber _____ an.

3 / Ich ärgerte mich, weil sein _____ so _____ war.

4 / Bitte _____ den Hund nicht, obwohl er fremde Menschen _____!

5 / Abends koche ich, aber zur _____ meine Frau.

D Answer the following questions by using new German learn words for the English clues given in parentheses. Use as many sentences as you need.

1 / Was tun Sie, wenn Sie ins Theater gehen wollen? (*review, procure, performance*)

2 / Schmeckt Ihnen, was Sie gerade essen? (*food, fat, sour, strange*)

3 / Geht es Ihnen nicht gut? (*shame, to be alarmed, conscience, knowledge, sin*)

4 / Wo ist der Hund? (*run around, bite, run over, farm, run away, hide*)

5 / Was gefällt Ihnen nicht an mir? (*utter, criticism, behavior, impertinent, grief, distrust, all the more*)

Comprehension

Confirm or rewrite the following statements so that they will agree with the intentions of the authors to whom they refer.

1 / Wenn man kein Geld hat, ist die Ehe wie ein Krieg.

2 / Abraham A. Santa Claras Gedicht zeigt, wie in früheren Zeiten die Männer die Frauen beherrscht haben.

3 / Der Mann in Brechts Geschichte war traurig, weil seine Frau ihn betrogen hatte.

4 / Als der Mann nach vielen Jahren zurückkam, erkannte ihn die Frau nicht.

5 / Heines Gedicht behandelt das alte Thema der Frau, die nie heiratet, weil der Mann, den sie liebt, eine andere geheiratet hat.

6 / In diesem Kapitel können wir sehen, daß die Ehe in den letzten dreihundert Jahren immer schlechter geworden ist.

Lieber Student!

In diesem Kapitel haben Sie 65 neue Wörter gelernt, das heißt: Sie kennen jetzt 1359 deutsche Wörter. Das ist sehr viel; dennoch ist es notwendig, weiter zu üben, damit Ihr Wissen noch größer wird. Darum sollen Sie heute alle kleinen Wörter, die keine Verben und keine Hauptwörter und keine Adjektive sind, d.h. Wörter wie herum *oder* zugleich, *wiederholen. Gehen Sie dabei bis zum Kapitel 10 zurück. Es wird Sie trösten, daß diese Wörter nicht sehr zahlreich sind. Je mehr Wörter Sie beherrschen, desto leichter können Sie lesen!*

Arbeit macht das Leben süß

If there is one word that is most frequently applied to the German national character, it is probably "hard-working." The Germans are a hard-working people; their famous "economic miracle" after a devastating war is ample evidence of it. One can, however, overdo a good thing, and there is little doubt that excessive work, i.e., activity for the sake of activity, is no longer considered a blessing per se. Far from sweetening life, as the proverbial title of this chapter suggests, work may be the only justification for an otherwise unbearable and dull life, or it may degenerate into a compulsive routine covering up an underlying spiritual emptiness. In Böll's tourist (Chapter 11) we met a man whose mania for enterprising schemes rendered him unable to enjoy his vacation and relax. In this chapter the same author gives us a variation on the theme of work in the increasingly mechanized world of today: the man whose profession clashes with his inner inclinations and desires. The first selection is by Wolfgang Weyrauch (born in East Prussia in 1907), a well-known journalist, editor, and writer of short stories and prize-winning radio plays. The reader will have to decide whether the hard-working cleaning woman in the author's deliberately dry report or the society in which she lives is to blame for her lonely life. Heinrich Böll ironically focuses on a man who never laughs in private but is in great demand by radio stations for the quality of the canned laughter he provides for them. By seizing on the well-known melancholia and pessimism of many clowns and humorists, the author thus seems to implicate a whole society which more and more depends on the dichotomy between a man's calling and his job.

* der Bericht *report* die Aufwartefrau *cleaning woman*

man sieht es mir an *one can tell*

* dünn *thin* * trüb(e) *dull*

ich . . . mir hatte träumen lassen *I had dreamed*

aus-tragen *to deliver* (*in Germany one can have fresh rolls delivered to the house for breakfast*) daß alles gut aus-gehen wird *that my life will be nice*

kurz ist es erst her *it is only a short time ago*

* der Gärtner *gardener*

* das Gemüse *vegetable* umgeben *to surround*

es an der Lunge hatte *was consumptive*

* putzen *to clean* (*house*)

* die Bibel *bible* * schimpfen *to grumble*

die alte Jungfer *old maid*

an-merken (*with dat.*) *to notice*

sich wieder verheiraten *to re-marry*

* das Ehepaar *married couple*

verreist sein *to be away* (*traveling*) bald . . . bald *sometimes . . . sometimes*

* woanders *somewhere else*

wochenlang *for weeks*

die Chemikerin *chemist*

* die Großmutter *grandmother* * trauern (um) *to mourn* (*for*)

im Feld gefallen ist *was killed in the war*

sehr für sich *much alone*

* der Bräutigam *fiancé*

BERICHT EINER AUFWARTEFRAU

Wolfgang Weyrauch

Ich bin beinahe sechzig Jahre alt. Man sieht es mir an, daß ich niemals zu arbeiten aufgehört habe. Meine Haare sind dünn. Die Augen sind trübe. Sie haben vieles gesehen, das nicht so schön war, wie ich es mir wohl hatte träumen lassen, als ich damals die Brötchen austrug. Damals glaubte ich, daß alles gut ausgehen wird. Heute weiß ich, daß alles hat so sein müssen, wie es gegangen ist. Ich gehe immer noch in die Kirche. Daran glaube ich. Wenn ich das nicht hätte, sage ich oft, ja was hätte ich denn dann?

Mein Mann ist lange tot. Lange und doch nicht lange. Lange, weil ich nun schon so lange allein bin. Und kurz ist es erst her, daß er starb, so genau erinnere ich mich noch an ihn. Er war Gärtner, und man hätte meinen können, ein Gärtner, den doch immer die gesunde Luft, die gesunden Blumen und Gemüse umgaben, wäre selbst gesund gewesen. Das schien er auch zu sein, doch eines Tages war es aus. Der Arzt behauptete, daß er es an der Lunge hatte. Nun, er mußte es ja wissen. Kinder waren nicht da.

Ich habe kaum jemand, außer meiner Mutter, die beinahe neunzig alt ist, meiner Wirtin und den Familien, bei denen ich putze. Die Mutter ist schon fast tot. Sie liegt immer im Bett, liest in der Bibel, weint und schimpft. Die Wirtin ist etwas über fünfzig. Sie ist eine richtige alte Jungfer. Ich habe es ihr, bis neulich, niemals angemerkt. Neulich aber hat sie gedroht, sie wird sich das Leben nehmen. Warum? Weil ihre Freundin sich wieder verheiraten will. Dann wäre sie ganz allein, und das hielte sie nicht aus.

Ich arbeite bei einem jungen Ehepaar, das meistens verreist ist. Die junge Frau hat einen Beruf, bald muß sie hier, bald muß sie woanders leben; der Mann besucht sie oft, manchmal wochenlang. Ich gehe auch noch zu einer anderen Familie. Eine Tochter ist da, eine Chemikerin, aber sie ist ja niemals zu Hause, so daß man sich einmal mit ihr unterhalten könnte. Die Großmutter trauert um ihren Sohn, der im Feld gefallen ist. Die Tochter der Großmutter, die Mutter der Chemikerin, ist auch sehr allein. Niemand kümmert sich um sie. Die Chemikerin ist sehr für sich; sie hat einen Bräutigam, seit vielen Jahren, der aber in einer anderen Stadt wohnt. Die Großmutter lebt für ihren toten Sohn. Der Mann der Frau ist gestorben. Darum kümmert sich die Frau immer um andere Leute, die sie einlädt.

wund *sore*
zu schaffen machen (*with dat.*) *to give trouble*
* die Einnahme *income*
* verzichten (auf) *to give up*
auch wenn *even if*

* heilen *to cure*
im Verdacht haben *to suspect*
* trotzdem *nevertheless*
* hin-gehen *to go there*

plagen *to trouble*
weh *aching*
der Obstbaum *fruit tree*
klettern *to climb*
ich habe ganz viele stehen *I have quite a few*
* sich bücken *to bend* (*down*)
ein-ernten *to gather in*
die Ernte *harvest*
* auf-geben *to give up*
ein-bringen *to bring in*

der Birnbaum *pear tree*
pflanzen *to plant*
die Provinz *province*

* Weihnachten *Christmas*

* komisch *funny*
* die Angewohnheit *habit*
* der Fisch *fish*
das Geflügel *poultry*
falls *in case*

an-binden *to tie* (*down*)
* der Magen *stomach*
* mit-bringen *to bring* (*along*)
* das Obst *fruit*
der Wirsingkopf *head of* (*savoy*) *cabbage*
die Wohnlaube *shed*
* zu Fuß gehen *to walk*
die Straßenbahnfahrt *trolley car ride*
das Fahrgeld *carfare*
* ab-lehnen *to decline*
* in der Nähe *close by*
schon *yes*
der Brauch *custom*
* sich weigern *to refuse*
ruhig *just as well*
sich aus-denken *to think up*
der Schürzenstoff *material for an apron*

* der Briefträger *mailman*
mit einemmal = auf einmal

Mein wundes Bein macht mir viel zu schaffen. Ich kann aber auf die Einnahmen nicht verzichten, auch wenn das Bein immer mehr weh tut. Ich gehe oft zu einem Mann, der behauptet, er kann mein krankes Bein heilen. Ich weiß nicht, ob der Mann lügt oder nicht. Ich habe ihn im Verdacht, und 5 trotzdem gehe ich hin. Ich bin an ihn gewöhnt. Dann habe ich noch den Garten meines Mannes. Er gehört mir. Es ist ein hübsches Stück Land, aber gerade weil es so groß ist, plagt es mich sehr. Ich muß, mit dem wehen Bein, auf die Obstbäume klettern, und ich habe ganz viele stehen, ich 10 muß mich bücken und das Gemüse einernten. Ich muß auch die neue Ernte vorbereiten. Wer soll mir helfen? Es ist ja niemand da. Ich darf den Garten nicht aufgeben. Er würde mir siebentausend Mark einbringen, wenn ich ihn verkaufte. Aber ich muß ihn behalten, es ist ja der Garten meines 15 Mannes. Kurz, bevor er gestorben ist, hat er noch einen Birnbaum gepflanzt. Den darf ich nicht aufgeben. Es wäre eine Sünde. Ich habe noch einen Bruder, der in der Provinz wohnt, wo ich geboren bin. Er schreibt mir jedes Jahr zweimal, zu Weihnachten und zu meinem Geburtstag, und 20 zu seinem Geburtstag und zu Weihnachten schreibe ich ihm auch einen Brief.

Ich habe ein paar komische Angewohnheiten. Ich esse keine Fische und kein Geflügel, falls mir das mal jemand schenken will. Fische esse ich nicht, weil sie im Wasser 25 schwimmen, und Geflügel esse ich nicht, weil es in der Luft fliegt. Was frei ist, darf man nicht anbinden, sage ich, auch im Magen nicht.

Den Familien bringe ich oft etwas mit, Blumen aus dem Garten, Obst oder Wirsingköpfe. Mit meinem kranken Bein 30 gehe ich von meinem Garten, wo ich eine Wohnlaube habe, ziemlich weit zu Fuß, um eine billigere Straßenbahnfahrt zu haben. Natürlich haben mir die Familien das Fahrgeld angeboten. Ich habe abgelehnt, nein nein, das ist ja meine Schuld, daß ich nicht in der Nähe der Familien wohne. Ich 35 lasse mir nicht gern etwas schenken. Zu Weihnachten schon, aber sonst nicht. Was über den Brauch ist, das mag ich nicht. Weihnachten weigere ich mich, Geld zu nehmen. Geld ist kalt, meine ich, die Leute sollen sich ruhig etwas ausdenken, was sie mir schenken können, einen hübschen 40 Schürzenstoff. Sollen sie auch einmal etwas über mich nachdenken; ich muß ja immer über die Leute und für die Leute denken.

Einmal habe ich mich lange mit dem Briefträger unterhalten. Da war ich mit einemmal zwanzig Jahre jünger. Die 45 Leute haben darüber gelacht. Dabei habe ich bei dem Briefträger nur an meinen toten Mann gedacht.

der Lacher *one who laughs*

befällt mich Verlegenheit *I become embarrassed* stammeln *to stammer* sicher *self-confident* * beneiden *to envy* der Maurer *mason* * der Friseur (*Fr.*) *barber* der Buchhalter *bookkeeper* neiden (*with dat.*) *to envy someone something* die Einfachheit *simplicity* das Bekenntnis *statement* erklären sich aus sich selbst *are self-explanatory* * erfordern *to require*

weitere = weitere Bekenntnisse
wahrheitsgemäß *truthfully*
* beantworten *to answer*
kommerziell *commercially*
gefragt *sought after*
gelernt *skilled*
die Nuance (*Fr.*) *nuance*
lästig *tedious* entgehen (*with dat.*) *to escape* sich bezeichnen *to call oneself* * der Schauspieler *actor* mimisch *mimic* sprecherisch *elocutionary* * die Fähigkeit *ability* die Bezeichnung *designation* der Wahrheit gemäß *in accordance with the truth*
der Komiker *comedian* erheitern *to cheer up* dar-stellen *to represent* * die Heiterkeit *cheerfulness* römischer Imperator *Roman emperor* sensibel *sensitive* * der Abiturient *high school graduate* ist mir so geläufig wie . . . *is as familiar to me as . . .*
die Gesellschaftsklasse *class of society* die Altersklasse *age group* hab's = habe es
besohlen *to sole* * ruhen *to rest*
* gelb *yellow*
gegen = für entsprechend *appropriate* * das Honorar *fee* erklingen *to resound* die Regie (*Fr.*) *direction* * vor-schreiben *to specify* * unentbehrlich *indispensable* * die Schallplatte *record* das Band = Tonband *tape* der Hörspielregisseur *director of radio plays* * behandeln *to treat* * rücksichtsvoll *with consideration* schwermütig *melancholically* gemäßigt *moderately* hysterisch *hysterically* der Straßenbahnschaffner *streetcar conductor* der Lehrling *apprentice* die Lebensmittelbranche *food business* nächtlich *nightly* die Dämmerstunde *hour of twilight* * kurzum *in short*

* anstrengend *strenuous*
* zumal *especially since* die Spezialität *specialty* ansteckend *infectious*

der Rang *rank*

DER LACHER

Heinrich Böll

Wenn ich nach meinem Beruf gefragt werde, befällt mich Verlegenheit: ich werde rot, stammele, ich, der ich sonst als ein sicherer Mensch bekannt bin. Ich beneide die Leute, die sagen können: ich bin Maurer. Friseuren, Buchhaltern und Schriftstellern neide ich die Einfachheit ihrer Bekenntnisse, 5 denn alle diese Berufe erklären sich aus sich selbst und erfordern keine längeren Erklärungen. Ich aber bin gezwungen, auf solche Fragen zu antworten: Ich bin Lacher. Ein solches Bekenntnis erfordert weitere, da ich auch die zweite Frage "Leben Sie davon?" wahrheitsgemäß mit 10 "Ja" beantworten muß. Ich lebe tatsächlich von meinem Lachen, und ich lebe gut, denn mein Lachen ist—kommerziell ausgedrückt—gefragt. Ich bin ein guter, bin ein gelernter Lacher, kein anderer lacht so wie ich, keiner beherrscht so die Nuancen meiner Kunst. Lange Zeit habe 15 ich mich—um lästigen Erklärungen zu entgehen—als Schauspieler bezeichnet, doch sind meine mimischen und sprecherischen Fähigkeiten so gering, daß mir diese Bezeichnung als nicht der Wahrheit gemäß erschien: ich liebe die Wahrheit, und die Wahrheit ist: ich bin Lacher. 20 Ich bin weder Clown noch Komiker, ich erheitere die Menschen nicht, sondern stelle Heiterkeit dar: ich lache wie ein römischer Imperator oder wie ein sensibler Abiturient, das Lachen des 17. Jahrhunderts ist mir so geläufig wie das des 19., und wenn es sein muß, lache ich 25 alle Jahrhunderte, alle Gesellschaftsklassen, alle Altersklassen durch: ich hab's einfach gelernt, so wie man lernt, Schuhe zu besohlen. Das Lachen Amerikas ruht in meiner Brust, das Lachen Afrikas, weißes, rotes, gelbes Lachen—und gegen ein entsprechendes Honorar lasse ich es er- 30 klingen, so wie die Regie es vorschreibt.

Ich bin unentbehrlich geworden, ich lache auf Schallplatten, lache auf Band, und die Hörspielregisseure behandeln mich rücksichtsvoll. Ich lache schwermütig, gemäßigt, hysterisch—lache wie ein Straßenbahnschaffner 35 oder wie ein Lehrling der Lebensmittelbranche; das Lachen am Morgen, das Lachen am Abend, nächtliches Lachen und das Lachen der Dämmerstunde, kurzum: wo immer und wie immer gelacht werden muß: ich mache es schon. Man wird mir glauben, daß ein solcher Beruf anstrengend ist, 40 zumal ich—das ist meine Spezialität—auch das ansteckende Lachen beherrsche; so bin ich unentbehrlich geworden auch für Komiker dritten und vierten Ranges, die

* mit Recht *justly, rightly so* die Pointe (*Fr.*) *punch line* das Varieté (*Fr.*) *music hall* subtil *subtle* der Claqueur (*Fr.*) *claquer (a man paid to applaud)* * schwach *weak* das Programm *program* die Maßarbeit *work made to order* herzhaft *hearty*

aus-platzen = heraus-platzen *to burst out* programmgemäß *according to the program* die Zuhörerschaft *audience* mit-brüllen *to howl along*
schleichen *to crawl* erschöpft *exhausted* die Garderobe *cloak room* über-ziehen = an-ziehen
* der Feierabend *free time after work*
* dringend *urgent* die Aufnahme *recording* hocken (*coll.*) *to sit* überheizt *over-heated* * der D-Zug *express train* beklagen *to deplore* das Geschick *fate* * der Urlaub *vacation* die Neigung *inclination* verspüren *to feel* der Melker *milker* * die Kuh *cow* der Mörtel *mortar* der Tischler *carpenter* funktionieren *to function* der Schubkasten *drawer* der Zuckerbäcker *confectioner* die Gurke *pickle* * der Metzger *butcher* * der Bäcker *baker* * vor-ziehen *to prefer* * die Wurst *sausage* der Stierkämpfer *bull fighter* der Umgang *association* die Taube *dove* das Nasenbluten *nosebleed* * nach Feierabend *after work* todernst *deadly serious* halten für *to regard as*

erfüllen *to fulfill* angestrengt *strained* der Gesichtsmuskel *facial muscle* strapaziert *tired* * das Gemüt *soul* der Ernst *seriousness* entspannen *to relax*

verlernen *to unlearn* * hin und wieder *now and then* ertappen *to catch*

der Aufnahmeraum *recording studio* * herrschen *to prevail* verschlossen *reserved*

unbewegt *deadpan* die Miene *facial expression*

* je *ever* * die Geschwister *brother(s) and sister(s)* wissen zu berichten *report*

auf vielfältige Weise *in many different ways*

mit Recht um ihre Pointen zittern, und ich sitze fast jeden Abend in den Varietés herum als eine subtilere Art Claqueur, um an schwachen Stellen des Programms ansteckend zu lachen. Es muß Maßarbeit sein: mein herzhaftes, wildes Lachen darf nicht zu früh, darf auch nicht zu spät, es muß im richtigen Augenblick kommen—dann platze ich programmgemäß aus, die ganze Zuhörerschaft brüllt mit, und die Pointe ist gerettet.

Ich aber schleiche dann erschöpft zur Garderobe, ziehe meinen Mantel über, glücklich darüber, daß ich endlich Feierabend habe. Zu Hause liegen meist Telegramme für mich "Brauchen dringend Ihr Lachen. Aufnahme Dienstag", und ich hocke wenige Stunden später in einem überheizten D-Zug und beklage mein Geschick. Jeder wird begreifen, daß ich nach Feierabend oder im Urlaub wenig Neigung zum Lachen verspüre: der Melker ist froh, wenn er die Kuh, der Maurer glücklich, wenn er den Mörtel vergessen darf, und die Tischler haben zu Hause meistens Türen, die nicht funktionieren, oder Schubkästen, die sich nur mit Mühe öffnen lassen. Zuckerbäcker lieben saure Gurken, Metzger Marzipan, und der Bäcker zieht die Wurst dem Brot vor; Stierkämpfer lieben den Umgang mit Tauben, Boxer werden blaß, wenn ihre Kinder Nasenbluten haben: ich verstehe das alles, denn ich lache nach Feierabend nie. Ich bin ein todernster Mensch, und die Leute halten mich—vielleicht mit Recht—für einen Pessimisten.

In den ersten Jahren unserer Ehe sagte meine Frau oft zu mir: "Lach doch mal!", aber inzwischen ist ihr klar geworden, daß ich diesen Wunsch nicht erfüllen kann. Ich bin glücklich, wenn ich meine angestrengten Gesichtsmuskeln, wenn ich mein strapaziertes Gemüt durch tiefen Ernst entspannen darf. Ja, auch das Lachen anderer macht mich nervös, weil es mich zu sehr an meinen Beruf erinnert. So führen wir eine stille, eine friedliche Ehe, weil auch meine Frau das Lachen verlernt hat: hin und wieder ertappe ich sie bei einem Lächeln, und dann lächele auch ich. Wir sprechen leise miteinander, denn ich hasse den Lärm der Varietés, hasse den Lärm, der in den Aufnahmeräumen herrschen kann. Menschen, die mich nicht kennen, halten mich für verschlossen. Vielleicht bin ich es, weil ich zu oft meinen Mund zum Lachen öffnen muß.

Mit unbewegter Miene gehe ich durch mein eigenes Leben, erlaube mir nur hin und wieder ein sanftes Lächeln, und ich denke oft darüber nach, ob ich wohl je gelacht habe. Ich glaube: nein. Meine Geschwister wissen zu berichten, daß ich immer ein ernster Junge gewesen sei.

So lache ich auf vielfältige Weise, aber mein eigenes Lachen kenne ich nicht.

New Words and Phrases to Learn

der Abiturient,-en,-en *high school graduate*
ab-lehnen *to decline, refuse, turn down*
die Angewohnheit,-en *habit*
anstrengend *strenuous, trying, tough*
auf-geben (gab, gegeben, gibt) *to give up, abandon*
der Bäcker,- *baker*
beantworten *to answer*
behandeln *to treat*
beneiden *to envy*
der Bericht,-e *report; (detailed) account; information*
die Bibel,-n *bible*
der Bräutigam,-e *fiancé; groom*
der Briefträger,- *mailman*
sich bücken *to bend down*
der D-Zug,¨-e *express train*
dringend *urgent, pressing*
dünn *thin; slender*
das Ehepaar,-e *married couple*
die Einnahme,-n *income*
erfordern *to require*
die Fähigkeit,-en *ability, talent*
der Feierabend,-e *free time after work;* nach— *after work*
der Fisch,-e *fish*
der Friseur,-e (*Fr.*) *barber; hairdresser*
der Gärtner,- *gardener*
gehen: zu Fuß—(ging, ist gegangen) *to walk*
gelb *yellow*
das Gemüse,- *vegetable*

das Gemüt,-er *soul; mind; disposition*
die Geschwister (*pl.*) *brother(s) and sister(s)*
die Großmutter,¨ *grandmother*
heilen *to heal, cure*
die Heiterkeit *cheerfulness; serenity*
herrschen *to prevail, dominate; to rule*
hin und wieder *now and then*
hin-gehen (ging, ist gegangen) *to go there*
das Honorar,-e *fee; remuneration*
je *ever*
komisch *comical, funny; odd*
die Kuh,¨e *cow*
kurzum *in short*
der Magen,¨ *stomach*
der Metzger,- *butcher*
mit-bringen (brachte, gebracht) *to bring (along)*
die Nähe *vicinity; nearness;* in der— *close by*
das Obst *fruit*
putzen *to clean, polish, scrub; to trim*
das Recht,-e *right; law;* mit— *justly, rightly so*
rücksichtsvoll *considerate*
ruhen *to rest*
die Schallplatte,-n *record*
der Schauspieler,- *actor;* die Schauspielerin,-nen *actress*
schimpfen *to scold; to grumble*
schwach *weak, feeble; faint*
trauern (um) *to mourn (for), grieve (for)*
trotzdem *nevertheless, in spite of that*
trüb(e) *dull, dim; murky; cloudy*
unentbehrlich *indispensable; necessary*
der Urlaub,-e *vacation; leave (of absence); furlough (mil.)*
verzichten auf *to give up; to do without something*
vor-schreiben (schrieb, geschrieben) *to specify, prescribe*
vor-ziehen (zog, gezogen) *to prefer*
sich weigern *to refuse*
Weihnachten *Christmas*
woanders *somewhere else*
die Wurst,¨e *sausage*
zumal *especially since, all the more so as*

Vocabulary Building

A Form meaningful German sentences using four words from the above list, two of which should be nouns.

B Select twenty new nouns from the list and define each in a brief German sentence.

C Complete the following sentences, using new learn words:

1 / Nachdem er von 9 bis 5 gearbeitet hatte, _____.

2 / Weil sie sich _____ fühlte, mußte er _____.

3 / Am Freitag esse ich _____, aber _____.

4 / Der Arzt _____, weil der Kranke arm war.

5 / Der Weg ist nicht weit, darum _____.

6 / Fritz und ich sind _____, und Frau Schulz ist unsere _____.

7 / Olivier ist ein bekannter englischer _____, den ich nie gesehen aber oft auf _____ gehört habe.

8 / Meine Frau _____, weil ich dieses Jahr nicht im Sommer, sondern im Winter _____ nehmen will.

D Rephrase in German, using as many new learn words as possible:

1 / Ein Schüler, der in der höheren Schule bis zum Ende bleibt, wird später mehr Geld verdienen.

2 / Diese Arbeit ist nicht leicht und verlangt großes Können.

3 / Ab und zu nehme ich den schnellen Zug nach Philadelphia.

4 / Der Junge und seine Schwester waren traurig, weil die Mutter des Vaters gestorben war.

5 / Nach der täglichen Arbeit tue ich gewöhnlich nichts.

6 / Obwohl der Lehrer die Information der Schüler nicht akzeptierte, war dennoch die Fröhlichkeit in der Klasse groß.

Comprehension

Answer in German. Use as many sentences as you need.

1 / Die Frau in Weyrauchs Bericht läßt sich zu Weihnachten kein Geld schenken. Warum?

2 / Ist die Frau glücklich oder unglücklich? Erklären Sie!

3 / Worin sehen Sie den Sinn dieses autobiographischen Berichts?

4 / Bölls Lacher sagt nicht gern, daß er vom Lachen lebt. Warum nicht?

5 / Erklären Sie den Satz: "Zuckerbäcker lieben saure Gurken".

6 / Kennen Sie andere Beispiele von Menschen, die in ihrem privaten Leben ganz anders sind als in ihrem Beruf? Erzählen Sie!

Lieber Student!

Mit Recht können Sie stolz darauf sein, daß Sie nun schon 1426 Wörter kennen. Das hat Ihnen auch die Fähigkeit gegeben, die schwierigen Fragen dieses Kapitels zu beantworten. Trotzdem ist es hin und wieder unentbehrlich und dringend, neue Wörter und Redewendungen zu wiederholen. Weigern Sie sich nicht, auch wenn Sie es vielleicht vorziehen würden zu ruhen. Je anstrengender die Arbeit, desto schöner der Feierabend! Heute aber verzichten wir darauf, Ihnen eine weitere Aufgabe vorzuschreiben. Beginnen Sie gleich das nächste Kapitel!

15 Traum oder Wirklichkeit?

The old saying that "fact is stranger than fiction" may in some measure be applied to the realms of reality and dreams, especially in modern times. It seems that in a world as complex and chaotic as ours reality often outstrips what previous generations were not even able to dream about. Whether we think of the horrors of Auschwitz or the thrills of a moon landing, it is safe to say that our grandfathers, had they been able to imagine such events, would have been sure they were only dreaming. We are no longer so sure today, no matter what the object of our imagination is. More and more the borderline between dream and reality is being blurred. In Germany, it was above all else the nightmare of Nazism that suffused the minds of many people with a bewildering sense of surrealism. Some of the resulting ambiguity between gruesome fact and incongruous human reaction will be found in the central selection of this chapter. Hans Erich Nossack (born in Hamburg in 1901) is one of the leading postwar short story writers and novelists. His story centers on the Nazi praxis of billing the families for the execution of enemies of the Regime. The recently hanged hero of the story consoles his still living wife with the thought that today's victims will be tomorrow's martyrs. The little prose phantasy is framed by three less serious variations on the theme of dream and reality: two humorous poems, one by Joachim Ringelnatz (1883–1934) and one by Erich Kästner are presented first. A semi-serious poem by Heinrich Heine concludes the chapter. (We have already met Kästner in Chapters 5 and 6 and Heine in Chapters 8 and 13.)

das Reh *deer* am = an dem
verklärt *transfigured*
des Nachts = in der Nacht

Morgens = am Morgen

sich schleichen *to sneak*

der Stips (*coll.*) *push*
der Gips *plaster* (*of Paris*)

spanisch *Spanish*

wenn auch *even if* gebrochen *broken*

* entsetzt *startled* falten *to fold*

ihre Schnauze halten (*coll.*) *do not speak*
* noch nie *never before*

fressen *to eat* (*used for animals*)

* gesellschaftlich *social* * verkehren (mit) *to associate* (*with*)

* krumm *crooked* * die Gasse *narrow street*
* so etwas *such a thing*

IM PARK

Joachim Ringelnatz

Ein ganz kleines Reh stand am ganz kleinen Baum
Still und verklärt wie im Traum.
Das war des Nachts elf Uhr zwei.
Und dann kam ich um vier
Morgens wieder vorbei, 5
Und da träumte noch immer das Tier.

Nun schlich ich mich leise—ich atmete kaum—
Gegen den Wind an den Baum,
Und gab dem Reh einen ganz kleinen Stips.
Und da war es aus Gips. 10

EIN HUND HÄLT REDEN

Erich Kästner

Ich hab im Traum mit einem Hund gesprochen.
Erst sprach er spanisch. Denn dort war er her.
Weil ich ihn nicht verstand—das merkte er—
sprach er dann deutsch, wenn auch etwas gebrochen.

Er sah mich ganz entsetzt die Hände falten 5
und sagte freundlich: "Kästner, wissen Sie,
warum die Tiere ihre Schnauze halten?"
Ich schwieg. Und war verlegen wie noch nie.

Der Hund sprach durch die Nase und fuhr fort:
"Wir können sprechen. Doch wir tun es nicht. 10
Und wer, außer im Traum, mit Menschen spricht,
den fressen wir nach seinem ersten Wort."

Ich fragte ihn natürlich nach dem Grund.
(Ich glaube nichts, was man mir nicht erklärt.)
Da sagte mir denn der geträumte Hund: 15
"Das ist doch klar! Der Mensch ist es nicht wert,
daß man gesellschaftlich mit ihm verkehrt."

Er hob sein Bein, sprang flink durch krumme Gassen . . .
Und so etwas muß man sich sagen lassen!

die Kostenrechnung *bill* (*of costs*)

henken *to hang*
* die Rechnung *bill*
überstürzt *hastily*

* eilen *to rush* die Gerichtskanzlei *court registry* der Bürokrat *bureaucrat* * die Schreibmaschine *typewriter* * ab-schreiben *to copy* der Wisch (*coll.*) *scrap of paper* * der Betrag *amount* aus-machen *to come to* die Nebenspesen (*pl.*) *incidentals* RM = Reichsmark (*until 1945*) *German Mark* krumme Summe *the pedantic exactness of this sum* der Typenhebel *type-lever* ab-brechen *to break off* der Kerl (*coll.*) *guy* * die Null *zero* die Bleitype *leaden type* * das Kinn *chin* dahin-fassen *to reach there*

herum-fingern *to finger around* die Maschine = Schreibmaschine beschmieren *to dirty* das Farbband *typewriter ribbon* Brot . . . mit Blutwurst belegt *sandwich . . . with blood sausage* * aus-packen *to unpack* * hin und her *back and forth*
* geeignet *suitable*
hinein-beißen *to bite into*
sich zu-wenden *to turn toward* * unrasiert *unshaven*
der Buchhalter *bookkeeper* buchen *to enter*
* die Tinte *ink*
* der Füllfederhalter *fountain pen* stocken *to coagulate* kratzen *to scratch* die Buchseite *book page* drehen *to twist* der Halter = Füllfederhalter aus-spritzen *to squirt out*
ein-gravieren *to engrave*
geht mir . . . aus *I run out of . . .* *stöhnen *to groan* tauchen *to dip* der Federhalter = Füllfederhalter * die Flasche *bottle* * füllen *to fill*
der Korken = Kork *cork*
auf-fangen *to catch* * hastig *hasty*
* die Bewegung *motion* * hin-fallen *to fall down*
umher-spritzen *to sputter around* * fluchen *to curse*

* der Widerstand *resistance*
* schäbig *shabby* * die Aktentasche *briefcase* die Thermosflasche *thermos bottle* (sich) ein-gießen *to pour in* der Schraubdeckel *cup* (*to be screwed on top of thermos*) die Flüssigkeit *liquid* * der Kollege *colleague* sich gesellen zu *to join someone* das Hundeleben *dog's life* * seufzen *to sigh*
* der Gang *corridor*
* das Gebäude *building*

DIE KOSTENRECHNUNG

Hans Erich Nossack

Erst nachdem sie mich gehenkt hatten, fiel mir ein, daß sie meiner Frau die Rechnung dafür schicken würden. Es war alles so überstürzt gekommen. Ich hatte ganz vergessen, mit ihr darüber zu reden.

Sofort eilte ich auf die Gerichtskanzlei. Tatsächlich saß einer der Bürokraten an der Schreibmaschine und schrieb diese Rechnung von einem Wisch, der neben ihm lag, ab. Der Betrag machte mit allen Nebenspesen RM 706,08 aus. Ich ärgerte mich über diese krumme Summe und ließ den Kopf des Typenhebels für O abbrechen, so daß der Kerl keine Nullen mehr schreiben konnte. Die Bleitype traf ihn am Kinn. Er faßte erschrocken dahin und machte ein so dummes Gesicht, wie es selbst bei solchen Leuten selten ist. Dann fingerte er an der Maschine herum, beschmierte sich die Hände durch das Farbband und gab es schließlich auf. Das heißt, er zog vor, erst sein Brot auszupacken, das mit Blutwurst belegt war. Er wendete das Brot lange hin und her, ehe er die Seite fand, die ihm am geeignetsten schien, um hineinzubeißen.

Ich hatte mich inzwischen einem alten unrasierten Buchhalter zugewandt. Er buchte zwar nicht gerade meine Rechnung, aber doch so etwas Ähnliches. Ich ließ die Tinte in seinem billigen Füllfederhalter stocken. Er kratzte vergeblich auf der Buchseite, drehte an dem Halter, spritzte ihn aus und kratzte noch einmal. Man sah die Zahlen auf dem Papier wie eingraviert, aber ohne Tinte. "Immer, wenn viel zu tun ist, geht mir die Tinte aus", stöhnte er und tauchte den Federhalter in eine Flasche, um ihn zu füllen. Dabei rollte der Korken über das Buch und beschmierte die Seite. Er wollte ihn auffangen, machte dabei eine zu hastige Bewegung, so daß auch der Federhalter hinfiel, und die Tinte spritzte umher. Das war zuviel für ihn. Er fluchte laut.

"Was ist denn los?" fragte der an der Schreibmaschine. Der Buchhalter fluchte weiter, gab aber jeden Widerstand auf, holte aus der schäbigen Aktentasche eine Thermosflasche und goß sich in den Schraubdeckel eine braune Flüssigkeit ein. Sein Kollege mit dem Blutwurstbrot gesellte sich zu ihm. "Ist das ein Hundeleben!" seufzten sie beide.

Ich hatte sie schon verlassen. Ich war in den Gängen des Gebäudes auf- und abgegangen. An einigen Türen zögerte

* der Titel *title*
polstern *to pad* * innen *inside* beim = bei dem

fallen lassen *to drop*

die Unsrigen (*pl.*) *our people (i.e. the dead)*

erschießen *to shoot* Gottlob! *thank God!* * hinzu-fügen *to add*

* wieso *why*
es wurde Zeit *it was high time* deshalb *that's why*

* pünktlich *punctual*
klapprig *rickety*
* auf-fallen *to be conspicuous*
die Steuerschnecke *steering mechanism* * zerbrechen *to smash*
rasen *to race* was sonst *what else*

der Spatz *sparrow* vorbei-hüpfen *to hop by* der Schnabel *bill*
auseinander-werfen *to scatter* das Herbstlaub *fall foliage*
die Stiefelspitze *tip of boot*

* der Hals *neck*
gehetztes Wild *chased animals*
* Atem holen *to breathe*
Knall und Fall (*coll.*) *all of a sudden*

diese . . . Leute können . . . nichts dafür *it is not the fault of these . . . people*

* es macht mir Spaß *it gives me pleasure*

* stumpfsinnig *stupid*
die Entschädigungsrechnung *statement of restitution* auf-machen *to draw up*
der Märtyrer *martyr* mir wird speiübel *I get sick to my stomach*

Pfui Teufel! *how disgusting!*

vergraben *to bury*
weisen (auf) *to point* (*to*)

* sich nähern *to approach*
das Liebespaar *lovers*

ich. Es stand ein Name oder ein Titel daran. Ich wußte, daß die Türen von innen gepolstert waren wie beim Arzt, aber natürlich konnte ich trotzdem hören, was drinnen gesprochen wurde. Doch ich ließ die Sache fallen und ging in den Park. 5

Auf einer Bank sah ich einen der Unsrigen und setzte mich zu ihm.

"Haben sie dich auch gehenkt?" fragte ich.

"Nein, erschossen", antwortete er. "Gottlob!" fügte er hinzu. 10

"Wieso Gottlob?"

"Es wurde Zeit, deshalb", sagte er. "Ich sitze hier jeden Mittag und warte auf..." Er nannte einen ganz großen Namen. "Er fährt ziemlich pünktlich zum Essen. Und zwar in einem Auto, das sehr klapprig aussieht. Aber das ist nur, 15 um nicht aufzufallen; der Motor ist stark. Ich überlege, ob ich die Steuerschnecke zerbrechen soll, damit der Wagen gegen einen Baum rast. Oder was sonst? Ich kann zu keinem Entschluß kommen."

Ein Spatz hüpfte vorbei und warf mit dem Schnabel das 20 Herbstlaub auseinander. Er sah uns nicht, aber als er meine Stiefelspitze berührte, flog er erschrocken auf den nächsten Baum.

"Ich würde ihm nichts tun", sagte ich zu dem anderen. "In spätestens einem halben Jahr werden sie sich den Hals 25 gebrochen haben. Bis dahin leben sie wie gehetztes Wild und haben kaum noch Zeit, Atem zu holen. Das ist viel schlimmer, als sie Knall und Fall gegen einen Baum fahren zu lassen." Und ich erzählte ihm, was ich mit den beiden Bürokraten gemacht hatte. 30

"Diese kleinen Leute können doch nichts dafür", meinte er.

"Aber es macht mir Spaß, sie zu ärgern", antwortete ich. "Außerdem, wenn ich daran denke, daß genau diese gleichen stumpfsinnigen Kerle in einem halben Jahr die 35 Entschädigungsrechnung für unsere Frauen aufmachen werden, möchte ich ihnen noch etwas ganz anderes tun. Stell dir vor: Sie werden uns Märtyrer nennen. Mir wird speiübel davon. Und sie werden uns beneiden und über ihr Hundeleben seufzen. Auch ihr Brot mit Blutwurst werden sie 40 essen. Pfui Teufel!"

Wir saßen lange Zeit schweigend nebeneinander, die Hände in den Taschen vergraben.

"Da fährt er", sagte er und wies mit dem Kopf auf die Straße. Wir sahen dem Auto nach, das nicht gegen einen 45 Baum fuhr. Dann näherten sich Schritte. Es war ein Liebespaar.

was kommt dabei heraus? *what will result from that?*
* sich entfernen *to withdraw*
der Blutwurstesser *blood sausage eater*

zurecht-weisen *to reprimand* * sich entsinnen *to remember*

sich begeben *to go*
* die Dämmerung *twilight*
die Leere *empty space* * am liebsten hätte ich . . . gesagt *I would have liked best to say . . .*
schimpfen auf *to rail against*

* sich lustig machen (über) *to make fun (of)*

ach wo! *oh no!*

der Streifen *stripe* eine Masse (*coll.*) *a lot*
* irgendein *some* * die Krankheit *disease*
das Magengeschwür *gastric ulcer*
* abgesehen von *aside from* die Arztrechnung *doctor's bill* * die Klinik *hospital*
* aus-rechnen *to figure out*
die Beerdigungskosten (*pl.*) *funeral expenses*
2. Klasse *he implies that the expected second class funeral would have cost his wife more than the government will charge for his execution* bestatten *to bury* auf . . . wäre es nicht angekommen *. . . would not have mattered*
der Degen *sword* der Leichenträger *pall bearer* die Palme *palm tree*
* die Kerze *candle* der Gehrock *frock coat* an-ordnen *to arrange*
das allertraurigste Gesicht *the saddest face of all*
das Harmonium *harmonium* das Largo *the author refers to Händel's "Largo" which is often performed at funerals* 'Müde bin ich, geh zur Ruh' *first line of a children's prayer similar to the English "Now I lay me down to sleep"*
ganz gleich *it does not matter* beeilte ich mich weiterzureden *I quickly went on talking*
* die Unterbrechung *interruption*

* der Dummkopf *blockhead* * übers Ohr hauen *to cheat*
schon gut *okay* * sich auf-regen *to get upset*
tasten *to grope* * streicheln *to caress*
die Meinigen (*pl.*) *my people (i.e. the dead)* * zurück-gehen *to go back*

* das Geschwätz *idle talk* das Märtyrertum *martyrdom*
* zum Lachen bringen *to make laugh*

"Komm, wir wollen ihnen die Bank lassen", sagte ich.

"Was kommt dabei heraus?" meinte der andere bitter, während wir uns entfernten. "Auch nur ein stumpfsinniger Blutwurstesser."

"Nein, Bruder, das darfst du nicht sagen", wies ich ihn zurecht. Ich entsann mich plötzlich, daß ich mit meiner Frau reden wollte, und hatte es sehr eilig. "Bis nachher!" verabschiedete ich mich rasch und begab mich in unsere Wohnung. Meine Frau saß in der Dämmerung und blickte ins Leere. Am liebsten hätte ich zu ihr gesagt: Du mußt nicht auf mich schimpfen. Wenn ich damals den Mund gehalten hätte, würdest du jetzt das Essen kochen, und ich würde bald nach Haus kommen. Aber es ging nicht anders, ich mußte mich darüber lustig machen. Das nächste Mal . . .

"Hat es sehr weh getan?" fragte sie.

"Ach wo, man merkt gar nichts davon", sagte ich und fuhr dann schnell fort. "Hör zu: Sie werden dir diese Rechnung schicken. Wir haben doch noch Geld auf der Bank? Sonst verkauf meinen Anzug mit den weißen Streifen. Man zahlt jetzt eine Masse dafür. Überlege dir einmal: Wenn ich an irgendeiner dummen Krankheit gestorben wäre, Magengeschwüre oder so etwas, ganz abgesehen von der Arztrechnung und der Klinik—das läßt sich ja gar nicht ausrechnen; in die Tausende kann es gehn—also nimm nur die reinen Beerdigungskosten. Wahrscheinlich hättest du mich 2. Klasse bestatten lassen. Auf die Degen der Leichenträger, auf ein paar Palmen und Kerzen mehr oder weniger wäre es nicht angekommen. Doch da ist dieser Kerl im Gehrock, der alles anordnet und dabei das allertraurigste Gesicht macht. Dann der Pastor. Und welch einen Unsinn würde er wohl über mich reden. Und dann hätten sie auf dem Harmonium das Largo gespielt."

"Wir wollten doch 'Müde bin ich, geh zur Ruh' spielen lassen", unterbrach sie mich.

"Ganz gleich", beeilte ich mich weiterzureden. Diese Unterbrechung paßte mir gar nicht. "Überleg dir also, wieviel das alles gekostet haben würde. Mindestens ein paar hundert Mark mehr. Wir haben also noch gespart und diese Dummköpfe übers Ohr gehauen."

"Schon gut", sagte sie. "Reg dich nicht auf." Dabei tastete sie mit der Hand ins Leere, um mich zu streicheln.

Während ich zu den Meinigen zurückging, dachte ich: Es ist besser, ich spreche morgen nachmittag noch einmal mit ihr. Vor allem, wenn diese Idioten erst mit dem Geschwätz vom Märtyrertum anfangen, werde ich versuchen, meine Frau zum Lachen zu bringen.

Ach!

die Fremde *foreign country*

* einst *once*

das Vaterland *fatherland*
der Eichenbaum *oak tree*
das Veilchen *violet*

* küssen *to kiss*

IN DER FREMDE

Heinrich Heine

Ich hatte einst ein schönes Vaterland.
Der Eichenbaum
Wuchs dort so hoch, die Veilchen nickten sanft.
Es war ein Traum.

Das küßte mich auf deutsch und sprach auf deutsch
(Man glaubt es kaum,
Wie gut es klang) das Wort: "Ich liebe dich!"
Es war ein Traum.

New Words and Phrases to Learn

abgesehen von *aside from, except for*

ab-schreiben (schrieb, geschrieben) *to copy; to plagiarize; to write off*

die Aktentasche,-n *briefcase*

Atem holen *to breathe*

auf-fallen (fiel, ist gefallen, fällt) *to be conspicuous; to strike*

auf-regen *to excite, upset* sich auf-regen *to get upset*

aus-packen *to unpack*

aus-rechnen *to figure out*

der Betrag,¨-e *amount*

die Bewegung,-en *movement, motion*

die Dämmerung,-en *dawn; dusk; twilight*

der Dummkopf,¨-e *blockhead, dumbbell*

eilen (ist) *to rush, hasten*

einst *once, one day*

(sich) entfernen *to remove; to withdraw*

entsetzt *startled, shocked*

sich entsinnen (*with gen.*) (entsann, entsonnen) *to remember, recall, recollect*

die Flasche,-n *bottle, flask*

fluchen (auf, über) *to curse (at)*

füllen *to fill*

der Füllfederhalter,- *fountain pen*

der Gang,¨-e *corridor; walk; course*

die Gasse,-n *narrow street, lane*

das Gebäude,- *building*

geeignet *suitable*

das Geschwätz *idle talk, chatter*

gesellschaftlich *social*

der Hals,¨-e *neck; throat*

hastig *hasty, hurried*

hin und her *back and forth*
hin-fallen (fiel, ist gefallen, fällt) *to fall* (*down*)
hinzu-fügen *to add*
innen *inside, within*
irgendein (*pl. irgendwelche*) *some, any*
die Kerze,-n *candle*
das Kinn,-e *chin*
die Klinik,-en *hospital*
der Kollege,-n,-n *colleague*
die Krankheit,-en *disease, sickness*
krumm *twisted, crooked*
küssen *to kiss*
lachen: zum—bringen (brachte, gebracht) *to make laugh*
liebst: am liebsten (*with verbs*) *to like best or most of all*
sich lustig machen (über) *to make fun* (*of*)
sich nähern *to approach, draw near*
noch nie *never* (*before*)
die Null,-en *zero*
Ohr: übers—hauen *to cheat*
pünktlich *punctual, on time*
die Rechnung, -en *bill; check*
schäbig *shabby*
die Schreibmaschine,-n *typewriter*
seufzen *to sigh*
so etwas *such a thing, something like that*
der Spaß,¨-e *fun;* es macht mir— *it gives me pleasure*
stöhnen *to groan*
streicheln *to stroke, caress*
stumpfsinnig *stupid, dull*
die Tinte,-n *ink*
der Titel,- *title; claim*
unrasiert *unshaven*
die Unterbrechung,-en *interruption, disconnection*
verkehren (mit) *to associate* (*with*)
der Widerstand,¨-e *resistance, opposition*
wieso *why*
zerbrechen (zerbrach, zerbrochen, zerbricht) *to smash, shatter, break* (*into pieces*)
zurück-gehen (ging, ist gegangen) *to go back, retreat*

Vocabulary Building

A Make a list of twenty words or phrases that are neither nouns nor adjectives nor verbs (example: einst), starting with the learn words of this chapter and going back as far as you need. Then form short sentences with at least one of these words in each sentence.

B Form meaningful German sentences with four new learn words in each sentence.

C Express in German, using as many new learn words as possible.

1 / The blockhead could not figure out the correct amount of the bill.

2 / Twilight set in when I approached the lane.

3 / He was shocked when he saw the shabby hospital building.

4 / He made fun of her colleague after he had listened to her stupid chatter.

5 / I cursed as never before when I fell down and broke my fountain pen.

6 / Did you find the bottle of ink when you unpacked the briefcase?

7 / He found no resistance when he stroked her neck and tried to kiss her.

8 / I remember that his hasty motion made me laugh.

Comprehension

Confirm or rewrite the following statements so that they will agree with the intentions of the authors to whom they refer.

1 / Tiere sprechen nicht, weil sie den Menschen gegenüber Minderwertigkeitsgefühle haben.

2 / Der Held in Nossacks Geschichte hätte sich weniger geärgert, wenn der Betrag auf der Rechnung RM 700.– gewesen wäre.

3 / Nossack macht klar, daß die Zeit seiner Geschichte etwa 1940 ist.

4 / Der Mann war gehenkt worden, weil er einen Führer der Nazis getötet hatte.

5 / Der Mann versucht seine Frau zu trösten, indem er ihr sagt, daß eine normale Beerdigung mehr Geld gekostet hätte.

6 / Obwohl Heine sein Gedicht in Frankreich schrieb, blieb Deutschland sein Vaterland; darum freute er sich, daß die Deutschen ihn so lieben.

Lieber Student!

Wieder haben Sie 67 neue Lernwörter hinzugefügt, und jetzt haben Sie ein aktives Vokabular von 1493 deutschen Wörtern erreicht. Können Sie sich noch entsinnen, wie wenig Sie einst wußten? Sicher haben Sie oft geschimpft, geseufzt und gestöhnt, wenn Sie mehrere Kapitel zurückgehen mußten, um irgendein geeignetes Wort abzuschreiben. Wir wissen, daß Sie am liebsten gleich hastig weiterlesen möchten. Doch ist richtiges Lernen nicht stumpfsinnig, sondern erfordert intelligentes Wiederholen, wie Ihnen sicher schon aufgefallen ist. Machen Sie darum jetzt eine Liste aller Adjektive (Eigenschaftswörter) der letzten drei Kapitel (13, 14, 15) und gebrauchen Sie sie in kurzen sinnvollen Sätzen!

16

Wer ist ein Held?

The theme of the hero and the mystique of heroism have fascinated people as long as history has been recorded and biographies have been written. While popular opinion has customarily restricted heroic deeds to valor and bravery in battle, the strictly military usage of the term hero seems less and less applicable to the increasingly mechanized warfare of the twentieth century. Is the soldier who simply obeys orders and is killed in executing them more of a hero than the civilian who is burned to death while fighting a fire? Is the man who defies an immoral command less of a hero than the person who carries out instructions without ever questioning them? These and similar questions are even more pertinent in a country like Germany which subjected itself for over a decade to one of the most monstrous regimes of all times. No wonder then that heroism, or the lack of it, during the Nazi era has become a frequent theme in postwar German literature. One is reminded of Bertolt Brecht's Galileo (in *Leben des Galilei*) who bitterly cried out in the face of the inquisition: "Unhappy is the land that needs a hero!" Christian Ferber (born in 1919), a prolific author of stories and radio plays, poses the complex problem of heroism in our next selection. The reader will have to look for subtle clues between the lines of this ambiguous story before the full significance will dawn on him.

* der Held *hero*

die Mimose *mimosa*

schattig *shady*
unbeschnitten *untrimmed* die Korkeiche *cork oak* * bilden *to form*
* breit *broad* der Wassergraben *ditch filled with water*
die Ortschaft *village* * tanken *to fill up the gas tank* die Fähre *ferry*
* die Insel *island* * das Benzin *gasoline*

verschwommen *blurred* * die Linie *line* schwanken *to sway*
* liegt es an meinen Augen? *is it the fault of my eyes?*
zu-kommen auf *to approach*
der Wasserdunst *vapor*

* ein paar Jahre lang *for a few years*

* die Tankstelle *gasoline station*
gelblich = gelb die Tafel *plaque* eingelassen *set in*
* bemerken *to notice*
ein-füllen *to fill in*

was . . . für *what sort of . . .*

die Gedenktafel *memorial tablet* der Franzose *Frenchman*
fallen *to die in battle* hin-richten *to execute*

* Glück haben *to be lucky*
die Betonrampe *concrete ramp* hinein-bauen *to build into*
sich an-schließen (*with dat.*) *to join*
* aus-steigen *to get out* sacht(e) *slowly, gently* fort-ziehen *to draw away* die Ebbe *low tide* * da und dort *here and there*
schimmern *to glisten* der Schlick *silt* stumpf *dull* glasig *glassy* Halbkugeln sterbender Quallen *dome-shaped dying jelly fish*

hatte sich auf die Zehenspitzen gestellt *stood on tiptoes*
gewölbt *curved* das Eiland *island*
* der Kamm *comb* das Nadelholz (*pl.*) *evergreens*

die Festung *fortress*
auch so *in any case*
heiser *hoarse*

MIMOSEN IM JULI

Christian Ferber

"Nach der Karte müssen wir gleich da sein", sagte Klieber. Der Wagen verließ den schattigen Tunnel, den unbeschnittene Korkeichen über der Straße gebildet hatten; zwischen breiten Wassergräben näherte er sich einer Ortschaft. "Ich will noch tanken, bevor wir auf die Fähre gehen. Wer weiß, ob es auf der Insel Benzin gibt."

"Es ist plötzlich alles so hell", antwortete Kliebers Mutter. "Und dabei verschwommen, die Linien schwanken, oder liegt es an meinen Augen?"

"Das ist oft so, wenn man auf die Küste zukommt. Es kommt vom Wasserdunst in der Sonne."

"Ich weiß, mein Junge. Vater hat von all diesen Dingen in seinen Briefen geschrieben. Vater wollte ja immer an der See leben, ich sage mir immer, wie gut es ist, daß er es wenigstens ein paar Jahre lang gekonnt hat."

"Ja, Mutter", sagte Klieber.

In der Mauer des Hauses neben der Tankstelle war eine der gelblichen Tafeln eingelassen, die sie überall in den Städten und Dörfern bemerkt hatten. Während eine alte Frau Benzin einfüllte, ging Klieber hin und las den Text darauf.

"Was sind das für Tafeln?" fragte die Mutter, als sie weiterfuhren.

"Gedenktafeln. Für Franzosen, die an dieser Stelle gefallen sind. Oder hingerichtet."

"Das ist wahrscheinlich eine gute Sitte", sagte die Mutter.

"Wahrscheinlich. Da ist das Meer nun wirklich. Und da kommt die Fähre. Wir haben Glück."

Sie fuhren auf die Betonrampe, die in das Meer hineingebaut war, und schlossen sich den wartenden Wagen an. Sie mußten warten und stiegen aus. Sachte zog die Ebbe das Wasser neben der Rampe fort; da und dort lagen auf dem schimmernden Schlick die stumpf glasigen Halbkugeln sterbender Quallen.

"Nie hätte ich gedacht, daß die Insel so nahe am Land ist."

Die Mutter hatte sich auf die Zehenspitzen gestellt und betrachtete das breite, sanft gewölbte Eiland mit seinem dunklen Kamm aus Nadelholz. "Davon hat Vater nie geschrieben. Ich habe mir immer vorgestellt, sie läge mitten im Meer, wie eine ganz einsame Festung."

"Eine einsame Festung war sie auch so." Klieber ärgerte sich darüber, daß seine Stimme heiser klang.

* täuschen *to deceive*

* auf jeden Fall *in any case*

verstauen *to place* sich zurück-lehnen *to lean back*
* der Sitz *seat*
hinauf-klettern *to climb up* ober *upper*
* die Wendung *turn* sich lösen *to detach oneself*
* gegenüber *opposite* die Nonne *nun*
der Sandstreifen *strip of sand*
reizlos *unattractive*
rundlich *plump* * herauf-kommen *to come up*
sich nieder-lassen *to sit down* knistern *to rustle*
mit enggeschnalltem Gürtel *tightly belted* der Landsmann *fellow countryman*

meinen = meinen Wagen

* Urlaub machen *to take a vacation*

hinunter-spähen *to peer down*
ruhig *really* sehr zu empfehlen = ist sehr zu empfehlen *is very much to be recommended*

* widerwillig *reluctant*
will nicht hin *do not want to go there*
mit der Masche (*sl.*) *with the idea* der Krieger *warrior*
das Schlachtfeld *battle field*
die Sentimentalität *sentimentality* weil's = weil es
* wieder-sehen *to see again* * und so weiter *and so forth*
* der Schluß *end*
passend *a feeble pun on the presumed similarity between the girl's name and the word "Germane" which means German*
* die Erinnerung *memory* na schön *okay*
43 = 1943 kam ... weg *was transferred ...*

hat ... allerhand Aufsehen gemacht *has created quite a stir ...*

na eben! *sure!* die Insulaner *islanders* * dankbar *grateful*
der Kommandant *commander* der Schuß *shot* kapitulieren *to capitulate*
der Verräter *traitor*
die Sippenhaft *imprisonment of relatives as hostages; common Nazi practice of dealing with political suspects* hätte ... nicht zugetraut *would not have thought ... capable of*

"Außerdem täuscht das Licht. Sie ist schon weit genug weg."

"Wir werden auf jeden Fall bald dort sein", sagte die Mutter zufrieden.

Als der Wagen auf der Fähre verstaut war, lehnte sich die Mutter in ihrem Sitz zurück und schloß die Augen. Klieber stieg aus und kletterte auf das obere Deck hinauf. Mit einer Wendung löste sich die Fähre von der Rampe. Klieber setzte sich auf eine Bank gegenüber von drei Nonnen. Die Insel, auf der nun Häuser und weiße Sandstreifen zu erkennen waren, erschien ihm so reizlos wie alle Inseln.

Ein rundlicher Mann kam das Treppchen herauf und ließ sich neben Klieber nieder. Er trug einen neuen, knisternden Trenchcoat mit enggeschnalltem Gürtel. "Na, Herr Landsmann?" fragte er. Klieber zwang sich zu einem Lächeln.

"Ich habe nämlich Ihren Wagen gesehen—Sie meinen nicht?"

"Nein."

"Hier in der Gegend sieht man ja noch wenig Deutsche. Wollen Sie drüben Urlaub machen?"

"Vielleicht", sagte Klieber. Er spähte zu seiner Mutter hinunter; sie saß noch so, wie er sie verlassen hatte.

"Sollten Sie ruhig. Sehr zu empfehlen, die Insel—wenn sie noch ist wie vor siebzehn Jahren. Und ein nettes Völkchen, wirklich sehr nett, gar nicht wie manche andere Franzosen."

"Sie waren im Krieg hier?" fragte Klieber widerwillig.

"Zwei Jahre. Seitdem nicht wieder. Aber ich will nicht hin mit der Masche wie jetzt so manche, 'Alter Krieger besucht altes Schlachtfeld'—nein, ich fahre bloß so, aus Sentimentalität, weil's damals ganz nett hier war. Mal das Mädchen wiedersehen und so weiter."

"Aha", sagte Klieber. "Waren Sie bis zum Schluß hier?"

"Germaine hieß das Mädchen—passend, was? Meine Frau weiß das gar nicht, aber meine Frau ist nicht so—alte Erinnerungen, na schön. Das versteht sie. Nein, ich kam schon 43 weg. Leider. Denn hier war ja kein Schlachtfeld."

"Nicht?"

"Überhaupt nicht. Hat damals allerhand Aufsehen gemacht—aber Sie waren damals bestimmt noch zu jung . . ."

"Ich war vierzehn."

"Na eben. Nein, die Insulaner müssen mächtig dankbar sein. Der Kommandant hat ohne einen Schuß kapituliert. Das stand sogar groß in der Zeitung. Verräter stand da, Sippenhaft und so weiter. Hätte ich dem Alten gar nicht zugetraut, so hart, wie der sonst war . . ."

"Haben Sie ihn denn gekannt?"

* übertreiben *to exaggerate* der Obergefreite *corporal*
war'n = war ein der Kommißkopf (*sl.*) *stickler for military discipline*
* der Nerv *nerve*
was = etwas
* weich *soft* * deswegen *that is why* hin-wollen *to want to go there*

* viel Vergnügen! *have a good time!*
der Leuchtturm *lighthouse* die Westspitze *western tip*
doll (*sl.*) *marvelous* der Rundblick *panorama*

säumen *to line*

präzis(e) *precise*

* der Turm *tower* * dahinter *behind it*
der Sandweg *sandy road* * der Spaziergang *walk*

teeren *to tar* ab-biegen *to turn off*

in Gedanken . . . gegangen *walked . . . in my mind*

* die Einzelheit *detail* * es liegt wohl daran *the reason is probably*
das Gefängnis *prison*

der Briefschreiber *letter writer*
* vor-lesen *to read to someone*

der Gashebel *gas pedal*
die Auberge (*Fr.*) *inn* kann hinein = kann hinein-gehen *can go in*

hohl *not very dense* fahl *pale* die Hecke *hedge*
die Rüsche *ruche* * der Krug *pitcher*
* die Milch *milk*
* schwierig *difficult*

französisch *French*

weißhaarig *white-haired* * schlendern *to saunter*

* der Kragen *collar* * besetzt *occupied*

* der Besitzer *owner* * sich verändern *to change*

"Gekannt ist übertrieben, junger Mann. Ich war Obergefreiter. Er war'n richtiger Kommißkopf, obgleich Reservist. Na ja, solche Typen verlieren eben mal die Nerven. Menschen sind wir ja alle. Und die Insel hat was, die macht einen weich—deswegen wollte ich ja wieder mal hin . . ." 5

"Wir sind gleich da." Klieber stand auf. "Und viel Vergnügen."

"Steigen Sie auf den Leuchtturm an der Westspitze!" rief der Mann ihm nach. "Ein doller Rundblick, sage ich Ihnen!" 10

Dichtes, dunkelgrünes Nadelholz säumte die schmale Straße auf der Insel. "Es ist genau, wie ich es mir vorgestellt habe", sagte die Mutter. "Vater war doch sehr präzis in seinen Briefen. Jetzt muß das große Haus mit dem weißen Turm kommen, und dahinter geht es nach links auf den 15 Sandweg. Es ist wirklich ein schöner Spaziergang—er hat ihn jeden Abend gemacht."

"Ich weiß", antwortete Klieber. "Aber den Sandweg haben sie inzwischen geteert." Er bog ab und fuhr langsamer. 20

"Ich bin so lange diesen Weg in Gedanken nicht mehr gegangen", sagte die Mutter. "Aber ich weiß doch jede Einzelheit. Es liegt wohl daran, daß ich Vaters Briefe im Gefängnis jeden Tag gelesen habe und mir alles vorstellte—viel genauer als beim ersten Mal, wenn sie ankamen und ich 25 sie aufmachte. Ich hätte sie gleich so genau lesen müssen und ihm richtig darauf antworten."

"Das hat er nie erwartet", sagte Klieber. "Er war der Briefschreiber in der Familie. Und du hast die Briefe beim ersten Mal nicht nur gelesen, sondern mir auch vorgelesen." 30

"Aber nicht genau genug", sagte die Mutter.

Klieber nahm den Fuß vom Gashebel. "Da ist das Haus. Es stimmt—es ist wieder eine Auberge, und man kann hinein. Sieht ziemlich teuer aus."

Sie setzten sich in den Garten, das Tischchen stand neben 35 einer hohlen, fahl grünen Hecke. Ein Mädchen mit weißer Rüsche im Haar brachte Kaffee und einen Krug voll heißer Milch. Sie tranken und schwiegen.

"Es wird schwierig sein, davon anzufangen", sagte Klieber nach einer Weile. 40

"Ich würde schon Worte finden, wenn ich französisch könnte", antwortete die Mutter.

Ein dicker, weißhaariger Mann mit großer Nase schlenderte durch den Garten. Er trug ein gelbes Hemd mit offenem Kragen. An den wenigen besetzten Tischen blieb er stehen 45 und unterhielt sich mit den Gästen. "Das ist Cremier", sagte die Mutter. "Der Besitzer. Er kann sich kaum verändert haben, er ist gut zu erkennen, findest du nicht?"

der Zweig *twig* zerreiben *to rub* lederartig *leather-like*
ließ ... nicht aus den Augen *kept her eyes on ...*

* sich Zeit lassen *to take one's time* * plaudern *to chat* gemächlich *leisurely*
aus-lassen *to skip*

es sitzt sich ... schön *it is nice to sit ...* die Mimosenhecke *mimosa hedge*

sich verneigen *to bow*
die Kennerin *connoisseur*
* nicht wahr? *right?*
blühen *to bloom*

die Flockenmauer *fluffy wall*
* das Zitat *quotation* * dolmetschen *to interpret*
* forschend *searching*

* ausgezeichnet *excellent*
* bei der Sache sein *to pay attention*

* sich zusammen-nehmen *to pull oneself together* * sich bemühen *to try*

allzusehr *too much*

hinweg-blicken *to look away*

es sei hier nicht mehr gekämpft worden *there had been no fighting here anymore*
übergeben *to surrender*
ersparen *to spare*
senken *to lower*

* der Narr *fool*

die Übergabe *surrender*
* mutig *courageous*
* menschlich *humane*

Klieber antwortete nicht. Die Mutter brach einen kleinen Zweig von der Hecke, zerrieb das lederartige Blatt zwischen den Fingern und roch daran. Sie ließ Cremier nicht aus den Augen.

Er ließ sich Zeit. Er plauderte gemächlich, und es schien, als wollte er ihren Tisch auslassen und zum Haus zurückkehren. Aber plötzlich wandte er sich um und kam. Er lächelte. Er fragte, ob alles nach ihren Wünschen sei. 5

Klieber dankte. Man sei sehr zufrieden.

"Es sitzt sich hier unter der Mimosenhecke besonders schön", fügte die Mutter hinzu. 10

Cremier sah Klieber fragend an. Klieber übersetzte.

Cremier verneigte sich ein wenig. "Madame ist eine Kennerin", sagte er. "Wenige Gäste wissen, daß das Mimosen sind—jetzt im Juli, nicht wahr, sie sind sozusagen nicht da, sie blühen nicht, sie sind eine ganz gewöhnliche Hecke." 15

Klieber übersetzte. "Aber im November sind sie eine gelbe Flockenmauer", sagte die Mutter. Es klang wie ein Zitat. Klieber wollte es nicht dolmetschen, aber Cremier sah ihn aus blaßblauen Augen so forschend an, daß er es endlich tat. 20

"Sie sprechen ausgezeichnet französisch", erwiderte Cremier darauf; er schien nicht bei der Sache zu sein.

"Danke." Klieber lächelte verlegen. "Ich habe früh mit dem Lernen angefangen. Und heute geben wir uns in Deutschland natürlich Mühe." 25

"Oh", sagte Cremier, und blickte dabei nicht Klieber, sondern seine Mutter an, "wir haben nichts gegen Deutsche —nicht mehr, wenn Sie wollen. Jetzt ist es eine andere Zeit, nicht wahr, was soll die Vergangenheit . . ." 30

"Gewiß." Klieber nahm sich zusammen. Er bemühte sich, leise zu sprechen. "Die Insel—war es nicht so, daß sie auch in der Vergangenheit nicht allzusehr zu klagen hatte?"

"Krieg war überall", antwortete Cremier; er blickte nun über ihre Köpfe hinweg. "Und Soldaten und all das." 35

"Natürlich. Das meinte ich auch nicht. Aber ich hörte, es sei hier nicht mehr gekämpft worden. Der Kommandant— er soll doch einfach übergeben haben? Er hat der Insel doch den Krieg erspart?" 40

"Wenn Sie es so nennen . . ." Cremier senkte langsam den Kopf.

"Ich nenne es so", sagte Klieber. "War es nicht so?"

"Der Kommandant war kein Narr", erwiderte Cremier.

"Was sprecht ihr miteinander?" fragte die Mutter. 45

"Von der Übergabe der Insel", antwortete Klieber. "Monsieur Cremier sagt, man wüßte hier genau, wie mutig und menschlich der Kommandant gehandelt hat."

die Alliierten *the Allies*
vor-rücken *to advance* das Festland *mainland* die Ostspitze *eastern tip* der Maquis *French underground movement against the Nazis in World War II* * organisieren *to organize* * reine Vernunft *simple logic*

* durchschnittlich *average*
* längst *long since*
lassen wir es *never mind*
* die Bevölkerung *population*
* achten *to respect*

* der Aufenthalt *stay*
neigen *to bow*

selber *myself*

strengt mich an = ist anstrengend für mich
die Seeluft *sea breeze*

* die Handtasche *handbag*

* das Grab *grave*

"Was sollte er machen?" sagte Cremier. "Die Alliierten rückten auf dem Festland vor, an der Ostspitze hatte sich der Maquis schon organisiert—es war reine Vernunft, nicht wahr?"

Klieber wandte sich wieder zu seiner Mutter. "Er sagt, der Kommandant hat im richtigen Augenblick richtig gehandelt, weil er die Menschen hier liebte."

"Ja", sagte die Mutter.

"Und er sagt, man spräche hier oft davon."

"Der Kommandant war eben klug", fuhr Cremier fort. "Er war ja auch Lehrer für Französisch und Englisch, nicht wahr, kein durchschnittlicher Deutscher—verzeihen Sie. Das ist, wie gesagt, Vergangenheit und längst vergessen. Lassen wir es."

"Er sagt, der Kommandant wäre von der Bevölkerung immer geachtet worden—jeder wußte, daß er nicht der Durchschnitt war. Und er hätte gewußt, was er tat, und hätte es eben trotzdem getan . . ."

"Ja", sagte die Mutter. "Es war Ende Oktober, ein paar von den Mimosen müssen schon geblüht haben."

"Darf ich Ihnen wünschen, daß Sie den Aufenthalt hier genießen?" Cremier lächelte, neigte den Kopf und wandte sich zum Gehen.

"Vielen Dank", antwortete Klieber.

Die Mutter sah Cremier nach. "Ich hätte vielleicht doch auch selber mit ihm sprechen sollen", sagte sie. "Vater hat einmal geschrieben, er könnte wahrscheinlich ganz gut deutsch, er wollte es nur nicht zeigen. Aber heute ist das doch anders."

"Hat er das geschrieben?" sagte Klieber. "Das hatte ich vergessen."

"Es war schön hier, mein Junge, sehr schön, und es war richtig, daß wir hier waren. Aber wir wollen doch weiterfahren. Es strengt mich sehr an."

"Natürlich", antwortete Klieber. "Die Seeluft."

Die Mutter brach noch einen Zweig von der Mimosenhecke und steckte ihn in ihre Handtasche. "Weißt du, es ist jetzt nicht mehr so schlimm, daß ich nicht weiß, wie er gestorben ist und daß wir sein Grab nicht finden konnten."

"Ich werde gehen und zahlen", sagte Klieber nach einer Weile.

New Words and Phrases to Learn

achten *to respect, esteem*
der Aufenthalt,-e *stay*
ausgezeichnet *excellent*
aus-steigen (stieg, ist gestiegen) *to get off; to climb out*
bemerken *to notice, note; to remark*
sich bemühen *to try (hard), strive*
das Benzin *gasoline*
besetzt *occupied*
der Besitzer,- *owner*
die Bevölkerung,-en *population; people*
bilden *to form*
breit *broad, wide*
da und dort *here and there*
dahinter *behind it (that)*
dankbar *grateful*
deswegen *therefore, for that reason; that is why*
dolmetschen *to interpret*
durchschnittlich *average*
die Einzelheit,-en *detail*
die Erinnerung,-en *memory, recollection, reminiscence*
Fall: auf jeden— *in any case*
forschend *searching*
gegenüber *opposite; toward; in relation to*
Glück:—haben *to be lucky*
das Grab,¨er *grave*
die Handtasche,-n *handbag*
der Held,-en,-en *hero*
herauf-kommen (kam, ist gekommen) *to come up*
die Insel,-n *island, isle*
der Kamm,¨e *comb*
der Kragen,- *collar*

der Krug,¨-e *pitcher*
lang: ein paar Jahre— *for a few years*
längst *long since*
liegen: es liegt an mir *it is my fault;* es liegt daran *the reason is*
die Linie,-n *line*
menschlich *human; humane*
die Milch *milk*
mutig *courageous*
der Narr,-en,-en *fool*
der Nerv,-en *nerve*
nicht wahr? *right?, isn't it?*
organisieren *to organize*
plaudern *to chat*
Sache: bei der—sein *to pay attention*
schlendern (ist) *to saunter, stroll*
der Schluß,¨(ss)e *end, finish; conclusion*
schwierig *difficult*
der Sitz,-e *seat*
der Spaziergang,¨-e *walk*
tanken *to fill up the (gasoline) tank*
die Tankstelle,-n *gasoline station*
täuschen *to deceive; to cheat*
der Turm,¨-e *tower*
übertreiben (übertrieb, übertrieben) *to exaggerate*
und so weiter *and so forth*
Urlaub machen *to take a vacation*
(sich) verändern *to change, alter*
das Vergnügen,- *pleasure, enjoyment;* viel—! *have a good time!*
die Vernunft *reason, common sense*
vor-lesen (las, gelesen, liest) *to read to someone*
weich *soft*
die Wendung,-en *turn; turning point*
widerwillig *unwilling, reluctant*
wieder-sehen (sah, gesehen, sieht) *to see (meet) again;* auf Wiedersehen! *till we meet again! good-bye!*
Zeit: sich (*dat.*)—lassen (ließ, gelassen, läßt) *to take one's time*
das Zitat,-e *quotation, quote*
sich zusammen-nehmen (nahm, genommen, nimmt) *to pull oneself together*

Vocabulary Building

A Form meaningful German sentences with five new learn words in each sentence.

B Imagine that you are on a short vacation trip abroad by car. You stop at a café and write a letter home, using as many of the new learn words in this chapter as possible. Write such a letter.

C Complete the following sentences, using new learn words.

1 / Weil ich nur noch wenig Benzin hatte, _____.

2 / Er bemerkte, daß _____.

3 / Sie schlenderte langsam, denn _____.

4 / Es ist nur menschlich, wenn _____.

5 / Auf jeden Fall sollst du _____.

6 / Meine Vernunft sagt mir, daß _____

D Answer the following questions by using new German learn words for the English clues given in parentheses. Use as many sentences as you need.

1 / Wie gefällt Ihnen der Aufenthalt hier? (*to be lucky, excellent*)

2 / Wer ist er? (*owner, island, gas station*)

3 / Sind diese Erinnerungen richtig? (*to exaggerate, details, to change, long since*)

4 / Sie mögen diese Leute hier, nicht wahr? (*average, population, to strive, human, courageous*).

5 / Warum wollen Sie hier aussteigen? (*to take time, opposite, tower, to stroll, a walk, to see again*).

6 / Bemerkten Sie, wie widerwillig er war? (*the reason is, nerves, memories, to deceive, fool, and so on, to change*).

Comprehension

A Confirm or rewrite the following statements so that they will agree with Christian Ferber's intentions.

1 / Kommandant Klieber hatte seiner Frau geschrieben, daß die Insel nahe am Land war.

2 / Der deutsche Tourist, den sie auf der Fähre trafen, bewunderte den Kommandanten für seinen Mut.

3 / Nach dem Krieg wurde Frau Klieber von den Franzosen für ein paar Jahre ins Gefängnis gesteckt.

4 / Auch Cremier bestätigte, daß der Kommandant ohne Kampf die Insel übergeben hatte, weil er die Menschen auf der Insel so liebte.

5 / Der Sohn sprach mit Cremier, weil dieser kein Deutsch verstand und das Französisch seiner Mutter nicht gut genug war.

6 / Es tröstete Frau Klieber, daß ihr toter Mann nicht nur von den Deutschen, sondern auch von den Franzosen so sehr geachtet wurde.

B Write a short concise essay on the question: "Kommandant Klieber, Held oder nicht?"

Lieber Student!

Längst sind Sie kein deutscher Anfänger mehr; denn mit einem Vokabular von 1561 aktiven Wörtern können Sie nun schon schwierige Sätze bilden und sogar auch ein bißchen dolmetschen. Bemühen Sie sich weiter und werden Sie nicht kurz vor dem Schluß dieses Buches widerwillig! Lassen Sie sich Zeit zum Lernen und Üben und Wiederholen und so weiter! Es liegt nur an Ihnen, wenn Sie weiter ausgezeichnete Fortschritte machen, nicht wahr? Fangen Sie gleich das nächste Kapitel an! Viel Vergnügen!

17
Väter und Mütter

Most of the selections of this book have dealt with young people and this is as it should be since students are probably more interested in the experiences of the young generation, whether it be American or German. Let us not forget, however, that even in today's youth culture, fathers and mothers may still have something to say to the young and even be able to inspire respect, admiration, and love. As we have said before, it is mostly in times of stress, chaos, and terror that human bonds are put to the test and the strength of true family relations is revealed. It is not surprising, therefore, that in Germany it was World War II and the Third Reich which supremely challenged the spiritual resources of many a parent. Klaus Bonhoeffer (1901–1945) was active in the anti-Nazi underground and paid for his resistance with his life. The last letter he wrote to his children from prison is a rare document of truly Christian spirit and human compassion. Wolfgang Hoffmann-Harnisch (1893–1965), who spent the Hitler years in voluntary exile in South America, focuses on what may be called the eternal motherly instinct in a touching little anecdote. It is fathers and mothers like these who will continue to inspire the young no matter how deep the generation gap may be at any given time.

die Gestapo = Geheime Staatspolizei (*secret state police*) *organized in 1933 under the Nazi regime to operate against political opposition* verhaften *to arrest* die Hinrichtung *execution*

* Abschied nehmen *to bid farewell* lieb haben = lieben

* Freude machen *to give pleasure*
heran-wachsen *to grow up* * selbständig *independent*
* erleben *to experience*
väterlich *fatherly*
* leiten *to guide*
wenn Euch auch . . . auf-gehen wird (*coll.*) *even if you will understand . . .*

haltet weiter . . . fest zu *continue to be close to . . .* * das Vertrauen *confidence* die Ritterlichkeit *gallantry* erhalten *to keep*

groß *grown up*

* selber *oneself* * erwachsen *grown-up*

Anlaß sein zu *to give cause to* zum = zu der Zank *quarrel*
* um so mehr *all the more*
herum-tragen *to carry around*
* die Hand geben *to shake hands*
mißmutig *gloomy*
* heiter *cheerful* auseinander-laufen *to become separated*
pflegen *to cultivate* zusammen-führen *to bind together*

sich ab-schließen *to isolate oneself*
* teil-nehmen *to participate* festigen *to strengthen, consolidate*
* die Freundschaft *friendship*

der Wappenring *ring with engraved coat of arms*
mahnen an *to remind of* an-gehören *to belong to* die Vor- und Nachfahren *those before and after us*

Klaus Bonhoeffer

Klaus Bonhoeffer wurde 1944 von der Gestapo verhaftet; er schrieb vor der Hinrichtung seinen Kindern Cornelie, Thomas und Walter einen letzten Brief. 5

Meine lieben Kinder!

Ich werde nicht mehr lange leben, und will nun von Euch Abschied nehmen. Das wird mir sehr schwer; denn ich habe jeden von Euch so sehr lieb, und Ihr habt mir immer nur 10 Freude gemacht. Ich werde nun nicht mehr sehen, wie Ihr heranwachst und selbständige Menschen werdet. Liebe Kinder, ich habe viel gesehen und noch mehr erlebt. Meine väterlichen Erfahrungen können Euch aber nicht mehr leiten. Ich möchte Euch deshalb noch einiges sagen, 15 was für Euer Leben wichtig ist, wenn Euch auch manches erst später aufgehen wird.

Vor allem haltet weiter in Liebe, Vertrauen, Ritterlichkeit und Sorge fest zu Mama, solange Gott sie Euch erhält. Denkt immer, ob Ihr ihr nicht irgendeine Freude machen 20 könnt. Wenn Ihr einmal groß seid, wünsche ich Euch, daß Ihr Eurer Mutter so herzlich nahe bleibt, wie ich meinen Eltern nahe geblieben bin. So recht versteht man seine Eltern nämlich erst, wenn man selber erwachsen ist.

Haltet auch Ihr Geschwister fest und immer fester zusam- 25 men. Daß Ihr so verschieden seid, ist jetzt noch manchmal der Anlaß zum Zank. Wenn Ihr älter seid, werdet Ihr dafür Euch um so mehr geben können. Mal ein Zank ist nicht so schlimm. Tragt ihn aber nicht mit Euch herum. Denkt dann an mich und gebt Euch schnell wieder vergnügt die Hand! 30 Helft Euch, wo Ihr könnt! Ist einer traurig oder mißmutig, kümmert Euch, bis er wieder heiter ist. Lauft nicht ausein- ander. Pflegt, was Euch zusammenführt. Spielt, singt und tanzt miteinander, wie wir es so oft gemacht haben. Schließt Euch mit Euren Freunden nicht ab, wenn Ihr die 35 Geschwister teilnehmen lassen könnt. Das festigt auch die Freundschaft.

Ich trage an meiner rechten Hand den Ring, mit dem mich Mama glücklich gemacht hat. Es ist das Zeichen, daß ich ihr und auch Euch gehöre. Der Wappenring an meiner Linken 40 mahnt an die Familie, der wir angehören, an die Vor- und Nachfahren. Er sagt: Höre die Stimme der Vergangenheit.

sich verlieren (an) *to lose oneself* (*in*) selbstherrlich *arrogantly* flüchtig *fleeting* * treu *faithful* überliefern *to hand down* * die Enkel *grandchildren* * begegnen (*with dat.*) *to encounter* sich stoßen an *to take offense at* mißfallen (*with dat.*) *to displease* * gerecht *just* sich bewahren vor *to protect oneself from* die Engherzigkeit *narrow-mindedness* die Tulpe *tulip* * blühen *to bloom* duften *to be fragrant* der Dorn *thorn* unscheinbar *unpretentious* meist = meistens * verborgen *hidden* * erfreulich *gratifying* in sie = in die Menschen wenn . . . erst einmal *as soon as . . .* sich hinein-versetzen *to put oneself in someone's place* * beschäftigt *occupied* sich erschließen *to reveal oneself*

* geistig *intellectual* auszuwachsen = auswachsen zu lassen *to allow to develop* unerschöpflich *inexhaustible* * lebendig *living* * die Bildung *culture* teil-haben (an) *to share* (*in*)

* die Leistung *accomplishment* befähigen *to enable* adeln *to ennoble* * die Würde *dignity* verleihen *to bestow*

in vollen Zügen *deeply* in sich auf-nehmen *to take in* die Muße *leisure*

sich überlassen *to yield oneself* * die Phantasie *imagination* vergangen *past* schweifen *to roam* versonnen *enraptured* unergründlich *unfathomable* * das Wesen *being* das Grauen *horror* die Zerstörung *destruction* * auf-wachsen *to grow up* vor Augen führen *to demonstrate* * die Vergänglichkeit *transitory nature* irdisch *earthly, mortal* / alles Irdische *all that is mortal* * die Herrlichkeit *glory* * das Gras *grass* * das Erlebnis *experience* * das Bewußtsein *knowledge* * die Weisheit *wisdom* die Frömmigkeit *piety* vergänglich *transitory* / das Vergängliche *that which is transitory* ewig *eternal* / das Ewige *that which is eternal* sich zuwenden *to turn toward* der Segen *blessing* * fromm *pious* die (*object, accusative case*) die Erschütterung *violent emotion* hervor-rufen *to evoke* die Hast *haste* * die Verwirrung *confusion* die Leere *emptiness* hervor-brechen *to break forth* vertiefen *to deepen* das Halbdunkel *twilight* ringen (nach) *to strive* (*for*)

Verliere dich nicht selbstherrlich an die flüchtige Gegenwart. Sei treu der guten Art deiner Familie und überliefere sie Kindern und Enkeln.

Die Menschen, die Euch sonst begegnen, nehmt, wie sie sind. Stoßt Euch nicht gleich an dem, was fremd ist oder Euch mißfällt, und schaut auf die guten Seiten. Dann seid Ihr nicht nur gerechter, sondern bewahrt Euch selbst vor Engherzigkeit. Im Garten wachsen viele Blumen. Die Tulpe blüht schön, aber duftet nicht, und die Rose hat ihre Dornen. Ein offenes Auge aber freut sich auch am unscheinbaren Grün. So entdeckt man bei den Menschen meist verborgene erfreuliche Seiten, wenn man sich erst einmal in sie hineinversetzt. Wer nur mit sich selbst beschäftigt ist, hat dafür keinen Sinn. Glaubt mir aber, liebe Kinder, das Leben erschließt sich Euch erst dann im kleinen Kreise und im großen, wenn Ihr nicht nur an Euch, sondern auch an die andern denkt.

Hoffentlich lassen die Verhältnisse Euch die Ruhe und eine lange Zeit, einen jeden in seiner Art geistig auszuwachsen und noch viel zu lernen, damit Ihr einmal an dem unerschöpflichen Glück einer lebendigen Bildung teilhabt. Sucht aber nicht den Wert der Bildung in den höheren Leistungen, zu denen sie Euch befähigt, sondern darin, daß sie den Menschen adelt durch die innere Freiheit und Würde, die sie ihm verleiht.

Ich wünschte Euch, daß Ihr, solange Ihr jung seid, recht viel im Lande wandert und es in vollen Zügen und mit offenen Sinnen in Euch aufnehmt. Beim Wandern hat man noch die rechte Muße, sich der Landschaft und den Eindrücken von Menschen, Dörfern und den schönen alten Städten ganz zu überlassen. Wenn beim Wandern und bei Liedern die Phantasie von unseren Tagen in vergangene Zeiten schweift, entsteht vor Euch versonnen, unergründlich das Bild vom deutschen Land, in dem sich unser eigenes Wesen findet.

Die Zeiten des Grauens, der Zerstörung und des Sterbens, in denen Ihr, liebe Kinder, aufwachst, führen den Menschen die Vergänglichkeit alles Irdischen vor Augen; denn alle Herrlichkeit des Menschen ist wie des Grases Blume. Unter diesem Erlebnis führen wir unser Leben im Bewußtsein seiner Vergänglichkeit. Hier beginnt aber alle Weisheit und Frömmigkeit, die sich vom Vergänglichen dem Ewigen zuwendet. Das ist der Segen dieser Zeit. Überlaßt Euch nun nicht allein den frommen Stimmungen, die solche Erschütterungen hervorrufen, oder die in der Hast und Verwirrung dieser Welt aus einem Gefühl der Leere ab und zu hervorbrechen, sondern vertieft und festigt sie. Bleibt nicht im Halbdunkel, sondern ringt nach Klarheit, ohne das

* verletzen *to hurt* unnahbar *unapproachable* / das Unnahbare *the unapproachable* entweihen *to desecrate* ein-dringen *to penetrate*
Besitz ergreifen *to take possession* * gelten *to be valid*
* die Ehrlichkeit *honesty* * erwerben *to acquire*
segnen *to bless* * lebt wohl! *keep well!* * schützen *to protect*
* umarmen *to embrace*

der Zeitungsbericht *newspaper report*

dramatisch *dramatic* die Heimkehrergeschichte *story of a returning soldier*
dieser Tage *these days*
Danziger = of Danzig *Danzig (Gdansk), now a Polish seaport on the Baltic Sea*†
* die Bürgerin *citizen* flüchten *to flee* die Sowjetunion *U.S.S.R.*
verschleppen *to abduct*

der Aufenthaltsort *whereabouts*
* das Paket *package*
die Danksagung *note of thanks* * die Zeile *line* das Lager *camp*
* der Empfänger *recipient* * die Mitteilung *communication, message*
der Umfang *range, size* mager *meagre* * ausschließlich *exclusive*
* sachlich *factual* die Angabe *information* gestatten *to permit*
das Wohlergehen *well-being*
sich um-bilden *to transform oneself*
* die Silbe *syllable* * trocken *dry* die Bestätigung *confirmation*
der Freuden- und Jubelchoral *jubilant hymn of joy* ihre ganzen Tage = während ihrer Tage wider-hallen *to resound*
die Strophe *stanza* * sichtbar *visible* greifbar *tangible*
die Gabe *gift* auf daß = so daß abermals *again*
vorgeschrieben *prescribed*
der Zeitraum *period of time*

* entlassen *to discharge* demnächst *soon*

* fraglich *in question*
süddeutsch *South-German*
überfüllt (von) *packed (with)* die Wartenden *waiting people*

ein-laufen *to arrive* die der Kriegsgefangenschaft ledig gewordenen Männer *the men released from war captivity*
das Namenrufen *calling of names*
jemandem in die Arme sinken *to fall into the arms of someone*
altgeworden *grown old*
sich hindurch-drängen *to work one's way through*
der Gatte *husband*

† *After Germany invaded Poland in 1939, Danzig, which had been the autonomous Free City of Danzig, became part of Germany until 1945.*

Zarte zu verletzen und das Unnahbare zu entweihen. Dringt in die Bibel ein und ergreift selbst von dieser Welt Besitz, in der nur gilt, was Ihr erfahren und Euch selbst in letzter Ehrlichkeit erworben habt. Dann wird Euer Leben gesegnet und glücklich sein. Lebt wohl. Gott schütze Euch!

In treuer Liebe umarmt Euch

Euer Papa

NUR EIN ZEITUNGSBERICHT

Wolfgang Hoffmann-Harnisch

Eine dramatische Heimkehrergeschichte hat dieser Tage ein glückliches Ende gefunden.

Die Danziger Bürgerin Florentine Meyer mußte 1945 flüchten, ihr Sohn Ernst wurde in die Sowjetunion verschleppt. Zehn Jahre lang hörten die beiden nichts voneinander. Eines Tages erfuhr Frau Florentine von Heimkehrern den Aufenthaltsort ihres Sohnes. Voller Freude schickte sie ihm Pakete. Als Antwort erhielt sie eine Danksagung von nur drei Zeilen, denn in dem Lager, in dem der Empfänger lebte, waren nur Mitteilungen im Umfang dieser drei mageren Zeilen mit ausschließlich sachlichen Angaben gestattet. Kein Wort über sein Wohlergehen, kein Wort der Sehnsucht, kein Wort der Liebe oder der Hoffnung! Im Herzen der Mutter aber bildeten sich diese wenigen Silben trockener Bestätigung zu einem Freuden- und Jubelchoral um, der ihre ganzen Tage kein Ende nahm und noch in den Träumen der Nächte widerhallte. Und jede Strophe fand ihren sichtbaren und greifbaren Ausdruck in irgendeiner weiteren Gabe, auf daß abermals ein Paket im vorgeschriebenen Umfang und nach dem vorgeschriebenen Zeitraum fertig wurde.

Und dann, eines Tages, bekam Frau Meyer die Mitteilung, daß ihr Ernst aus dem Lager entlassen sei und demnächst bei ihr ankommen werde.

An dem fraglichen Tage war der Bahnhof des kleinen süddeutschen Städtchens, wo Frau Meyer nun schon mehr als zwölf Jahre wohnte, überfüllt von Wartenden. Einige zwanzig Heimkehrer sollten mit einem bestimmten Zuge ankommen. Und wirklich, der Zug lief ein, und die der Kriegsgefangenschaft ledig gewordenen Männer stiegen aus. Da hallte der Bahnsteig wider von dem Namenrufen derer, die da warteten, und derer, die da ankamen. Hier sank ein Sohn seinen altgewordenen Eltern in die Arme, dort drängte sich eine Frau durch die Gruppen der Wartenden hindurch, um ihren Gatten zu erreichen, Väter sahen

* die Szene *scene*
* der Kuß *kiss* die Umarmung *embrace*
* allmählich *gradual*
* wieder-erkennen *to recognize*

davon-gehen *to go away*
weiter-fahren *to leave again* (*train*)

das Glasdach *glass roof*

das Schlußlicht *tail light*

die Ferne *distance*

da-stehen *to stand there*

sich an-schicken *to set about*

die Sperre *gate* unwillkürlich *instinctively*
unverwandt *steadfastly* der Fremde *stranger*
einander zu mustern pflegen *customarily eye one another* * sich formen *to form*

lakonisch *laconically*

alldem = all dem *all that*
der Mitteilung, die ihm kurz zuvor geworden *the news which he had received shortly before* aus dem Leben scheiden *to die*

stammeln *to stammer*

an Kindesstatt an-nehmen *to adopt*
* verschwenden *to lavish*
* das Gesetz *law*

* zurück-bleiben *to remain behind* sich zusammen-finden *to find each other*

auf sich ziehen *to attract*

erstaunt ihre inzwischen herangewachsenen Kinder an, Brüder fanden ihre Schwestern, es gab rührende Szenen des Wiedersehens, es gab Küsse und Blumen und Umarmungen; und allmählich waren alle Schwierigkeiten des Wiedererkennens überwunden, die Familien verließen, eine Gruppe nach der anderen, den Bahnsteig, schließlich gingen auch die Beamten davon, denn der Zug war inzwischen weitergefahren. 5

Und da stand nun Frau Meyer am einen Ende des Bahnsteigs unter dem Glasdach, und ihr Sohn Ernst war nicht gekommen. Da stand sie, und es war dunkel und leer in ihr, wie sie den Schlußlichtern des Zuges nachsah, der allen ihre Söhne gebracht hatte—nur ihr nicht. 10

Und als dann die Schlußlichter in der Ferne verschwunden waren, und sie so ganz allein dastand und sich schließlich umwandte, um den Bahnsteig zu verlassen, da sah sie, wie am anderen Ende ein junger Mann stand, der gerade so verlassen und vergessen schien, wie sie selber es war. Und als nun auch dieser Mann sich zum Gehen anschickte, da trafen sich die beiden auf halbem Weg zur Sperre, und unwillkürlich blieben sie stehen und blickten einander unverwandter und länger an, als sonst Fremde einander zu mustern pflegen. Und da formte sich auf den Lippen des jungen Mannes der Name und er sprach fragend: 15 20

"Frau Meyer, Frau Florentine Meyer?" 25

Und gleich war alles klar: Das war der Ernst Meyer, dem sie die Pakete geschickt hatte, und der so lakonisch hatte antworten müssen, und dieser Ernst Meyer war nicht ihr Sohn, sondern ein Fremder. Und dieser Ernst Meyer fand nun die Worte zu alldem, was er nicht hatte schreiben dürfen in der ganzen Zeit, und auch zu der Mitteilung, die ihm kurz zuvor geworden, daß nämlich seine Mutter inzwischen aus dem Leben geschieden war. 30

Und wie er so dastand und stammelte, da hob Frau Florentine Meyer ihre Arme, legte sie dem jungen Mann um den Hals, zog ihn an sich, küßte ihn und sagte: "Und du bist doch mein Sohn!" 35

Das alles war so natürlich! Frau Florentine begriff, daß ihr Ernst nicht der Empfänger der Pakete war, und dieser Ernst wußte, daß er keine Mutter mehr hatte. Und so nahm denn Florentine Meyer diesen Ernst an Kindesstatt an, und sie verschwendete ihre ganze Liebe auf diesen Sohn, der nicht nur vor dem Gesetz, sondern auch vor ihrem eigenen Herzen ihr Sohn war. 40

Die Geschichte von den beiden Menschen, die allein auf einem Bahnsteig zurückgeblieben waren, sich dann zusammengefunden hatten und als Mutter und Sohn zu einer kleinen Familie geworden waren, zog die Aufmerksamkeit einiger Reporter auf sich, und es gab, einige Zeit 45

Blättern = Zeitungen auf Grund (von) *on account* (*of*)
* sich melden *to be heard from*
zuvor *before*
die Nachforschung *investigation, search*
bis dahin *until then* * erfolglos *unsuccessful*

* sich verhalten *to act*

ein-teilen *to allot* ab-knapsen (*coll.*) *to stint*

eigenes Fleisch und Blut *own flesh and blood* entziehen (*with dat.*) *to deprive someone of something*
der Drang *stress* erliegen *to succumb to*
angenommen *adopted* weichen *to yield*

weg-schicken *to send away*

* der Reichtum *wealth*
vergönnen (*with dat.*) *to grant* an *consisting of* verdoppeln *to double* hinfort *from now on*

später, in allen Blättern Berichte über diesen Fall. Auf Grund dieser Zeitungsberichte meldete sich nun aber aus Castrop-Rauxel der richtige Ernst Meyer. Auch er war kurz zuvor aus der Sowjetunion zurückgekehrt, und alle seine Nachforschungen nach der Mutter waren bis dahin erfolglos geblieben. 5

Und nun frage ich Sie, Leser: Was wird geschehen? Wie, glauben Sie, wird sich Frau Meyer verhalten? Die Wohnung ist klein, das Leben ist schwer, man verdient wenig, alles kostet so viel, man muß immer nur einteilen und abknapsen und sparen, sparen, sparen. Soll man das Wenige dem eigenen Fleisch und Blut entziehen und es dem Fremden geben? Soll der eigene Sohn darunter leiden, daß man einmal im Drange der Sehnsucht einem Gefühl erlag? Wird nicht der angenommene Sohn dem eigenen weichen müssen? 10 15

Frau Meyer entscheidet: Ich kann das angenommene Kind nicht wegschicken, weil mein eigenes zurückgekehrt ist. Wie sollte ich, bin ich nicht reicher geworden? Habe ich nicht den einzigen wahren Reichtum, der uns Menschen vergönnt ist, den Reichtum an geliebten Menschen, verdoppelt? — Ich habe hinfort zwei Söhne! 20

New Words and Phrases to Learn

der Abschied *farewell;*—nehmen (nahm, genommen, nimmt) *to bid farewell*

allmählich *gradual*

auf-wachsen (wuchs, ist gewachsen, wächst) *to grow up*

ausschließlich *exclusive*

begegnen (*with dat.*) *to encounter, meet*

beschäftigt *occupied*

das Bewußtsein *consciousness, knowledge*

die Bildung *education, culture*

blühen *to bloom, blossom*

der Bürger,- *citizen;* die Bürgerin,-nen *citizen*

die Ehrlichkeit *honesty*

der Empfänger,- *recipient*

der Enkel,- *grandchild, grandson;* die Enkelin,-nen *grandchild, granddaughter*

entlassen (entließ, entlassen, entläßt) *to discharge; to dismiss*

erfolglos *unsuccessful*

erfreulich *gratifying, pleasing*

erleben *to experience*

das Erlebnis,-ses,-se *experience*

erwachsen *grown-up*

erwerben (erwarb, erworben, erwirbt) *to acquire, earn; to gain*

(sich) formen *to form*

fraglich *in question; questionable*

Freude:— machen *to give pleasure*

die Freundschaft,-en *friendship*

fromm *pious, religious*

geistig *spiritual; intellectual*

gelten (galt, gegolten, gilt) *to be valid; to pass for, be regarded as; to apply to*

gerecht *just; righteous*

das Gesetz,-e *law*

das Gras,¨-er *grass*

Hand: die—geben (gab, gegeben, gibt) *to shake hands*

heiter *cheerful, gay*

die Herrlichkeit,-en *glory, splendor; magnificence*

der Kuß,¨(ss)e *kiss*

lebe wohl! *keep well! good-bye!*

lebendig *alive, living; lively*

die Leistung,-en *accomplishment; performance*

leiten *to guide, lead, direct*

sich melden *to be heard from; to report for duty; to answer (telephone)*

die Mitteilung,-en *communication, message; information*

das Paket,-e *package, parcel*

die Phantasie,-n *imagination*

der Reichtum,¨er *wealth, fortune; abundance*

sachlich *factual*

schützen *to protect*

selber *myself, yourself, etc*

selbständig *independent*

sichtbar *visible*

die Silbe,-n *syllable*

die Szene,-n *scene; sequence*

teil-nehmen (an) (nahm, genommen, nimmt) *to participate, take part (in)*

treu *faithful, loyal*

trocken *dry; plain*

um so mehr *all the more*

umarmen *to embrace, hug*

verborgen *hidden*

die Vergänglichkeit *transitory nature;* vergänglich *transitory*

sich verhalten (verhielt, verhalten, verhält) *to act, behave*

verletzen *to hurt, injure, wound*

verschwenden *to lavish; to squander, waste*

das Vertrauen (auf) *confidence, trust (in)*

die Verwirrung,-en *confusion*

die Weisheit *wisdom*

das Wesen *being; essence; nature; character*

wieder-erkennen (erkannte, erkannt) *to recognize*

die Würde *dignity*

die Zeile,-n *line*

zurück-bleiben (blieb, ist geblieben) *to remain behind*

Vocabulary Building

A Form meaningful German sentences with five new learn words of which at least two should be nouns and one should be a verb.

Example: In jeder Zeile erkannte ich den Reichtum ihrer lebendigen Phantasie wieder.

B Attempt to convey the opposite meaning of your sentences under A by using as many new learn words as possible.

Example: In dieser sachlichen und trockenen Mitteilung ist keine Phantasie sichtbar.

C Rephrase the following sentences, using as many new learn words as possible.

1 / Die Tochter meines Sohnes ist kein Kind mehr.

2 / Er vergaß "auf Wiedersehn" zu sagen, weil er so viel zu tun hatte.

3 / Ich bin nicht sicher, ob nur er allein das Paket bekommen soll.

4 / Klug zu sein gehört auch zur Natur intellektueller Kultur.

5 / Obwohl das Telephon klingelte, blieb ich still und antwortete nicht.

D Express in German, using as many new learn words as possible.

1 / He was dismissed because his performance was unsuccessful.

2 / A faithful citizen does not violate the law.

3 / She did not only shake hands but embraced and kissed him.

4 / You will only hurt yourself all the more when you squander your wealth.

5 / The experience of friendship and the trust in honesty will help you to encounter the confusion of the world.

EXERCISES

Comprehension

A Answer in German. Use as many sentences as you need.

1 / Bonhoeffer bittet die Kinder, weiter in engem Kontakt miteinander und mit der Mutter zu bleiben. Wie sollen sie das tun?

2 / Woher können Sie wissen, wann und wo Bonhoeffer seinen Brief schreibt?

3 / Wie konnte der falsche Ernst Meyer Frau Meyer erkennen, obwohl er sie nie vorher gesehen hatte?

4 / Warum ist der richtige Ernst Meyer nicht zu seiner Mutter zurückgekehrt?

5 / Glauben Sie, daß Ihr Vater und Ihre Mutter ähnlich wie Klaus Bonhoeffer und Florentine Meyer schreiben und handeln würden? Erklären Sie.

B Select one of the two following imaginary situations and write the appropriate letter in German.

1 / A child of Bonhoeffer writes a farewell letter to the father.

2 / The false Ernst Meyer writes to Florentine Meyer shortly before his release.

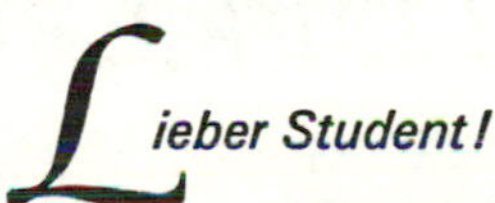

ieber Student!

Mit den 68 neuen Wörtern dieses Kapitels haben Sie ein erfreulich großes Vokabular von 1629 Wörtern erworben. Jetzt können Sie nicht nur sachliche und trockene Sätze formen, sondern auch selbständig lebendiges Deutsch schreiben und sprechen. Um so mehr und schneller können Sie natürlich auch lesen: nicht nur deutsche Silben und Zeilen, sondern ganze Gedichte und Geschichten. Das Bewußtsein dieser geistigen Leistung und dieses Reichtums macht Freude, nicht wahr? Heute sollen Sie einmal Ihre Phantasie benutzen und alle Wörter finden, die das Gegenteil neuer Lernwörter bedeuten, denen Sie in diesem Kapitel begegnet sind. (Beispiele: Freude machen—ärgern; lebendig—tot). Danach beginnen Sie mit dem letzten Kapitel dieses Buches!

Vom Lesen und Lernen

Despite radio and television, the learning process of most people still largely depends on the mental activity of reading. Just as striving for literacy is one of the first goals of underdeveloped countries on their road toward advancement, so the degree of reading skill is the essential indicator of an individual's chance for a successful career. The mutually enhancing relationship between reading and learning is even more vital when it comes to studying a foreign language and culture, as the reader of this book has already experienced. Whatever the special relationship or proper sequential arrangement may be in regard to reading and learning German, the key words are and always will remain: "Lesen und Lernen". □ We trust that the reader has become sufficiently sophisticated by now so that he may enjoy some references to those two key words in the last chapter. Two aphorisms by Lichtenberg (see Chapter 9) are followed by a poem by Lessing (see Chapters 5 and 9). Then we meet Thomas Mann again (see Chapter 8), but this time as a grandfather who comments on reading and learning in a letter to his grandson. Finally, we will make the acquaintance of one of the great men of our age: Albert Einstein (1879–1955), who was not only a scientific genius but also a truly kind and wise human being.

* zusammen-stoßen *to collide*
hohl *hollow*   allemal = immer

* die Ware *product*   * schwerlich *hardly*
drucken *to print*
rezensieren *to review*

auf sich selbst *about oneself*

all(e)zeit = immer   * scherzen *to joke*

verdenken (*with dat.*) *to blame someone*
geizen *to stint*

* tadeln *to find fault*

die Folge *result*
tu' = tue
* gönn' = gönne; gönnen (*with dat.*) *to grant*   * die Lust *pleasure*
* von Herzen *heartily*

Georg Christoph Lichtenberg

Wenn ein Buch und ein Kopf zusammenstoßen und es klingt hohl, ist das allemal im Buch?

Eine seltsamere Ware als Bücher gibt es wohl schwerlich in der Welt. Von Leuten gedruckt, die sie nicht verstehen; von Leuten verkauft, die sie nicht verstehen; rezensiert und gelesen von Leuten, die sie nicht verstehen; und nun gar geschrieben von Leuten, die sie nicht verstehen.

AUF SICH SELBST

Gotthold Ephraim Lessing

Ich habe nicht stets Lust zu lesen.
Ich habe nicht stets Lust zu schreiben.
Ich habe nicht stets Lust zu denken;
Kurzum, nicht immer zu studieren.

Doch hab' ich allzeit Lust zu scherzen. 5
Doch hab' ich allzeit Lust zu lieben.
Doch hab' ich allzeit Lust zu trinken;
Kurz, allezeit vergnügt zu leben.

Verdenkt ihr mir's, ihr sauern Alten?
Ihr habt ja allzeit Lust zu geizen; 10
Ihr habt ja allzeit Lust zu lehren;
Ihr habt ja allzeit Lust zu tadeln.

Was ihr tut, ist des Alters Folge.
Was ich tu', will die Jugend haben.
Ich gönn' euch eure Lust von Herzen. 15
Wollt ihr mir nicht die meine gönnen?

Kilchberg *a suburb of Zurich, Switzerland*

Frido *Thomas Mann's grandson*
die Gelbsucht *jaundice*
habest = hast die Diät *diet* müßtest = mußt
verdrießlich *unpleasant*

verstimmt *sickly*

* dazu-kommen *to get around to it*

* vorüber *over*

Schweizer *Swiss*
französisch *French* italienisch *Italian*
das fliegt einem so an *it comes easily to one*
zu-sehen *to see to it*
* nützlich *useful*
* der Geschäftsmann *businessman*
türkisch *Turkish* das Geschäftsleben *business world*

der Besuch *company*
der Bildhauer *sculptor*
die Büste *bust* sie ist recht ähnlich geworden *it turned out to be a good likeness*
aus-führen *to execute*
Ostdeutschland *The German Democratic Republic, formerly the Soviet-occupied zone of Germany* * öffentlich *public* auf-stellen *to put up*
blank *shining*
das Schneemützchen *little snow cap*
* hin-fahren *to go there*

Opapa *grandfather*

geht ordentlich *runs properly* * die Armbanduhr *wrist watch*

AN FRIDO MANN

Kilchberg, 19. Oktober 1954

Thomas Mann

Lieber Frido,

es hat mir so leid getan, zu hören, daß Du etwas Gelbsucht habest und bei strenger Diät im Bett liegen müßtest. Das ist eine so unangenehme, verdrießliche Krankheit—ich habe sie nie gehabt, weiß es aber von anderen, wie schlecht und verstimmt man sich dabei fühlt. Darum sagte ich gleich: Da muß ich dem guten Frido doch schreiben, was ich sowieso schon lange nicht mehr getan habe. Und dann bin ich doch noch mehrere Tage nicht dazu gekommen! Nun, da ich mich dazu hinsetze, ist vielleicht—ich will es recht hoffen—schon alles vorüber und Du hast keine gelben Augen mehr und bist auf und darfst und magst alles essen. Das wäre mir eine Freude zu hören.

Wie ist es denn in der Schweizer Schule? Lernt ihr da auch Französisch? Italienisch kannst Du gewiß schon eine ganze Menge, das fliegt einem so an, wenn man im Lande lebt. Sieh nur zu, daß Du das Englische nicht ganz vergißt! Sprachen zu können wird Dir sehr nützlich sein, wenn Du einmal ein smarter Geschäftsmann bist. Vielleicht lernst Du gar noch Türkisch. Aber das ist im Geschäftsleben, glaube ich, nicht so wichtig . . . .

. . . Viel Besuch haben wir immer. In den letzten Tagen war ein Bildhauer-Professor aus Berlin da, dem ich zu einer Büste sitzen mußte. Sie ist recht ähnlich geworden, und er will sie nicht nur in Bronze, sondern auch in Stein ausführen, denn sie soll in Deutschland, natürlich in Ostdeutschland, auf einem öffentlichen Platz aufgestellt werden, und da stehe ich dann bei jedem Wetter, blank vom Regen und heiß von der Sonne, und im Winter habe ich ein Schneemützchen auf dem Kopf. Vielleicht fährst Du mal hin, es Dir anzusehen.

Lebe recht wohl, mein Lieber, Guter, grüße die Eltern und Toni und Boris und schreibe mir auch einmal wieder!

Dein Opapa

Geht die Armbanduhr ordentlich?

der zweite Ostertag *Easter Monday*

* die Schrift *handwriting*
* das Datum *date*
Fiesole *Italian town, near Florence* "der soundsovielte" *"such and such date"* * das gehört sich *that is proper* * die Faulheit *laziness* sich an-klagen (*with gen.*) *to accuse oneself of* * fleißig *diligent* "Buddenbrooks" *first major novel by Thomas Mann* durch-lesen *to read through* * die Figur *figure* Viko = Viktor Mann *Thomas Mann's younger brother* die Memoiren *memoirs* * nach-prüfen *to check* der Literaturstudent *student of literature* sogenannt *so-called* Dr.phil. *Ph.D.*
* neugierig (auf) *curious* (*about*)
die Sommerferien *summer vacation*

* der Rat *advice* * betreffen *to concern* * schade *a pity*

* das Mißverständnis *misunderstanding*
Golo = Golo Mann *Thomas Mann's second son, a well-known historian*

Medi = Elisabeth Mann Borgese *Mann's third daughter* das Fremdenzimmer *guest room*

gehen = dauern
die Umständlichkeit *formality* * das Abenteuer *adventure*
die Schiller-Feier *commemoration of the 150th anniversary of Schiller's death* Stuttgart *city in southern Germany* der Sängerkrieg *humorous allusion to the legendary medieval bards contest in Wartburg Castle. Mann would have to compete as a speaker with Theodor Heuss.*
Bundespräsident Heuss *President of the Federal Republic of Germany from 1949–1959* die Roten *the East Germans* Weimar *city in East Germany* (*where Schiller lived*) Lübeck *city in northern Germany, Thomas Mann's birthplace*
der Staatsbesuch *"state visit"* (*Thomas Mann was invited by the city*) der Erholungsaufenthalt *restful stay* * verbinden *to connect* Travemünde *resort place at the sea near Lübeck* hiesig *here, i.e., in Zurich*
die Festivität *festivity*
der Haag *The Hague, capital of the Netherlands*
dortig *there* der Orden *decoration* verleihen *to confer on*
Bonn *capital of the Federal Republic of Germany*
* vorgestern *day before yesterday*
Siena *city in Italy*
überholt *out of date* Bibi = Michael Mann *Thomas Mann's youngest son, now a German professor at Berkeley* *vermuten *to suppose*
* dorthin *to that place* entschwinden *to vanish*

die Lehrstelle *teaching position*

Kilchberg am Zürichsee
Alte Landstraße 39
11. April 2. Ostertag

Lieber Frido,

so lieb und nett und in hübscher Schrift hast Du mir geschrieben, vielen Dank! Nur solltest Du auch das Datum über Deine Briefe setzen, rechts oben: "Fiesole, den soundsovielten". Das gehört sich. Aber der Faulheit darfst Du Dich nicht anklagen, denn es ist ja rührend fleißig, daß Du die ganzen "Buddenbrooks" durchgelesen und die Figuren auch noch in Onkel Viko's Memoiren nachgeprüft hast. So machen es die Literaturstudenten auch, schreiben dann eine sogenannte Dissertation und werden Dr.phil. dafür.

Nicht wenig neugierig bin ich auf die Geschichte, die Du in den Sommerferien schreiben willst! Die muß ich gleich lesen, wenn Du sie fertig hast, und kann Dir vielleicht einen Rat geben, wenigstens was die Form betrifft. Schade, daß Du sie nicht schon mitbringen kannst, wenn Du im blauen Anzug kommst. Sehr gelacht haben wir über Dein Mißverständnis, Golo wolle *mindestens* bis zu seinem eigenen 80. Geburtstag in Fiesole bleiben. "Was ?! So lange ?!" War das wohl ein Witz von Dir, oder hast Du wirklich geglaubt, der Onkel werde 40 Jahre lang in Medi's Fremdenzimmer sitzen ?

Bis zu dem 80., den er meinte, wird es ja wirklich nicht mehr lange gehen, aber vorher kommen für mich noch soviele Umständlichkeiten und Abenteuer: Anfang Mai die Schiller-Feier in Stuttgart, wo ich eine Art von Sängerkrieg mit Bundespräsident Heuss führen soll; und von da will ich zu den Roten nach Weimar, und die westdeutschen Zeitungen werden schimpfen, weil ich finde, daß die Leute da *auch* Menschen sind und auch Deutsche, die sich freuen, wenn man sie besucht und ihnen auch etwas von Schiller erzählt. Von Weimar müssen wir nach Lübeck zu einem Staatsbesuch, der mit einem Erholungsaufenthalt in Travemünde an der See verbunden sein soll; Du kennst den Ort ja aus "Buddenbrooks". Dann kommen die hiesigen Festivitäten, und Anfang Juli wollen wir nach Holland, wo ich auch in Amsterdam und im Haag reden soll. Ich hörte, daß die dortige Frau Königin mir einen hohen Orden verleihen will, was mir darum Spaß macht, weil sie sich in Bonn darüber ärgern werden.

Du schreibst, Papa und Mama seien "vorgestern" auch gekommen und mit euch nach Siena gefahren. Aber das ist ja überholt, denn Papa Bibi ist ja nun in Amerika und schon in California, und ich vermute, daß ihr alle eines nahen Tages dorthin entschwinden werdet, wünsche es sogar, weil es mich freuen würde, wenn der Papa dort eine schöne Lehrstelle bekäme . . .

das Lebewesen *living being*
* religiös *religious* * Sinn haben *to make sense*
* diese Frage stellen *to ask this question*
der Mitmensch *fellow human being*
* sinnlos *senseless* * empfinden *to perceive*
lebensfähig *capable of living*

* die Erziehung *education*

das Spezialfach *specialized field*
wird zu = wird * benutzbar *useful* * die Maschine *machine*
vollwertig *complete* * die Persönlichkeit *person* es kommt darauf an *it is of importance*
* erstreben *to strive for*
* moralisch *moral*
* gleichen (*with dat.*) *to resemble* die spezialisierte Fachkenntnis *specialized knowledge* wohlabgerichtet *well-trained* harmonisch *harmoniously* das Geschöpf *human being* * das Motiv *motif*
das Leiden *sorrow*
die Einstellung *attitude*
* die Gemeinschaft *community*
* wertvoll *valuable*
* der Kontakt *contact*
* in der Hauptsache *on the whole*
vermitteln *to convey* * die Kultur *culture* * in erster Linie *above all*
aus-machen *to constitute* erhalten *to preserve* * im Auge haben *to think of*
* empfehlen *to recommend*
das Fachwissen *knowledge of subject matter* * geschichtlich *historical*
philosophisch *philosophical*
die Überbetonung *overemphasis* * frühzeitig *premature*
* der Gesichtspunkt *point of view* * unmittelbar *direct*
die Nützlichkeit *usefulness*
kulturell *cultural* die Blüte *flower, bloom*
die Spezialwissenschaften *each individual field* * abhängig *dependent*
* ferner *further* (*more*)
* kritisch *critical*
die Entwicklung *development* weitgehend *to a large extent*
die Überbürdung *overburdening* gefährden *to endanger* das Punktsystem *point system* * die Oberflächlichkeit *superficiality*
die Kulturlosigkeit *lack of culture* das Dargebotene *that which is being offered*
* das Geschenk *gift*
* die Pflicht *obligation*

VOM SINN DES LEBENS

Albert Einstein

Welches ist der Sinn unseres Lebens, welches der Sinn des Lebens aller Lebewesen überhaupt? Eine Antwort auf diese Frage wissen, heißt religiös sein. Du fragst: Hat es denn überhaupt einen Sinn, diese Frage zu stellen? Ich antworte: Wer sein eigenes Leben und das seiner Mitmenschen als sinnlos empfindet, der ist nicht nur unglücklich, sondern auch kaum lebensfähig.

ERZIEHUNG ZU SELBSTÄNDIGEM DENKEN

Es ist nicht genug, den Menschen ein Spezialfach zu lehren. Dadurch wird er zwar zu einer Art benutzbarer Maschine, aber nicht zu einer vollwertigen Persönlichkeit. Es kommt darauf an, daß er ein lebendiges Gefühl dafür bekommt, was zu erstreben wert ist. Er muß einen lebendigen Sinn dafür bekommen, was schön und was moralisch gut ist. Sonst gleicht er mit seiner spezialisierten Fachkenntnis mehr einem wohlabgerichteten Hund als einem harmonisch entwickelten Geschöpf. Er muß die Motive der Menschen, deren Illusionen, deren Leiden verstehen lernen, um eine richtige Einstellung zu den einzelnen Mitmenschen und zur Gemeinschaft zu erwerben.

Diese wertvollen Dinge werden der jungen Generation durch den persönlichen Kontakt mit den Lehrenden, nicht— oder wenigstens nicht in der Hauptsache—durch Textbücher vermittelt. Dies ist es, was Kultur in erster Linie ausmacht und erhält. Diese habe ich im Auge, wenn ich die "humanities" als wichtig empfehle, nicht einfach trockenes Fachwissen auf geschichtlichem und philosophischem Gebiet.

Überbetonung des kompetitiven Systems und frühzeitiges Spezialisieren unter dem Gesichtspunkt der unmittelbaren Nützlichkeit töten den Geist, von dem alles kulturelle Leben und damit schließlich auch die Blüte der Spezialwissenschaften abhängig ist.

Zum Wesen einer wertvollen Erziehung gehört es ferner, daß das selbständige kritische Denken im jungen Menschen entwickelt wird, eine Entwicklung, die weitgehend durch Überbürdung mit Stoff gefährdet wird (Punktsystem). Überbürdung führt notwendig zu Oberflächlichkeit und Kulturlosigkeit. Das Lehren soll so sein, daß das Dargebotene als wertvolles Geschenk und nicht als saure Pflicht empfunden wird.

die Ansprache *address*

erwecken *to awaken*

* sonnig *sunny*　　gesegnet *blessed*

* begeistert *enthusiastic*　　das Streben *aspiration*

das Erbe *heritage*
* ehren *to honor*　　weiter-bilden *to develop*　　treulich *faithfully*
übermitteln *to transmit*　　sterblich *mortal* / wir Sterbliche *we mortals*
* bleibend *permanent*　　* gemeinsam *together*
* die Gesinnung *spiritual attitude*
* erlangen *to attain*

EINE ANSPRACHE AN KINDER

> Es ist die wichtigste Kunst des Lehrers, die Freude am Schaffen und am Erkennen zu erwecken.

Liebe Kinder!
Ich freue mich, euch an diesem Tag vor mir zu sehen, frohe Jugend eines sonnigen und gesegneten Landes.

Denkt daran, daß die wunderbaren Dinge, die ihr in euren Schulen kennenlernt, das Werk vieler Generationen sind, das in allen Ländern der Erde in begeistertem Streben und mit großer Mühe geschaffen worden ist. All dies wird als euer Erbe in eure Hände gelegt, damit ihr es empfanget, ehret, weiterbildet und treulich euren Kindern einst übermittelt. So sind wir Sterbliche in dem unsterblich, was wir an bleibenden Werken gemeinsam schaffen.

Wenn ihr daran stets denkt, werdet ihr im Leben und Streben einen Sinn finden und die richtige Gesinnung erlangen anderen Völkern und Zeiten gegenüber.

New Words and Phrases to Learn

das Abenteuer,- *adventure, escapade*
abhängig *dependent*
die Armbanduhr,-en *wrist watch*
Auge: im—haben *to think of, to be concerned with*
begeistert *enthusiastic*
benutzbar *useful*
betreffen (betraf, betroffen, betrifft) *to concern, affect*
bleibend *permanent*
das Datum (*pl.* Daten) *date*
dorthin *there, to that place*
ehren *to honor*
empfehlen (empfahl, empfohlen, empfiehlt) *to recommend*
empfinden (empfand, empfunden) *to perceive, feel, experience*
erlangen *to attain; to reach*
erstreben *to strive for*
die Erziehung *education*
die Faulheit *idleness, laziness*
ferner *further*(*more*)
die Figur,-en *figure*
fleißig *diligent, industrious, hard-working*
Frage: eine—stellen *to ask a question*
frühzeitig *premature; early*
gehören: es gehört sich *it is proper*
die Gemeinschaft,-en *community*
gemeinsam *together, joint; common*
der Geschäftsmann (*pl.* Geschäftsleute) *businessman, merchant*
das Geschenk,-e *gift, present*
geschichtlich *historical*
der Gesichtspunkt,-e *point of view*
die Gesinnung,-en *spiritual attitude; way of thinking*
gleichen (glich, geglichen) (*with dat.*) *to resemble*
gönnen (*with dat.*) *to grant; not to begrudge*

Hauptsache: in der— *on the whole*
Herz: von Herzen *heartily*
hin-fahren (fuhr, ist gefahren, fährt) *to drive there; to go there*
kommen: dazu-kommen (kam, ist gekommen) *to get around to it, find time for it*
der Kontakt,-e *contact*
kritisch *critical*
die Kultur,-en *culture*
Linie: in erster— *above all*
die Lust *pleasure, joy; desire, inclination*
die Maschine,-n *machine*
das Mißverständnis,-ses,-se *misunderstanding*
moralisch *moral*
das Motiv,-e *motif*
nach-prüfen *to check*
neugierig (auf) *curious (about), inquisitive*
nützlich *useful*
die Oberflächlichkeit,-en *superficiality, shallowness*
öffentlich *public*
die Persönlichkeit,-en *person; personality*
die Pflicht,-en *duty, obligation*
der Rat (*pl.* Ratschläge) *advice*
religiös *religious*
schade *a pity, too bad*
scherzen *to joke, make fun of*
die Schrift,-en *script, type; handwriting*
schwerlich *hardly, scarcely*
Sinn:—haben *to make sense*
sinnlos *senseless, pointless*
sonnig *sunny*
tadeln *to find fault, blame; to reprimand*
unmittelbar *direct*
verbinden (verband, verbunden) *to unite, connect; to dress wounds*
vermuten *to suppose, assume*
vorgestern *day before yesterday*
vorüber *past, over, by*
die Ware,-n *product, merchandise*
wertvoll *valuable*
zusammen-stoßen (stieß, ist gestoßen, stößt) *to collide; to knock together*

Vocabulary Building

A Form meaningful German sentences with five new learn words in each sentence.

B Give brief definitions in German of all new nouns on the above list of new learn words.

C Select twenty new verbs and adjectives from the above list and form short sentences in which these words are intelligently used.

D Complete the following sentences, using new learn words.

1 / Die Alten sollen die Jungen nicht nur _____ sondern ihnen auch _____.

2 / Es hat Sinn, wenn man _____.

3 / George Washington ist _____.

4 / Ich konnte ihre _____ nicht lesen, obwohl sie meiner eigenen _____.

5 / Wer eine gute Erziehung _____, muß in erster Linie _____.

6 / Wenn man _____ mit Oberflächlichkeit _____ und nicht _____ ist, wird man nie Deutsch lernen.

E Answer the following questions by using new German learn words for the English clues given in parentheses. Use as many sentences as you need.

1 / Was erwarten Sie von einer Figur im öffentlichen Leben? (*personality, moral*)

2 / Hat er dieses Geschenk verdient? (*not to begrudge, heartily, valuable*)

3 / Warum wünschen Sie diesen Kontakt? (*advice, critical point of view, merchant, useful*)

4 / Haben Sie dieses Motiv bei ihm vermutet? (*hardly, to check, misunderstanding, to concern, spiritual attitude*)

5 / Was verbindet uns alle? (*on the whole, common culture, furthermore, to feel, above all, duties, community*)

Comprehension

Rewrite or revise the following statements so that they agree with the sentiments expressed by the authors in this chapter.

1 / In guten Schulen lernen die Kinder etwas Neues, was in anderen Ländern nicht gelehrt wird.

2 / Wenn man sich frühzeitig spezialisiert, wird man weniger oberflächlich und kann leichter eine Stelle finden.

3 / Zum achtzigsten Geburtstag seines Sohnes Golo reiste Thomas Mann nach Weimar, um seinen Enkel Frido Heuss zu treffen.

4 / Thomas Mann freute sich, daß Fridos Arbeit über die "Buddenbrooks" als Dissertation angenommen wurde.

5 / Wie die meisten Studenten, wollte auch der junge Lessing lieber trinken als studieren. Das machte ihn später berühmt.

6 / Thomas Mann wollte, daß Frido Türkisch lernen sollte.

7 / Weil Einstein ein moderner Mensch ist, findet er Textbücher wichtiger als Lehrer.

Lieber Student!

Mit den 70 wertvollen und nützlichen Wörtern dieses Kapitels haben Sie nun ein Vokabular von 1699, also beinahe 1700 Wörtern, am Ende dieses Buches erlangt. Erlauben Sie Ihrer Faulheit und Oberflächlichkeit nicht, alles wieder schnell zu vergessen. Das wäre schade und sinnlos. Bleiben Sie kritisch und auch ferner fleißig! Stellen Sie sich die Frage: was muß ich tun, um ein bleibendes Vokabular zu erstreben? Die Antwort ist: in der Hauptsache das Motiv des Lernens mit der Lust zum Lesen verbinden. Wir empfehlen Ihnen, das zu tun, und sagen von Herzen: "Auf Wiedersehen!"

German-English Vocabulary

This vocabulary includes all German words occurring in this book except the Basic 600 Words which are listed separately in the Preface. It does not include geographical and factual terms (which are explained in the glosses), proper names, *der* words, pronouns, possessive adjectives, numbers, and diminutives. All learn words, i.e., those words that should become part of the student's active vocabulary, are marked by an asterisk. Since all presumably unknown words are given in glosses facing the texts and/or in the alphabetically arranged chapter listings of new learn words, there is no need to look up a word in the end vocabulary for reading purposes. Since the exercises at the end of each chapter are designed to help the student practice and to reinforce his growing active vocabulary he will find it desirable to have all new words and phrases at his disposal in one place, especially if no formal grammar review will accompany his reading process. Additional information about the Vocabulary may prove helpful.

1 / All major meanings of a word are listed, not only the one fitting the context of this reader (as shown in the glosses). Similar or related meanings are separated by comma, very different ones by semicolon.

2 / Plural endings of nouns are listed, unless the plural is very rare or does not exist. Irregular genitive endings are also given.

3 / The principal parts of strong and irregular verbs are given in full and, if a vowel change occurs in the present tense, the third person singular is also listed.

4 / The third principal part of a verb using *sein* in the perfect tense, is preceded by *ist*.

5 / Verbs with separable prefixes are hyphenated.

6 / Verbs requiring the dative case are followed by (*with dat.*).

7 / Reflexive verbs are preceded by *sich*. Placed in parentheses, (*sich*) indicates that the verb may also be used nonreflexively. *Sich* indicates accusative, unless followed by (*with dat.*).

A

*ab und zu *now and then*

ab-biegen (bog, ist abgebogen) *to turn off*

ab-brechen (brach, gebrochen, bricht) *to break off*

ab-bringen (brachte, gebracht) (von) *to dissuade (from);* sich — lassen *to be dissuaded*

das *Abendbrot *supper, dinner*

*abends *in the evening*

das *Abenteuer,– *adventure, escapade*

abermals *again*

*ab-geben (gab, gegeben, gibt) *to hand over, deliver; to give up*

abgebissene Fingerkuppen *bitten fingernails*

die Abgeschmacktheit,–en *insipidity, tastelessness*

*abgesehen von *aside from, except for*

ab-gewinnen (gewann, gewonnen) *to win;* sich etwas — *to wrest something from oneself*

*abhängig *dependent*

ab-heben (hob, gehoben) *to withdraw (money)*

der *Abiturient,–en,–en *high school graduate*

ab-knapsen *(coll.)* *to stint*

ab-kriegen *to get (one's share of)*

*ab-lehnen *to decline, refuse, turn down*

ab-lesen (las, gelesen, liest) *to read from*

ab-locken *to obtain something from someone by coaxing or flattery*

ab-malen = malen

ab-quälen *to wring from*

abscheulich *abominable, horrible*

*ab-schicken *to send off (or away), mail; to dispatch*

der *Abschied,–e *farewell;* — nehmen *to bid farewell*

ab-schließen (schloß, geschlossen) *to lock up; to conclude*

sich ab-schließen (schloß, geschlossen) *to isolate oneself*

ab-schneiden (schnitt, geschnitten) *to cut off*

*ab-schreiben (schrieb, geschrieben) *to copy; to plagiarize; to write off*

sich ab-schuften *to drudge*

der Abstand,⸚e *contrast; distance*

(sich) ab-stoßen (stieß, gestoßen, stößt) *to push off*

ab-waschen (wusch, gewaschen wäscht) *to wash off; to wash up*

(sich) ab-wenden (wandte, gewandt) *to turn away*

ab-wischen *to wipe (off)*

ach wo! *oh no!*

acht-haben (hatte, gehabt, hat) *to notice, pay attention*

*achten *to respect, esteem;* — auf *to take notice of*

adeln *to ennoble*

der Adler,– *eagle*

der Affront,–s *(Fr.)* *insult*

*ähnlich *similar, alike*

*ähnlich sehen (sah, gesehen, sieht) *(dat.)* *to look like*

die *Ähnlichkeit,–en *similarity, resemblance, likeness*

der Akkord,–e *accord; chord*

die *Aktentasche,–n *briefcase*

der Akzent,–e *accent*

der Alkohol *alcohol*

all dem *all that*

allemal = immer

*allmählich *gradual*

all(e)zeit = immer

die Alliierten *(pl.)* *the Allies*

alljährlich *every year*

allzusehr *too much*

als *(with subjunctive)* *as if*

alsdann = dann

der Alt *alto (voice)*

das *Alter *age; old age*

die Altersklasse,–n *age group*

altgeworden *grown old*

*altmodisch *old-fashioned*

am = an dem

*amüsieren *to amuse;* sich — *to have a good time*

*an-bieten (bot, geboten) *to offer*

an-binden (band, gebunden) *to tie (down)*

*an-blicken *to look at*

andächtig *attentive*

(sich) *ändern *to change*

ander(n)mal *another time*

*anders *differently, otherwise, else*

an-deuten *to indicate*

andre = andere

die Anekdote,–n *anecdote*

an-füllen *to fill (up)*

die Angabe,–n *information*

an-geben (gab, gegeben, gibt) *to indicate*

angebracht *appropriate*

*an-gehen (ging, ist gegangen) *to concern;* es geht mich an *it concerns me*

an-gehören *to belong to*

die *Angelegenheit,–en *affair, concern, matter*

angeln (nach) *to reach (for)*

*angenehm *pleasant, agreeable, nice*

angenommen *adopted*

angestrengt *strained*

die *Angewohnheit,–en *habit*

die *Angst,⸚e *fear, fright, anxiety;* *— haben *to be afraid*

sich *ängstigen *to be alarmed; to be afraid*

an-haben (hatte, gehabt, hat) *to have on (a dress, etc.)*

an-halten (hielt, gehalten, hält) *to hold; to stop*

(sich) an-klagen *(with gen.)* *to accuse (oneself) of*

an-kommen: * — auf etwas *to depend on something;* *es kommt darauf an *it depends;* es kommt nicht darauf an *it does not matter*

Anlaß sein zu *to give cause to*

an-legen *to design (a park, etc.);* es — auf etwas *to aim at something*

an-lügen (log, gelogen) *to lie to*

an-machen *(light)* *to switch on* (*see also* an-stecken)

das Anmeldeformular,–e *registration form*

an-merken *(with dat.)* *to notice;* man merkt es Ihnen an *one can notice it*

sich *(dat.)* anmerken lassen (ließ, lassen, läßt) *to show, to betray*

anonym *anonymous*

an-ordnen *to arrange*

*an-schauen *to look at*

*anscheinend *apparent, seeming*

sich an-schicken *to set about*

an-schlagen (schlug, geschlagen, schlägt) *to strike*

sich an-schließen (schloß, geschlossen) *(with dat.)* *to join*

an-sehen: man sieht es mir an *one can see*

sich an-spinnen (spann, gesponnen) *to begin*

die Ansprache,–n *address (speech)*

*anständig *decent, proper, respectable*

an-starren *to stare at*

an-stecken *to put on; to pin on; to infect; to light (cigarette, etc.)*

ansteckend *infectious*

an-stellen *to engage;* etwas — *to do something (mischievous)*

an-stoßen (stieß, gestoßen, stößt) *to nudge*

*anstrengend *strenuous, trying; tough*

an-tun (tat, getan) *to do to*

Anweisung geben (gab, gegeben, gibt) *to give direction*

an-wenden (wandte, gewandt) *(also weak)* *to apply*

das Anzeichen,– *symptom*

der *Anzug,⸚e *suit*

apathisch *apathetic*

arbeitslos *unemployed*

die Arbeitsmoral *work morale*

der Ärger *anger;* aus — *out of anger*

*ärgerlich *angry*

*ärgern *to irritate, annoy;* *sich — *to be angry*

argwöhnisch *suspicious*

der Arm: jemandem in die Arme sinken (sank, ist gesunken) *to fall into the arms of someone*

die *Armbanduhr,–en *wrist watch*

ärmlich *shabby, poor*

Art: auf Ihre — *in your way*

die Arztrechnung,–en *doctor's bill*

der *Atem *breath, breathing;* *— holen *to breathe*

atemlos *breathless*

der *Atemzug,≐e *breath, (pl.) breathing*

athletisch *athletic*

*atmen *to breathe*

die Auberge,–n *(Fr.)* *inn*

auch; — so *in any case;* — wenn *even if*

die Aue,–n *meadow*

auf daß = so daß

*auf und ab *up and down*

auf-blicken *to look up (to)*

auf-brechen (brach, ist aufgebrochen, bricht) *to depart*

auf-bügeln *to press*

der *Aufenthalt,–e *stay*

der Aufenthaltsort,–e *whereabouts*

*auf-fallen (fiel, ist gefallen, fällt) *(with dat.)* *to be conspicuous; to strike*

auf-fangen (fing, gefangen, fängt) *to catch*

auf-flammen *to flare up*

die Aufführung,–en *performance*

*auf-geben (gab, gegeben, gibt) *to give up, abandon*

aufgebracht *aroused*

auf-gehen (ging, ist gegangen) *to rise;* mir geht etwas auf *(coll.)* *I understand*

auf-glühen *to glow (more brightly)*

*auf-heben (hob, gehoben) *to pick up; to keep, save, preserve*

*auf-hören *to stop, cease (to)*

auf-lösen *to dissolve*

aufmerksam werden auf etwas *to notice something*

die *Aufmerksamkeit,–en *attention, consideration, courtesy; favor*

Aufmerksamkeit schenken *to pay attention*

die Aufnahme,–n *acceptance; admission; reception; photograph; recording*

der Aufnahmeraum,≐e *recording studio*

auf-nehmen (nahm, genommen, nimmt) *to accept; to admit; to accommodate;* in sich — *to take in*

sich auf-raffen *to recover*

*auf-regen *to excite, upset;* *sich aufregen *to get upset*

auf-reißen (riß, gerissen) *to throw open, tear open*

(sich) *auf-richten *to straighten up, get up, rise, sit up*

aufs = auf das

auf-saugen *to absorb*

auf-schwellen (schwoll, ist geschwollen, schwillt) *to swell up*

Aufsehen machen *to create a stir*

auf-stellen *to put up*

sich auf-stellen *to line up*

sich auf-stützen *to prop oneself up*

auf-springen (sprang, ist gesprungen) *to jump up*

*auf-wachen (ist) *to wake up*

*auf-wachsen (wuchs, ist gewachsen, wächst) *to grow up*

die Aufwartefrau,–en *cleaning woman*

Auge: *im — haben *to think of, to be concerned with;* vor Augen führen *to demonstrate*

augenscheinlich *evident*

*aus sein *to be over, out, finished*

aus-bleiben (blieb, ist geblieben) *to fail to appear*

der Ausbruch,≐e *outbreak*

sich *(dat.)* aus-denken (dachte, gedacht) *to think up*

der *Ausdruck,≐e *expression; look*

*aus-drücken *to express*

auseinander *apart, separately*

auseinander-gehen (ging, ist gegangen) *to part*

auseinander-nehmen (nahm, genommen, nimmt) *to take apart*

auseinander-werfen (warf, geworfen, wirft) *to scatter*

aus-fahren (fuhr, ist gefahren, fährt) *to take a drive; to put to sea*

der Ausfall,⸗e *outburst*

aus-führen *to execute*

aus-füllen *to fill out*

*aus-geben (gab, gegeben, gibt) *to spend (money); to give out, distribute*

*aus-gehen (ging, ist gegangen) *to go out; to end; to run out of*

ausgeschlossen *impossible, out of the question*

*ausgezeichnet *excellent*

ausgiebig *plentiful*

*aus-halten (hielt, gehalten, hält) *to endure, bear*

sich aus-kennen (kannte, gekannt) *to know one's way about*

die Auskunft,⸗e *information*

aus-lassen (ließ, gelassen, läßt) *to skip*

aus-machen *to put out (light, etc.); to spot (locate); to come to*

*aus-packen *to unpack*

aus-pfänden *to distrain*

aus-probieren *to try out*

*aus-rechnen *to figure out*

aus-reichen *to suffice*

aus-reißen (riß, gerissen) *to pull out (or up)*

die Aussage,–n *testimony*

*ausschließlich *exclusive*

*aus-sehen (nach) (sah, gesehen, sieht) *to look, seem (like)*

*außen *outside*

*außer *except, save;* * — sich sein *to be beside oneself*

*außerordentlich *extraordinary*

äußerst *extreme(ly); very*

aus-spannen *to rest, relax; to stretch out*

*aus-sprechen (sprach, gesprochen, spricht) *to pronounce; to utter, say*

aus-spritzen *to squirt out*

ausstehen können (konnte, können, kann) *to be able to stand*

*aus-steigen (stieg, ist gestiegen) *to get off; to climb out*

aus-stellen *to issue; to exhibit*

*aus-strecken *to stretch out*

aus-tragen (trug, getragen, trägt) *to carry out; to deliver*

auswachsen lassen (ließ, lassen, läßt) *to allow to develop*

aus-wandern (ist) *to emigrate*

aus-weichen (wich, ist gewichen) *to avoid*

der Ausweis,–e *identification (card)*

aus-wischen *to wipe out;* jemandem eins — *(coll.) to irk someone*

(sich) *aus-ziehen (zog, gezogen) *to take off (one's clothes), undress; to pull out*

B

die Backe,–n *cheek*

der *Bäcker,– *baker*

die Bahn,–en *path, road; railroad; trolley; (bowling) alley*

der *Bahnhof,⸗e *railroad station*

der *Bahnsteig,–e *platform*

die Bakterien *(pl.) bacteria*

bang(e) *uneasy*

bangen (um) *to worry (about)*

bänglich *rather anxious*

der Basalt,–e *basalt*

der Baß,⸗(ss)e *bass*

der Bauunternehmer,– *contractor*

der Bayer,–n,–n *Bavarian*

Beachtung zollen *to pay attention*

der *Beamte,–n,–n *official, civil servant, officer*

*beantworten *to answer*

der Becher,– *mug*

bedauernd *regretful*

das Bedenken *qualm, doubt;* ihm kommen — *he has qualms*

*bedeutend *considerable, significant*

die *Bedeutung,–en *significance, meaning, importance*

bedrängen *to press hard, bother*

bedrecken *to dirty*

bedroht *in danger*
bedrückt *distressed*
sich beeilen *to hurry*
die Beerdigung,–en *funeral*
die Beerdigungskosten *(pl.) funeral expenses*
befähigen *to enable*
befallen (befiel, befallen, befällt) *to befall*
*befehlen (befahl, befohlen, befiehlt) *to command, order*
befestigen *to fasten*
befremdet *puzzled*
*befriedigen *to satisfy*
die Befürchtung,–en *apprehension*
sich begeben (begab, begeben, begibt) *to go*
*begegnen *(with dat.) to encounter, meet*
begehen (beging, begangen) *to make, commit*
begehrenswert *desirable*
*begeistert *enthusiastic*
die *Begeisterung *enthusiasm*
der Begleiter,– *companion*
begraben (begrub, begraben, begräbt) *to bury*
*begreifen (begriff, begriffen) *to comprehend, understand*
der *Begriff,–e *concept, idea, notion*
begrüßen *to greet*
*behaglich *comfortable*
*behalten (behielt, behalten, behält) *to keep*
*behandeln *to treat*
beharrlich *determined, persistent*
*behaupten *to insist, maintain; to claim*
*beherrschen *to dominate, govern; to master*
behilflich sein (war, ist gewesen, ist) *(with dat.) to be of help*
bei-bringen (brachte, gebracht) *to teach, impart*
beim = bei dem
das *Bein,–e *leg*
*beinahe *almost, nearly*
*beisammen *together*
beisammen-haben (hatte, gehabt, hat) *(coll.) to have together*
das Beisammensein *being together*
*beißen (biß, gebissen) *to bite*
das Bekenntnis,–se *confession; statement*
beklagen *to deplore*
sich *beklagen (über) *to complain (of)*
bekümmern *to worry; to grieve, distress;* sich — um *to concern oneself with, to trouble oneself about*
belehren *to instruct, teach*
belehrt *advised*
*bemerken *to notice, note; to remark*
sich *bemühen *to try (hard), strive*
benachrichtigen *to notify*
das *Benehmen *behavior*
der Bengel,– *(coll.) rascal*
*beneiden *to envy*
benommen *dazed*
benötigen *to need, require*
*benutzbar *useful*
*benutzen *to use, avail oneself of*
das *Benzin *gasoline*
*beobachten *to watch, observe; to scan, scrutinize*
*bequem *comfortable*
berechtigt *justified*
*bereits *already*
der *Bericht,–e *report (detailed); account; information*
der *Beruf,–e *profession, occupation*
(sich) *beruhigen *to calm (down)*
beruhigend *soothing*
beruhigt *calm, reassured, comfortable*
*berühren *to touch*
*beschäftigt *occupied*
*bescheiden *modest*
die Bescheinigung,–en *certificate; receipt*
beschlagen *dimmed (with moisture)*
*beschließen (beschloß, beschlossen) *to decide*
beschmieren *to dirty*

besessen *possessed*

*besetzt *occupied*

besiegen *to defeat*

sich *besinnen (besann, besonnen) *to reflect on something, consider; to remember*

Besitz ergreifen (ergriff, ergriffen) *to take possession*

*besitzen (besaß, besessen) *to own, possess, have*

der *Besitzer,– *owner*

das Besitztum,⸚er *property*

besohlen *to sole (a shoe)*

*besorgen *to procure, get; to see to*

*besser: gut, besser, best *(adj.) good, better, best;* gut, besser, am besten *(adv.) well, better, best*

bestärken *to strengthen, confirm*

*bestätigen *to confirm; to verify*

die Bestätigung,–en *confirmation*

bestatten *to bury*

bestellen *to order*

besten: zum — haben (hatte, gehabt, hat) *to make fun of*

*bestimmt *definite, certain; designated*

der Besuch,–e *company; visit*

beteiligen *to give a share to*

*beten *to pray*

*betonen *to stress, emphasize, accentuate*

die Betonrampe,–n *concrete ramp*

*betrachten *to examine, look at, contemplate; to consider, regard*

der *Betrag,⸚e *amount*

*betreffen (betraf, betroffen, betrifft) *to concern, affect*

betreten *disconcerted, embarrassed*

betroffen *shocked; affected*

betrübt *sad*

der Betrug *fraud, deceit;* glatter — *plain fraud*

*betrügen (betrog, betrogen) *to cheat, deceive*

betteln *to beg*

der Bettler,– *beggar*

der Bettpfosten,– *bed post*

die *Bevölkerung,–en *population; people*

*bevor *before*

bewachen *to guard, watch*

bewahren *to keep; to preserve;* sich — vor *to protect oneself from*

die *Bewegung,–en *movement, motion*

die *Bewunderung *admiration*

das *Bewußtsein *consciousness, knowledge*

bezaubernd *enchanting*

(sich) bezeichnen *to call oneself; to characterize*

die Bezeichnung, -en *designation*

bezeugen *to testify; to attest*

bezwingen (bezwang, bezwungen) *to conquer, overcome*

die *Bibel *bible*

biegen (bog, gebogen) *to bend, curve;* um die Ecke — (ist) *to turn around the corner*

*bilden *to form*

der Bildhauer,– *sculptor*

die *Bildung *education, culture*

Billard *billiards*

*binden (band, gebunden) *to tie, bind*

der Birnbaum,⸚e *pear tree*

bis dahin *until then*

*bißchen: ein bißchen *a little bit, a little; somewhat, slightly*

blank *shining*

*blaß *pale*

die Blässe *paleness, pallor*

das *Blatt,⸚er *leaf; page, sheet (of paper)*

blechern *tinny*

*bleibend *permanent*

*bleich *pale*

das Bleistiftende,–n *pencil end*

die Bleistiftspitze,–n *pencil point*

die Bleitype,–n *leaden type*

blenden *to blind; to dazzle; to deceive*

der Blick,–e *look, glance;* einen — zuwerfen *(with dat.) to cast a look (at);* huschender — *quick glance*

*blicken *to look, glance*

die Blockflöte,–n *recorder*

blöd(e) *silly*

*blödsinnig *idiotic, silly, stupid*

*bloß *only, merely, barely*

*blühen *to blossom, bloom*

die Blumenvase,–n *vase*

das Blut *blood*

die Blüte,–n *blossom, bloom, flower*

blutig *bloody*

der Blutwurstesser,– *blood sausage eater*

der Bogen,– *bend, bow; curve*

die Bombe,–n *bomb*

das *Boot,–e *boat*

der Bootsrand,¨–er *boat ledge*

*bös(e) *angry, sore; bad, wicked*

der Brauch,¨–e *custom*

*braun *brown*

die *Braut,¨–e *fiancée; bride*

der *Bräutigam,–e *fiancé; groom*

brav *good; gallant*

*breit *broad, wide*

das Brett,–er *board, plank*

der Briefkasten,¨– *mail box*

der Briefschreiber,– *letter writer*

die *Brieftasche,–n *wallet, billfold*

der *Briefträger,– *mailman*

der Brocken,– *morsel*

Brot: *das belegte — *sandwich;* — mit Blutwurst belegt *blood sausage sandwich*

der Brotbeutel,– *knapsack*

das *Brötchen,– *roll*

die *Brust,¨–e *breast, chest*

das Brusthaar,–e *chest-hair*

die Brusttasche,–n *breast pocket*

buchen *to enter, record*

der Buchhalter,– *bookkeeper*

die Buchseite,–n *book page*

der *Buchstabe,–n *letter of the alphabet*

sich *bücken *to bend down*

der Bund,¨–e *union, alliance*

*bunt *bright, gay, multicolored*

der *Bürger,– *citizen;* *die Bürgerin,–nen *citizen*

das Bürgertum *bourgeoisie*

das Büro,–s *office*

der Bürokrat,–en,–en *bureaucrat*

die Bürste,–n *brush*

(sich) bürsten *to brush (one's hair)*

der Busch,¨–e *bush, shrub*

die Büste,–n *bust*

C

der Chemiker,– *chemist;* die Chemikerin,–nen *chemist*

das Chemisette *(Fr.) (false) shirt-front (like a dickey)*

der Claqueur,–e *(Fr.) claquer (a man paid to applaud)*

D

der *D-Zug,¨–e *express train*

*da und dort *here and there*

*dabei *at the same time; besides; in doing so; yet; present; near by, with it*

die Dachstube,–n *attic room*

daher-reden *(coll.) to talk*

*dahin *there, thither; lost, gone*

dahin-fassen *to reach there*

*dahinter *behind it (or that)*

*damit *(adv.) with it, thereby; (conj.) in order to, so that*

die Dämmerstunde,–n *hour of twilight*

die *Dämmerung,–en *dawn; dusk; twilight*

*danach *after that, thereupon; accordingly, according to that*

*dankbar *grateful*

die Danksagung,–en *note of thanks*

daran *thereby, thereat, thereon*

*darauf *thereupon, thereafter, after that; on it; then, next*

daraus *therefrom, thence, from that, of it, of that*

das Dargebotene *that which is being offered*

darin *therein, in it, in*

dar-stellen *to represent, depict; to display*

darüber *about it;* — daß *over the fact, that*

*darum *that is why; about it; therefore*

da-sitzen (saß, gesessen) *to sit there*

da-stehen (stand, gestanden) *to stand there*

das *Datum *(pl.* Daten*)* *date*

der *Daumen,– *thumb*

davon *thereof, therefrom, thereby, of, by; away*

davon-gehen (ging, ist gegangen) *to go away*

dazu *(next) to that (or it, them); for that purpose; in addition to that*

die *Decke,–n *ceiling; blanket, cover*

der Degen,– *sword*

demnächst *soon, shortly*

demonstrieren *to demonstrate*

denken (dachte, gedacht) ob *(coll.) to wonder (whether)*

der Denker,– *thinker*

*dennoch *yet, still; though, nevertheless, however*

*der–, die–, dasjenige *the one that*

*der–, die–, dasselbe *the same*

desgleichen *likewise*

dessen *whose; of whom, of which*

*deswegen *that is why; for that reason, therefore*

deuten (auf) *to point (at), indicate; to interpret, imply*

*deutlich *clear, distinct, intelligible*

die Diät,–en *diet*

*dicht *thick, dense, compact; tight, close*

dichten *to write poetry or fiction*

der Dienst,–e *service; duty*

das Dienstmädchen,– *maid*

*dies(–er, –e, –es) *this; the latter*

diesbezüglich *relating thereto*

*diesmal *this time*

dieweil = während

direkt schwermütig *quite melancholic*

dirigieren *to direct, conduct, manage*

dir's = dir es

doll *(sl.)* *marvelous*

*dolmetschen *to interpret*

donnern *to thunder, roar*

das Doppelzimmer,– *double room*

die Dorfgemeinde,–n *rural community*

der Dorfpfarrer,– *country preacher*

der Dorn,–en *thorn*

*dorthin *there, to that place*

dortig *there*

dösen *to doze*

Dr.phil. *Ph.D.*

dramatisch *dramatic*

der Drang,⸚e *(pl. rare)* *urge, stress*

drauf-gehen (ging, ist gegangen) *(coll.) to be lost, get killed*

dreckig *dirty, filthy*

(sich) *drehen *to turn, twist*

drei: aller guten Dinge sind — *three is lucky*

dreieckig *triangular*

drin = darin

*dringend *urgent, pressing*

dringlich *urgent*

*drinnen *inside*

*drohen *to threaten, menace*

*drüben *over there*

drucken *to print*

*drücken *to press, squeeze*

drum = darum

duften *to be fragrant, smell*

*dulden *to tolerate, permit*

der *Dummkopf,⸚e *blockhead, dumbbell*

*dünn *thin; slender*

*durchaus *completely, by all means*

durchfahren (durchfuhr, durchfahren, durchfährt) *to flash through*

durch-lesen (las, gelesen, liest) *to read through*

durchs = durch das
der Durchschnitt,–e *average*
*durchschnittlich *average*
durch-schütteln *to shake thoroughly*
durch-streichen (strich, gestrichen) *to cross out*
der Duschraum,⸚e *shower room*
das *Dutzend,–e *dozen*

E

die Ebbe,–n *low tide*
*eben *just, simply; just now, before; even, level*
eben solch *the same*
*ebenfalls *also, likewise, as well*
edel *noble*
*egal *equal, the same;* *es ist (mir) — *it does not matter (to me), I don't care*
die *Ehe,–n *marriage*
ehe *before*
ehebrechen *to commit adultery*
die Eheleute *(pl.)* *spouses*
der eheliche Gemahl,–e *conjugal spouse*
das *Ehepaar,–e *married couple*
die Ehre,–n *honor*
*ehren *to honor*
die Ehrfurcht *respect, reverence, awe*
*ehrlich *honest*
die *Ehrlichkeit *honesty*
das *Ei,–er *egg*
der Eichenbaum,⸚e *oak tree*
*eifersüchtig (auf) *jealous (of)*
*eifrig *eager*
das eigene Fleisch und Blut *own flesh and blood*
das Eiland,–e *island*
die *Eile *haste;* * — haben *to be in a hurry*
*eilen (ist) *to rush, hasten*
eilfertig *hasty, hurried*
*eilig *hasty, hurried, speedy, urgent;* *es — haben *to be in a hurry*
*einander *each other, one another*
sich *(dat.)* *ein-bilden *to imagine, fancy*
ein-bringen (brachte, gebracht) *to bring in*
sich ein-drängen *to intrude*
ein-dringen (drang, ist gedrungen) *to penetrate*
der *Eindruck,⸚e *impression*
einemmal: mit einemmal = plötzlich
die Einfachheit *simplicity*
*ein-fallen (fiel, ist gefallen, fällt) *(with dat.)* *to occur to; to remember*
ein-füllen *to fill in*
ein-gehen (ging, ist gegangen) *to die, perish*
eingelassen *set in*
(sich) *(dat.)* ein-gießen (goß, gegossen) *to pour (in)*
ein-gravieren *to engrave*
*einig *in agreement; united*
ein-laufen (lief, ist gelaufen, läuft) *to arrive*
einmal: *auf — *all of a sudden;* *nicht — *not even;* *noch — *once more*
sich ein-mischen *to interfere, meddle*
die *Einnahme,–n *income*
ein-nehmen (nahm, genommen, nimmt) *to occupy (space); to take; to collect*
ein-packen *to pack, wrap*
(sich) *(dat.)* ein-reden *to persuade (oneself)*
*einsam *lonely, lonesome; solitary*
*ein-schlafen (schlief, ist eingeschlafen, schläft) *to fall asleep*
ein-schließen (schloß, geschlossen) *to lock up*
*ein-sehen (sah, gesehen, sieht) *to realize, comprehend, understand, see*
*einst *once, one day*
*ein-stecken *to insert, pocket;* *einen Brief — *to mail a letter*
die Einstellung,–en *attitude*
ein-teilen *to allot*
ein-tragen (trug, getragen, trägt) *to record*
*ein-treffen (traf, ist getroffen, trifft) *to arrive*

*ein-treten (trat, ist getreten, tritt) *to enter*

*einverstanden sein (war, ist gewesen, ist) *to agree*

das Einwanderungsamt,=er *immigration office*

ein-weisen (wies, gewiesen) *to direct*

ein-werfen (warf, geworfen, wirft) *to throw in; to mail (letter)*

ein-zahlen *to deposit*

das Einzelhaus,=er *one family house*

die *Einzelheit,–en *detail*

das Einzelzimmer,– *single room*

ein-ziehen (zog, ist gezogen) *to move in*

*einzig *only, sole, single*

eisgrau *ash gray*

der *Eisschrank,=e *refrigerator, icebox*

der Elektriker,– *electrician*

das *Elend *misery, distress*

elend *miserable, wretched*

der Ellbogen,– *elbow*

die Eminenz,–en *Eminence*

*empfangen (empfing, empfangen, empfängt) *to receive*

der *Empfänger,– *recipient*

*empfehlen (empfahl, empfohlen, empfiehlt) *to recommend*

*empfinden (empfand, empfunden) *to perceive, feel, experience*

empfindungsstark *highly sensitive*

Ende: *zu — *over;* ein — machen *to bring to an end*

energisch *energetic; resolute*

die Engherzigkeit *narrow-mindedness*

der *Enkel,– *grandchild, grandson;* *die Enkelin,–nen *grandchild, granddaughter*

*entdecken *to discover*

die *Entdeckung,–en *discovery*

(sich) *entfernen *to remove; to withdraw*

*entfernt *distant, far off*

die Entfernung,–en *distance*

sich entgegen-beugen *to bend toward*

sich entgegen-werfen (warf, geworfen, wirft) *to throw oneself against*

entgehen (entging, ist entgangen) *(with dat.) to escape*

*enthalten (enthielt, enthalten, enthält) *to contain*

(sich) entkleiden *to undress*

entlang-gehen (ging, ist gegangen) *to walk along*

*entlassen (entließ, entlassen, entläßt) *to discharge, to dismiss*

die Entschädigungsrechnung,–en *statement of restitution*

(sich) *entscheiden (entschied, entschieden) *to decide*

entscheidend *decisive*

die *Entscheidung,–en *decision*

*entschlossen *resolute, determined*

der *Entschluß,=(ss)e *decision, resolve, resolution*

entschwinden (entschwand, ist entschwunden) *to vanish*

entsetzlich *awful, terrible, horrible*

*entsetzt *startled, shocked, horrified*

sich *entsinnen (entsann, entsonnen) *(with gen.) to remember, recall, recollect*

entsprechend *appropriate, suitable, adequate; corresponding*

*entstehen (entstand, ist entstanden) *to ensue, arise; to come into being*

*enttäuschen *to disappoint*

die *Enttäuschung,–en *disappointment*

entweihen *to desecrate*

entwenden *to steal*

entwurzeln *to uproot*

entziehen (entzog, entzogen) *(with dat.) to deprive someone of something*

entzwei *in two*

das Erbe *heritage; inheritance*

*erben *to inherit*

erbittert *embittered*

erblassen *to grow pale*

erbleichen (erblich, ist erblichen) *to grow pale*

*erblicken *to catch sight of, spot; to see*
Erde: auf Erden = auf der Erde
der Erdteil,–e *continent; part of the world*
sich *ereignen *to occur, take place*
die *Erfahrung,–en *experience*
der Erfinder,– *inventor*
erfinderisch *inventive, ingenious*
*erfolglos *unsuccessful*
*erfordern *to require*
*erfreulich *gratifying, pleasing*
erfüllen *to fulfill*
erfüllt = voll
ergebenst *most respectfully*
das Ergebnis,–ses,–se *result, conclusion*
ergebnislos *without result; futile*
erglänzen *to gleam*
*ergreifen (ergriff, ergriffen) *to seize; to touch, move*
ergreifend *moving, impressive*
*erhalten (erhielt, erhalten, erhält) *to get, receive; to keep, preserve*
erhältlich *obtainable*
erheitern *to cheer up*
der Erholungsaufenthalt,–e *restful stay, vacation*
die *Erinnerung,–en *memory, recollection, reminiscence*
*erkennen (erkannte, erkannt) *to recognize; to perceive*
erkennen lassen (ließ, lassen, läßt) *to reveal*
die *Erklärung,–en *explanation; declaration*
erklingen (erklang, ist erklungen) *to resound*
sich *erkundigen (nach) *to inquire (about)*
*erlangen *to attain; to reach*
erlassen (erließ, erlassen, erläßt) *to issue*
*erlauben *to allow, permit*
sich *(dat.)* erlauben *to afford*
erläutern *to explain*
*erleben *to experience*
das *Erlebnis,–ses,–se *experience*
*erleichtern *to ease*
erleiden (erlitt, erlitten) *to suffer*
die Erlernung *learning, study*
erliegen (erlag, ist erlegen) *to succumb to*
der Ernst *seriousness*
*ernsthaft *earnest, serious*
*ernstlich *serious*
eröffnen *to open*
die Eröffnung,–en *opening; inauguration*
die *Erregung,–en *excitement, agitation*
*erreichen *to reach, attain, achieve*
erschießen (erschoß, erschossen) *to kill (by shooting), shoot*
erschlagen (erschlug, erschlagen, erschlägt) *to slay, kill*
sich erschließen (erschloß, erschlossen) *to reveal onself*
erschöpft *exhausted*
(sich) *erschrecken (erschrak, erschrocken, erschrickt) *to be frightened, startled*
die Erschütterung,–en *shock, violent emotion*
ersparen *to spare*
*erst recht *more than ever, all the more*
erst: fürs erste *for the time being*
erstarrt *paralyzed, numb*
*erstaunlich *amazing, astonishing; marvelous*
*erstaunt *surprised, astonished, amazed*
*erstreben *to strive for*
ertappen *to catch, surprise*
ertragen (ertrug, ertragen, erträgt) *to endure, bear*
erträglich *tolerable, bearable*
*erwachen (ist) *to awake, wake up*
erwachsen (erwuchs, ist erwachsen, erwächst) *to grow, develop, arise*
*erwachsen *grown-up*
erwählen *to choose*
*erwarten *to expect, await*
erwecken *to awaken*

erweisen (erwies, erwiesen) *to render, do;* *einen Dienst — *to render a service*

*erwerben (erwarb, erworben, erwirbt) *to acquire, earn; to gain*

*erwidern *to reply; to return (a favor, etc.)*

die *Erziehung *education*

der Esel,– *donkey; jackass*

eßbar *edible*

das *Essen *food, meal, dinner*

etwa *about, approximately; perhaps*

ewig *eternal*

die Ewigkeit,–en *eternity*

*exportieren *to export*

F

fabeln *to talk (idly)*

der Fabrikbesitzer,– *factory owner*

das Fachwissen *knowledge of subject matter*

die *Fähigkeit,–en *ability, talent*

fahl *fallow; pale*

die Fähre,–n *ferry*

das Fahrgeld,–er *carfare*

das Fahrrad,⸚er *bicycle*

der *Fall,⸚e *case; fall;* *auf jeden — *in any case;* *auf keinen — *under no circumstances, by no means;* für den — *in case*

fallen lassen (ließ, lassen, läßt) *to drop*

falls *in case*

die Falte,–n *fold, crease, wrinkle*

falten *to fold*

der Fang,⸚e *catch*

*fangen (fing, gefangen, fängt) *to catch*

das Farbband,⸚er *typewriter ribbon*

der Farbfilm,–e *color film*

faseln *to drivel*

*fassen *to take hold of, grasp, reach*

fasten *to fast*

die *Faulheit,–en *idleness, laziness*

die *Faust,⸚e *fist*

fehl-schlagen (schlug, (ist) geschlagen, schlägt) *to fail*

die Feier,–n *ceremony; celebration*

der *Feierabend,–e *free time (after work);* *nach — *after work*

*fein *fine, thin; delicate; soft; refined*

der *Feind,–e *enemy*

feindselig *hostile*

sich fein machen *to dress up*

die Fensterbank,⸚e *window sill*

das Fensterkreuz,–e *cross-bars (of a window)*

die Fensterscheibe,–n *window pane*

*fern(e) *far away, distant*

die Ferne *distance, remoteness*

*ferner *further(more)*

festigen *to consolidate, strengthen*

die Festivität,–en *festivity*

das Festland *mainland*

festlich *festive*

*fest-stellen *to determine; to find (out)*

die Festung,–en *fortress*

*fett *fat, rich, greasy*

das Feuerzeug,–e *lighter*

fies *(sl.)* *nasty*

die *Figur,–en *figure*

das Finanzamt,⸚er *internal revenue office*

der Fingerzeig,–e *hint, indication*

der Fink,–en *finch*

finster *dark, gloomy*

die Firma *(pl.* Firmen*)* *firm*

der *Fisch,–e *fish*

der *Fischer,– *fisherman*

das Fischerboot,–e *fishing boat*

die Fischermütze,–n *fishing cap*

fischreich *full of fish*

der Fischschwarm,⸚e *school of fish*

die Fläche,–n *plane, surface*

die *Flasche,–n *bottle, flask*

flechten (flocht, geflochten, flicht) *to weave, plait*

das *Fleisch *meat; flesh*

der Fleischerhund,–e *mastiff*

*fleißig *diligent, hard-working, industrious*

*fliehen (floh, ist geflohen) *to flee*

fliegen: es fliegt ihm alles an *everything comes easily to him*

*flink *quick, nimble, brisk*

die Flockenmauer,–n *fluffy wall (of flowers)*

*fluchen (auf, über) *to curse (at)*

flüchten (ist) *to flee, escape*

flüchtig *fleeting*

der Flüchtling,–e *refugee*

der *Flur,–e *floor; corridor, hall*

die Flüssigkeit,–en *liquid*

*flüstern *to whisper*

die Flut,–en *tide; flood*

die Folge,–n *result*

*Forderungen stellen (an) *to make demands (on)*

(sich) *formen *to form*

*forschend *searching*

fortan *henceforth*

*fortdauernd *continual*

*fort-fahren (fuhr, ist gefahren, fährt) *to continue, go on*

*fort-gehen (ging, ist gegangen) *to go away*

*fort-laufen (lief, ist gelaufen, läuft) *to run away*

der *Fortschritt,–e *progress*

fortwährend *continuous; constant, incessant*

fort-ziehen (zog, gezogen) *to draw away*

fotografieren *to take pictures*

der Fotoapparat,–e *camera*

die Frage,–n *question;* *eine — stellen *to ask a question*

*fraglich *in question; questionable*

frankieren *to put stamps on (a letter)*

der Franzose,–n,–n *Frenchman*

französisch *French*

*frech *fresh, impudent*

frei: es steht Ihnen — *you are free (or at liberty)*

frei-machen *to uncover, expose*

freiwillig *voluntary*

der Fremde,–n,–n *stranger*

die Fremde *foreign country; strange surroundings;* in die — ziehen *to leave home*

das Fremdenzimmer,– *guest room*

fressen (fraß, gefressen, frißt) *to eat (used for animals)*

Freude: * — machen *to give pleasure*

der Freuden- und Jubelchoral *jubilant hymn of joy*

die Freudigkeit *joyfulness*

die *Freundschaft,–en *friendship*

*friedlich *peaceful*

die Friedenskonferenz,–en *peace conference*

der Friedhof,⸚e *cemetery*

der *Friseur,–e *(Fr.) barber; hairdresser*

die Frisur,–en *hairdo*

*froh *glad, joyful, gay, happy*

*fröhlich *gay, cheerful*

die Fröhlichkeit *gaiety, cheerfulness*

*fromm *pious, religious, devout*

die Frömmigkeit *piety, devotion*

frösteln *to shiver*

frostig *frosty, chilly*

*früher *before; earlier, sooner; former; at one time*

der Frühjahrsmantel,⸚ *spring coat, topcoat*

*frühstücken *to breakfast*

*frühzeitig *premature; early*

der Frühzug,⸚e *early morning train*

die Fügung,–en *coincidence*

*füllen *to fill*

der *Füllfederhalter,– *fountain pen*

der Funk *radio;* per — *by radio*

funktionieren *to act, function*

*furchtbar *dreadful, awful, terrible*

*fürchten *to fear, dread*

*fürchterlich *horrible, terrible*

der *Fußboden,⸚ *floor*

die Fußspitze,–n *tip of the toe*

G

die Gabe,–n *gift*

der *Gang,⸚e *corridor; walk; course*

ganz: — gleich *it does not matter;* * — und gar *completely, altogether*

*gänzlich *completely*

*gar *even, fully, quite, very, at all;* * — nicht *not at all;* * — nichts *nothing at all*

die Garderobe,–n *closet; cloak room; wardrobe*

der *Gärtner,– *gardener*

der Gashebel,– *gas pedal*

die *Gasse,–n *narrow street, alley, lane*

der Gastgeber,– *host*

der Gatte,–n,–n *husband*

das Gebäck *pastries*

das *Gebäude,– *building*

geben: *es gibt *there is, there are;* sich — lassen *to ask to be given*

Gebrauch machen von *to make use of*

die Geburt,–en *birth; delivery*

der *Geburtstag,–e *birthday*

gedämpft *suppressed*

der *Gedanke,–ns,–n *thought, idea*

gedenken (gedachte, gedacht) *to intend; to remember*

die Gedenktafel,–n *memorial tablet*

das *Gedicht,–e *poem*

die *Geduld *patience*

*geeignet *suitable*

gefährden *to endanger;* gefährdet sein *to be endangered*

*gefährlich *dangerous, perilous*

die Gefährtin,–nen *partner*

gefallen: *sich etwas — lassen *to put up with something; to consent to*

der *Gefallen,– *favor*

das Gefängnis,–ses,–se *prison*

gefesselt *shackled, handcuffed*

das Geflügel *poultry*

gefroren *frozen*

das *Gefühl,–e *feeling*

die Gefühlsduselei,–en *sentimentalism*

gefühlvoll *feeling*

die *Gegend,–en *neighborhood, district, area*

der *Gegenstand,¨–e *object, thing*

das *Gegenteil *contrary, opposite, reverse;* im — *on the contrary*

*gegenüber *opposite; toward; in relation to*

die *Gegenwart *present (time)*

gehen: *es geht (nicht) *it can (not) be done;* es geht danach *it matters;* *es geht darum *the point is;* *Wie geht es dir? *how are you?;* *zu Fuß gehen *to walk*

das *Geheimnis,–ses,–se *secret*

gehetztes Wild *(pl.)* *chased animals*

das *Gehirn,–e *brain*

gehn = gehen

*gehorchen *to obey*

gehören: *es gehört sich *it is proper*

gehörig *necessary; suitable; belonging to*

der Gehrock¨–e *frock coat*

*geistig *spiritual; intellectual*

geizen *to stint*

der Geizhals,¨–e *miser*

*geizig *miserly, stingy; avaricious*

geläufig *common;* es ist mir — *I am familiar with it*

*gelb *yellow*

gelblich = gelb

die Gelbsucht *jaundice*

die *Gelegenheit,–en *opportunity, chance; occasion*

der Gelehrte,–n,–n *scholar*

gelernt *skilled, trained*

*gelingen (gelang, ist gelungen) *to turn out, succeed;* es gelingt mir *I succeed*

*gelten (galt, gegolten, gilt) *to be valid; to pass for, be regarded as; to apply to*

gemächlich *leisurely*

gemäß *in accordance with, according to*

gemäßigt *moderate*

*gemein *low, base, mean; common, vulgar*

*gemeinsam *together, joint; common*

die *Gemeinschaft,–en *community*

das *Gemüse,– *vegetable*

das *Gemüt,–er *soul; mind; disposition*

*genau *exact, accurate*

*genauso *just as; exactly; like this*

*genießen (genoß, genossen) *to enjoy*

*genügend *sufficient*

das *Gepäck *luggage, baggage*

gerade dabei (sein) *(to be) in the process of*

*geradezu *almost, downright*

das *Geräusch,–e *noise, sound*

*gerecht *just; righteous*

das Gerechtigkeitsgefühl *sense of justice*

gereizt *irritated*

das Gericht,–e *court, court of justice*

die Gerichtskanzlei,–en *court registry*

*gering *slight, small*

*gern(e): — haben *to like*

die Gesäßtasche,–n *hip pocket*

*geschäftlich *on business, commercial*

das Geschäftsleben *business world*

der *Geschäftsmann (*pl.* Geschäftsleute) *businessman, merchant*

das *Geschenk,–e *present, gift*

*geschichtlich *historical*

das Geschick,–e *fate; skill*

das *Geschöpf,–e *creature*

das *Geschwätz *idle talk, chatter*

geschwind *quick; soon*

die *Geschwister *(pl.)* *brother(s) and sister(s)*

gesegnet *blessed*

sich gesellen zu *to join someone*

die *Gesellschaft,–en *society; company; party*

*gesellschaftlich *social*

die Gesellschaftsklasse,–n *class of society*

das *Gesetz,–e *law*

der Gesichtsausdruck,⸚e *facial expression*

der Gesichtsmuskel,–n *facial muscle*

der *Gesichtspunkt,–e *point of view*

die *Gesinnung,–en *spiritual attitude, way of thinking*

das *Gespräch,–e *conversation, talk*

das Geständnis,–ses,–se *confession*

die Gestapo = Geheime Staatspolizei *secret state police (under the Nazi regime)*

der Gestapohof,⸚e *Gestapo courtyard*

der Gestapokeller,– *Gestapo cellar*

gestatten *to permit*

*gestehen (gestand, gestanden) *to confess, admit*

*gesund *healthy, sound*

das Gewehr,–e *rifle*

*gewiß *certain, sure; indeed*

das *Gewissen *conscience;* jemanden auf dem — haben *to have someone on one's conscience*

(sich) *gewöhnen (an) *to acclimate (to); to get used (to), accustom (to)*

die *Gewohnheit,–en *habit; practice; custom*

*gewöhnlich *usual; ordinary*

gewölbt *curved*

der Gipfel,– *height, top; summit*

der Gips,–e *plaster (of Paris)*

der Glanz *radiance, brilliancy*

das Glasdach,⸚er *glass roof*

glasig *glassy*

die Glasseele,–n *fragile soul (made of glass)*

glatt-streichen (strich, gestrichen) *to smooth (down)*

glauben an *to believe in*

Glauben schenken *to believe, give credence*

gläubig *believing*

*gleichen (glich, geglichen) *(with dat.)* *to resemble*

*gleichmäßig *even, uniform, regular; constant*

gleichmütig *calm*

gleichsam *so to say, as it were*

das Gleis,–e *track*

gleiten (glitt, ist geglitten) *to glide, slide*

Glück: * — haben *to be lucky*

*gnädige Frau *madam (formal address)*

die Goldgrube,–n *gold-mine*

*gönnen *(with dat.) to grant; not to begrudge*

Gott bewahre! *God forbid!*

Gott erbarm es! *God have mercy!*

Gottlob! *thank God!;* Gott sei Dank! *thank God!*

der Gottesdienst,–e *church service*

gottverlassen *godforsaken*

das *Grab,⸗er *grave*

das Gramm,–e *gram*

der Grammophonkasten,⸗ *phonograph*

die Graphitspitze,–n *graphite point*

das *Gras,⸗er *grass*

*gräßlich *terrible, horrible*

das Grauen,– *horror*

grauhaarig *gray-haired*

greifbar *tangible*

greifen (griff, gegriffen) *to reach, grasp; to touch;* zum — nah(e) *near enough to be touched*

griechisch *Greek*

der Grieß *farina*

grimmig *grim*

grinsen *to grin*

*grob *crude, rough, coarse*

der Groschen,– *German coin (about a nickel)*

*großartig *great, splendid, magnificent*

die *Größe,–n *greatness; size*

die *Großmutter,⸗ *grandmother*

Grund: auf — (von) *on the basis (of), on account (of);* auf den — gehen *to get to the bottom of;* im Grunde *at bottom*

*gründlich *thorough*

der Gruß,⸗e *greeting*

gucken *(coll.) to look, peer*

das Guckloch,⸗er *peephole*

*günstig *favorable; convenient*

die Gurke,–n *cucumber; pickle*

der Gürtel,– *belt*

das Gut,⸗er *property*

der Güterzug,⸗e *freight train*

H

hab's = habe es

der *Hafen,⸗ *harbor*

das Halbdunkel *twilight*

die Hälfte,–n *half*

der *Hals,⸗e *neck, throat*

*halt-machen *to stop*

halten: (hielt, gehalten, hält) — für *to regard as, take for;* etwas auf sich — *to think highly of oneself*

die *Haltung,–en *attitude; composure; posture*

hämmern *to beat*

Hand: *die — geben *to shake hands;* die flache — *the palm of the hand*

die Handbewegung,–en *movement of the hand*

*handeln *to act; to trade*

sich *handeln um *to be a matter (or question) of; to concern*

der Handspiegel,– *hand mirror*

die *Handtasche,–n *handbag*

harmlos *harmless*

harmonisch *harmonious*

das Harmonium,–s *harmonium*

*hart *hard; severe*

*hartnäckig *stubborn*

*hassen *to hate*

*häßlich *ugly; offensive*

die Hast *haste*

hastig *hasty, hurried*

hauen *(coll.) to strike, beat*

der Haufen– *heap, pile, bunch*

das Haupt,⸗er *head*

die *Hauptsache,–n *main thing;* *in der — *on the whole*

der Hauptteil,–e *main part*

Haus: *nach Hause *(in the direction of) home;* *zu Hause *at home;* aus dem — gehen *to leave home; to leave the house*

*heben (hob, gehoben) *to lift, raise*

die Hecke,–n *hedge*

das *Heft,–e *notebook*

heften *to fix*

*heftig *violent; fervent; fierce*
*heilen *to heal, cure*
heilig *sacred, holy*
die Heimat,–en *home, native region*
die Heimkehrergeschichte,–n *story of a returning soldier*
*heimlich *secret*
das Heimweh *nostalgia; homesickness*
*heiraten *to marry, get married*
der Heiratsantrag,⸚e *proposal (of marriage)*
heiser *hoarse*
heißen: *das heißt: *that means:*
*heiter *cheerful, gay*
die *Heiterkeit *cheerfulness, serenity*
der *Held,–en,–en *hero*
hellgrau *light gray*
das *Hemd,–en *shirt*
die Hemdsärmel *(pl.)* *shirt sleeves*
die Hemmung,–en *scruple, hesitation; inhibition*
*her *hither, here; from; ago*
herab-drücken *to press down*
heran-kriechen (kroch, ist gekrochen) *to crawl up*
heran-wachsen (wuchs, ist gewachsen, wächst) *to grow up*
*herauf-kommen (kam, ist gekommen) *to come up*
heraus-bringen (brachte, gebracht) *to utter*
heraus-fallen (fiel, ist gefallen, fällt) *to fall out or off*
heraus-kommen (kam, ist gekommen) *to come out, appear;* es kommt auf eins heraus *it comes to the same thing*
heraus-nehmen (nahm, genommen, nimmt) *to take out*
heraus-platzen (ist) *to burst out*
heraus-sagen *to blurt out*
heraus-sprudeln *to gush forth*
heraus-treten (trat, ist getreten, tritt) *to step out*
herb *tart, bitter-sweet*
das Herbstlaub *fall foliage*
*herein *in, into; come in!*
herein-klettern (ist) *to climb in*
herein-rollen (ist) *to roll in*
her-geben (gab, gegeben, gibt) *to hand over; to give away*
Hergott noch mal! *for heaven's sake!*
her-kommen (kam, ist gekommen) *to come here, approach; to come from, originate*
her-kriegen *(coll.)* *to get from*
die *Herrlichkeit,–en *glory, splendor; magnificence*
*herrschen *to prevail, dominate; to rule*
her-rufen (rief, gerufen) *to call over*
herüber-kommen (kam, ist gekommen) *to come over*
*herum *around*
herum-fingern *to finger around*
herum-fuchteln *to gesticulate wildly*
herum-gehen (ging, ist gegangen) *to walk around*
*herum-laufen (lief, ist gelaufen, läuft) *to run around*
herum-schauen *to look around*
herum-tragen (trug, getragen, trägt) *to carry around*
herunter *down*
sich herunter-beugen *to bend down*
herunter-machen *to run down (fig.), upbraid*
herunter-ziehen (zog, gezogen) *to pull down*
hervor *out, forth, forward*
hervor-brechen (brach, ist gebrochen, bricht) *to break forth*
hervor-bringen (brachte, gebracht) *to bring forth, utter*
hervor-gucken *(coll.)* *to peep out*
hervorragend *remarkable, outstanding*
hervor-rufen (rief, gerufen) *to evoke*
hervor-ziehen (zog, gezogen) *to pull out*

Herz: *von Herzen *heartily;* sich etwas zu Herzen nehmen *to take something to heart;* das liegt mir am Herzen *I have something at heart*

herzensgut *kindhearted*

herzhaft *hearty*

herzlich *cordial, affectionate*

heulen *to cry*

heute: von — auf morgen *from one day to the next*

hie(r) und da *here and there, now and then*

hierher-fahren (fuhr, ist gefahren, fährt) *to come here*

hierher-kommen (kam, ist gekommen) *to come here*

*hiermit *herewith*

hiesig *here; of this place*

Hilfe: um — schreien *to cry for help*

hilflos *helpless*

*hin und her *back and forth*

*hin und wieder *now and then*

sich hinab-beugen *to bend down*

hinauf-gehen (ging, ist gegangen) *to go upstairs*

hinauf-klettern (ist) *to climb up*

*hinaus-gehen (ging, ist gegangen) *to go out*

hinaus-werfen (warf, geworfen, wirft) *to throw out, expel, eject*

sich hindurch-drängen *to work one's way through*

hinein-bauen *to build into*

hinein-beißen (biß, gebissen) *to bite into*

hinein-gehen (ging, ist gegangen) *to go in(to), enter*

hinein-schleichen (schlich, ist geschlichen) *to creep in(to)*

sich hinein-versetzen *to put oneself into someone's place*

hinein-werfen (warf, geworfen, wirft) *to throw in(to)*

*hin-fahren (fuhr, ist gefahren, fährt) *to drive there; to go there*

*hin-fallen (fiel, ist gefallen, fällt) *to fall down*

hinfort *from now on*

die Hingabe *devotion*

hin-geben (gab, gegeben, gibt) *to give away; to sacrifice*

*hin-gehen (ging, ist gegangen) *to go (there)*

hin-halten (hielt, gehalten, hält) *to hold out to;* jemanden — *to keep someone in suspense*

sich hin-hauen *(coll.)* *to fling oneself down*

*hin-hören *to listen*

hin-kommen (kam, ist gekommen) *to come there*

sich hin-legen *to lie down*

hin-richten *to execute*

die Hinrichtung,–en *execution*

hin-schreiben (schrieb, geschrieben) *to write down*

*hin-sehen (sah, gesehen, sieht) *to look (at, towards)*

sich *hin-setzen *to sit down*

die Hinsicht,–en *respect, regard*

hin-strecken *to stretch out*

*hinten *in the rear, in back, behind*

*hinter *behind; back (adj.), in back*

der Hinterbliebene,–n,–n *survivor*

hintereinander *one after another*

die Hintergehung,–en *deceit*

*hinüber-gehen (ging, ist gegangen) *to go over (there)*

*hinüber-laufen (lief, ist gelaufen, läuft) *to run over (to)*

*hinunter-gehen (ging, ist gegangen) *to go down*

hinunter-spähen *to peer down*

hinweg-blicken *to look away*

sich hin-ziehen (zog, gezogen) *to drag on*

*hinzu-fügen *to add*

*höchstens *at (the) most, at best*

hocken *to squat; to sit (coll.)*

der *Hof,⸚e *courtyard; farm*

die *Hoffnung,–en *hope*

*hoffnungslos *hopeless*

die *Höflichkeit,–en *courtesy, politeness*

hohl *hollow; dull; empty*

hold *lovely, gracious*

*holen *to get, fetch; to take*

der Holländer,– *Dutchman*

holländisch *Dutch*

das *Holz,¨–er *wood, piece of wood*

das *Honorar,–e *fee; remuneration*

horchen = lauschen

der Hörspielregisseur,–e *director of radio plays*

*hübsch *pretty, handsome*

der Hubschrauber,– *helicopter*

das Hufeisen,– *horseshoe*

das *Huhn,¨–er *chicken*

der Hummer,– *lobster*

das Hundeleben *dog's life*

der Hut: *den — ziehen (zog, gezogen) *to lift one's hat*

die Hütte,–n *hut*

hysterisch *hysterical*

I

die Idee,–n *idea, notion;* auf eine — kommen *to get a notion*

idyllisch *idyllic*

ihretwegen *because of them (or her)*

im = in dem

immer: — mehr *more and more;* * — noch *still;* — weniger *less and less;* * — wieder *again and again*

immerfort *continually, always, constantly*

*immerhin *nevertheless, after all, at any rate*

*imstande sein (war, ist gewesen, ist) *to be able (to)*

indem *by, in that; while*

inne-halten (hielt, gehalten, hält) *to pause, stop*

*innen *inside, within*

innig *intimate; heartfelt*

ins = in das

die Inschrift,–en *inscription*

die *Insel,–n *island, isle*

die Insulaner *(pl.)* *islanders*

intim *intimate*

*inzwischen *in the meantime; by that time*

irdisch *earthly, mortal*

irgend etwas *something, anything*

*irgendein *(pl.* irgendwelche) *some, any*

*irgendwie *somehow, in any way, in some way*

irgendwo *somewhere, anywhere*

(sich) *irren *to err, be mistaken*

irritiert *irritated*

der *Irrtum,¨–er *error, mistake*

irrtümlich *by mistake*

der Italiener,– *Italian*

italienisch *Italian*

J

Jahr: fünf Jahre lang *for five years*

jahraus, jahrein *year after year*

das *Jahrhundert,–e *century*

*je *ever;* *je . . . desto *the . . . the;* — länger *the longer;* — nach *depending upon*

*jedenfalls *in any case*

*jedoch *however, nevertheless*

*jemals *ever*

*jemand *someone, somebody, anybody*

*jen(–er,–e,–es) *that; the former*

jeweilig *respective*

die *Jugend *youth*

die Jungfer,–n *maid;* die alte — *old maid*

der *Jüngling,–e *young man*

just *just now*

der Juwelier,–e *jeweler*

K

die Kachel,–n *tile*

die Kaffeemühle,–n *coffee grinder*

kahl *bare*

das Kalb,¨–er *calf*

die Kamera,–s *camera*

der *Kamm,¨–e *comb*

(sich) kämmen *to comb (one's hair)*

kanadisch *Canadian*

das *Kapitel,– *chapter*
kapitulieren *to capitulate*
kaputt gehen (ging, ist gegangen) *to be ruined*
der Kardinal,⸚e *cardinal*
das Kästchen,– *small box*
der Kasten,⸚ *box, case; mailbox*
*kauen *to chew*
der Kegel,– *(bowling) pin*
die Kegelbahn,–en *bowling alley*
keineswegs *not at all*
die Kennerin,–nen *connoisseur*
der Kerl,–e *(coll.)* *fellow, guy, chap*
der *Kern,–e *core, nucleus; pit*
die *Kerze,–n *candle*
Kindesstatt: an — an-nehmen (nahm, genommen, nimmt) *to adopt*
das *Kinn,–e *chin*
die Kiste,–n *crate, box*
der Kittel,– *smock*
die Kladde,–n *log book*
*klagen *to complain, lament*
der *Klang,⸚e *sound, ring*
die Klappe,–n *flap*
klapprig *rickety*
sich *(dat.)* *klar-machen *to realize*
das Klavier,–e *piano*
der Klavierstimmer,– *piano tuner*
kleben *to glue, stick*
*kleiden *to dress; to suit, be becoming*
Kleider machen Leute *"fine feathers make fine birds"*
die *Kleinigkeit,–en *little thing, trifle*
klettern (ist) *to climb*
klimpern *to jingle*
klingeln *to ring (the bell)*
*klingen (klang, geklungen) (nach) *to sound, ring (like)*
die *Klinik,–en *hospital*
die Klinke,–n *(door) handle; latch*
*klopfen *to knock, beat, tap*
der Klopfton,⸚e *tapping sound*
*klug *clever, intelligent*
die Klugheit *intelligence; cleverness*
der *Knabe,–n,–n *boy, lad*
knacken *to creak*
Knall und Fall *(coll.)* *all of a sudden*
knapp *concise; scant*
die Kneipe,–n *tavern, pub*
das *Knie,–e *knee*
*knien *to kneel*
knistern *to crackle; to rustle*
der Knoten,– *knot; bun, chignon (hair)*
der Koch,⸚e *cook; chef*
*kochen *to cook; to boil*
der *Kollege,–n,–n *colleague*
der Komiker,– *comedian*
*komisch *comical, funny; odd*
der Kommandant,–en,–en *commander*
kommen: *dazu — *to get around to it, find time for it;* um etwas — *to lose something; to miss out on something*
kommerziell *commercial*
der Kommissar,–e *commissar*
der Kommißkopf,⸚e *(sl.)* *stickler for military discipline*
die *Kommode,–n *bureau, chest of drawers*
der Kongreß,–(ss)e *convention, congress*
können: ich kann nichts dafür *it is not my fault*
der *Kontakt,–e *contact*
der Kontinent,–e *continent*
das Konto (*pl.* Konten) *account*
das Kopfnicken *nodding of the head*
das Kopfschütteln *shaking of the head*
der Korbstuhl,⸚e *wicker chair*
der Kork,–en *cork*
die Korkeiche,–n *cork oak*
der *Körper,– *body*
der Kostenanschlag,–e *estimate (of cost)*
krächzen *to croak*
die *Kraft,⸚e *strength, force*
*kräftig *strong, powerful*
kraftvoll *forceful*
der *Kragen,– *collar*
die Krähe,–n *crow*

*kränken *to hurt, offend, insult*

das *Krankenhaus,⸚er *hospital*

die *Krankheit,–en *disease, sickness*

kratzen *to scratch*

das Kraut,⸚er *herb*

das Kräutersammeln *gathering of herbs*

die Krawatte,–n *necktie*

die Kreide,–n *chalk*

der *Kreis,–e *circle; group*

das *Kreuz,–e *cross*

kriegen *(coll.)* *to get, obtain; to catch*

der Krieger,– *warrior*

die Kriegsgefangenschaft *war captivity*

der Kringel,– *ring*

die *Kritik,–en *critique, criticism, review*

*kritisch *critical*

die Krücke,–n *crutch*

der *Krug,⸚e *pitcher*

*krumm *twisted, crooked*

der Küchen-und Bauernstuhl,⸚e *farm kitchen chair*

der Küchenschrank,⸚e *kitchen cupboard*

das Küchensims,–e *kitchen shelf*

der Küchentisch,–e *kitchen table*

die Kugel,–n *ball*

die *Kuh,⸚e *cow*

kühl *cool, chilly*

das Kühlhaus,⸚er *cold storage plant*

die *Kultur,–en *culture*

kulturell *cultural*

die Kulturlosigkeit *lack of culture*

der Kummer *trouble; distress; worry*

sich *kümmern um *to concern oneself with; to care about*

die Kümmernis,–se *care; anxiety*

der *Kunde,–n,–n *customer, client*

der *Künstler,– *artist;* *die Künstlerin,–nen *artist*

der Künstlerbleistift,–e *artist's pencil*

der Künstlerhut,⸚e *artist's hat*

kunstvoll *ingenious*

*kurzum *in short*

der *Kuß,⸚(ss)e *kiss*

*küssen *to kiss*

die *Küste,–n *shore, coast*

der Kutter,– *cutter, smack*

L

lachen: *zum — bringen (brachte, gebracht) *to make laugh*

der Lacher,– *one who laughs*

die Lachsrechte *(pl.)* *rights to salmon-fishing*

*lächerlich *ridiculous*

laden (lud, geladen, lädt) *to load;* etwas auf sich — *to burden oneself with something*

die *Lage,–n *position; situation*

das Lager,– *depot; bed, sleeping place; camp; lair*

lakonisch *laconic*

Land: *auf dem — *in the country*

der Landsmann,⸚er *fellow countryman*

lang: *ein paar Jahre — *for a few years*

lang und breit *in detail*

*längst *long since, long ago*

der *Lärm *noise*

lassen: *im Stich — *to forsake, abandon;* nicht aus den Augen — *to keep one's eyes on*

lästig *irksome; disagreeable; inconvenient; tedious*

launisches Vieh *(sl.)* *fickle beast*

*lauschen *to listen; to eavesdrop*

der Lausejunge,–n,–n *(coll.)* *rascal*

*laut *loud, noisy*

laut werden lassen (ließ, lassen, läßt) *to utter*

lauten *to read; to sound*

lauter *only, nothing but*

lautlos *silent, soundless*

*lebe wohl! *keep well! good-bye!*

Leben: am — sein *to be alive;* aus dem — scheiden *to die*

leben-bleiben (blieb, ist geblieben) *to stay alive*

*lebendig *alive, living; lively*

lebensfähig *capable of living*

lebensgefährlich *highly dangerous, perilous*

die Lebensmittel *(pl.)* *groceries*

die Lebensmittelbranche,–n *food business*

das Lebensmittelgeschäft,–e *grocery store*

die Lebensregel,–n *maxim (rule of life)*

das Lebewesen,– *living being*

lechzen (nach) *to thirst (after)*

das Leder,– *leather*

lederartig *leather-like*

die Lederjoppe,–n *leather jacket*

ledig *unmarried; free from*

*leer *empty*

leer aus-gehen (ging, ist gegangen) *(coll.)* *to get nothing*

die Leere *empty space; emptiness*

legen: sich zu Bett — *to go to bed*

*lehren *to teach*

der Lehrling,–e *apprentice*

die Lehrstelle,–n *teaching position; apprenticeship*

die Leiche,–n *corpse*

der Leichenträger,– *pall bearer*

leicht vorwurfsvoll *a little reproachful*

*leicht-fallen (fiel, ist gefallen, fällt) *(with dat.)* *to come easy*

leid: *es tut mir — *I am sorry*

das Leid,–en *sorrow*

das Leiden,– *sorrow; (chronic) illness*

leiden: * — können (*or* mögen) *to like*

die *Leidenschaft,–en *passion*

*leise *soft, gentle, low, faint, slight*

sich *(dat.)* *leisten können (konnte, können, kann) *to be able to afford*

die *Leistung,–en *accomplishment; performance*

*leiten *to guide, lead, direct*

das *Lesebuch,⸚er *reader, anthology; primer*

die Lesebuchgeschichte,–n *story (to be) included in a reader*

der Lesende,–n *reader*

leuchten *to shine, glow; to light*

der Leuchtturm,⸚e *lighthouse*

*leugnen *to deny*

die *Leute *(pl.)* *people, persons*

licht = hell

Licht (an)-machen *to switch on light*

der Lichtschalter,– *light switch*

lieb: zu lieb(e) tun (tat, getan, tut) *to do someone a good turn*

lieb haben = lieben

liebenswürdig *kind, amiable*

*lieber *rather;* *am liebsten *(with verbs)* *to like best or most of all*

das Liebespaar,–e *lovers*

liebevoll *loving, affectionate*

das Lieblingswort,⸚er *favorite word*

liegen: *es liegt an mir *it is my fault;* *es liegt daran *the reason is*

*lila *purple*

die Linderung *relief*

die *Linie,–n *line;* *in erster — *above all*

*link(–er,–e,–es) *left;* *links *on the left side*

die *Lippe,–n *lip*

die Lippen auf-werfen (warf, geworfen, wirft) *to pout*

der Literaturstudent,–en,–en *literature student*

locken *to entice, allure, lure*

lockern *to loosen*

der Löffel,– *spoon*

die Logik *logic*

los(e) *loose*

*los sein (war, ist gewesen, ist) *to be the matter; to go on*

los-brechen (brach, ist losgebrochen, bricht) *to burst out*

lösen *to solve; to loosen*

sich lösen *to detach oneself, become detached*

*los-lassen (ließ, gelassen, läßt) *to release, set free; to let go*

die Luftpostmarke,–n *airmail stamp*
*lügen (log, gelogen) *to lie*
die Luke,–n *hatch*
die Lunge,–n *lung*
die *Lust *pleasure, joy; desire, inclination;* * — haben *to feel like;* — bekommen zu *to begin to feel like*
sich *lustig machen (über) *to make fun (of)*

M

machen: *es macht nichts *it does not matter*
*mächtig *powerful, mighty*
der *Magen,– *stomach*
das Magengeschwür,–e *gastric ulcer*
mager *meagre*
mahnen (an) *to remind (of)*
die Makrele,–n *mackerel*
*malen *to paint, draw*
der *Maler,– *painter*
die Malerei,–en *painting*
*mancherlei *many things; diverse, different, various*
die Manneswürde *manly pride*
die Mansarde,–n *attic (room)*
der *Mantel,¨– *coat, overcoat*
Maquis *French underground movement against the Nazis in World War II*
das Märchen,– *fairy tale, story*
die Marinadenfabrik,–en *pickling plant*
der Märtyrer,– *martyr*
das Märtyrertum *martyrdom*
die *Maschine,–n *machine*
die Maßarbeit,–en *work made to order*
die Masse,–n *mass, crowd;* eine — *(coll.) a lot*
die *Mauer,–n *wall*
der Maulwurf,¨–e *mole*
der Maurer,– *mason*
das *Meer,–e *ocean, sea*
das Mehl *flour*
*mehrmals *several times, repeatedly*
meinetwegen *for all I care*
die Meinigen *(pl.) my people*
die meisten *most*
der *Meister,– *master*
sich *melden *to be heard from; to report for duty; to answer (the telephone)*
der Melker,– *milker*
die Melodie,–n *melody*
die Memoiren *(pl.) memoirs*
die *Menge,–n *quantity; crowd;* *eine — *(coll.) a great deal, a lot*
der Menschenverstand *common sense*
die Menschheit *mankind*
*menschlich *human; humane*
merken: merke dir das! *remember that!* — an *to tell by*
merkwürdig *strange; remarkable*
meßbar *measurable*
der *Metzger,– *butcher*
die Miene,–n *facial expression*
mies *(coll.) miserable*
die *Milch *milk*
mild(e) *mild, gentle*
mimisch *mimic*
die Mimose,–n *mimosa*
mimosenhaft *too sensitive (like a mimosa)*
die Mimosenhecke,–n *mimosa hedge*
der Minderwertigkeitskomplex,–e *inferiority complex*
*mindestens *at least*
der Minister,– *member of the government on the cabinet level, corresponding to Secretary in America*
mir's = mir es
*mischen *to mix, blend*
die Mischung,–en *mixture*
die Mißbilligung *disapproval*
mißfallen (mißfiel, mißfallen, mißfällt) *(with dat.) to displease*
mißmutig *discouraged, gloomy*
*mißtrauen *(with dat.) to distrust, suspect*
das *Mißverständnis,–ses,–se *misunderstanding*

der Mitarbeiter,– *co-worker, colleague*
*mit-bringen (brachte, gebracht) *to bring (along)*
mit-brüllen *to howl along*
*miteinander *with one another, together; jointly*
*mit-geben (gab, gegeben, gibt) *to give along*
das *Mitleid *pity, compassion*
mit-machen *to take part in, participate*
der Mitmensch,–en,–en *fellow human being*
*mit-nehmen (nahm, genommen, nimmt) *to take along; to affect*
mit-summen *to hum along*
das Mittagessen,– *noon meal, lunch, dinner*
die *Mittagszeit,–en *noontime*
die *Mitteilung,–en *communication, message; information*
das *Mittel,– *means, money; remedy*
*mitten in *in the middle of, right in*
mit-zählen *to count along*
*möbliert *furnished*
das Modell,–e *model*
möglich: alles Mögliche *all sorts of things*
die *Möglichkeit,–en *possibility, opportunity*
der *Mond,–e *moon*
das Moos,–e *moss*
*moralisch *moral*
morgens *in the morning*
Morse *Morse (alphabet)*
der Mörtel *mortar*
das *Motiv,–e *motif*
die Mücke,–n *mosquito*
die *Mühe,–n *trouble, pains, effort;* sich *(dat.)* — geben *to take pains*
die Mühsal,–e *toil*
der *Mund,⸚er *mouth*
der Mundwinkel,– *corner of the mouth*
*munter *lively, brisk*
die Muße *leisure*
mustern *to examine; to eye*
der *Mut *courage, spirit*
*mutig *courageous*
mutlos *discouraged*

N

na eben! *sure!*
*nach-ahmen *to imitate*
das Nachbarhaus,⸚er *house next door*
*nach-denken (dachte, gedacht) *to think over, meditate, ponder; to wonder*
*nachdenklich *pensive, thoughtful, reflective*
Nachdruck verleihen (verlieh, verliehen) *(with dat.) to emphasize*
die Nachforschung,–en *search, investigation*
nach-fragen *to inquire*
*nachher *afterwards, later*
nach-kommen (kam, ist gekommen) *to come after*
*nach-prüfen *to check*
nach-schicken *to forward*
*nach-sehen (sah, gesehen, sieht) *to examine, check, look to see; to look after*
nächst *next, nearest; following*
nächtlich *nightly*
der Nachtportier,–e *night clerk*
nachts *in the night*
nachweisbar *demonstrable*
nachwinken: einem nach-winken *to wave to someone (who is leaving)*
das Nadelholz *evergreens*
der Nagel,⸚ *nail*
nagen *to gnaw*
die *Nähe *vicinity; nearness;* *in der — *close by*
sich *nähern *to approach, draw near*
die Nähmaschine,–n *sewing machine*
naiv *naive*
das Namenrufen *calling of names*
*nämlich *namely; that is to say; you know, of course; for*
der *Narr,–en,–en *fool*
das Nasenbluten *nosebleed*

*naß *wet, moist*
der Neapolitaner,– *neapolitan (man from Naples)*
der Nebel,– *fog, mist*
nebeneinander *next to one another*
die Nebenspesen *(pl.)* *incidental expenses*
die Nebenstraße,–n *side street*
das Nebenzimmer,– *adjoining room*
der *Neid *envy*
neiden *to envy someone something, begrudge*
neigen *to bow*
die Neigung,–en *inclination*
'nen = einen
der *Nerv,–en *nerve*
*nervös *nervous*
die Nervosität *nervousness*
*neugierig (auf) *curious (about), inquisitive*
*neulich *recently, the other day*
nicht: — gerade *not quite;* — mehr *no longer;* — recht *not quite;* * — wahr? *right?, isn't it?*
die Nichte,–n *niece*
*nichts als *nothing but*
*nicken *to nod*
(sich) nieder-beugen *to bend down*
niedergeschlagen *downhearted*
sich nieder-lassen (ließ, gelassen, läßt) *to sit down*
*niemals *never*
*nirgends *nowhere*
nirgendwo *nowhere*
nobel *noble*
noch: — eine *another;* — einmal *once more;* * — nie *never (before);* — so (sehr) *ever so (much)*
nochmal = noch einmal
die Nonne,–n *nun*
die *Not,⸚e *distress, difficulty, trouble; need*
*nötig *necessary;* * — sein *to be needed*
das Notizheft,–e *note book*
*notwendig *necessary, urgent*
die Nuance,–n *(Fr.)* *nuance, shade*
die *Null,–en *zero*
nützen *to make use of, be of use*
*nützlich *useful*
die Nützlichkeit *usefulness*

O

*oben *upstairs, above, up, on top*
obere *upper*
die Oberfläche,–n *surface*
die *Oberflächlichkeit,–en *superficiality, shallowness*
der Obergefreite,–n,–n *corporal*
das Oberhemd,–en *dress shirt*
der Oberkörper,– *upper part of the body*
das *Obst *fruit*
der Obstbaum,⸚e *fruit tree*
*obwohl *although*
offenbar *obvious, evident, apparent*
*öffentlich *public*
Ohr: *übers — hauen *to cheat*
die Ohrfeige,–n *slap in the face*
der Opapa,–s *grandfather*
der Orden,– *decoration*
*ordentlich *decent; tidy, orderly; proper*
*organisieren *to organize*
die Ortschaft,–en *village*
Ostdeutschland *The German Democratic Republic, formerly the Soviet-occupied zone of Germany*
der Österreicher,– *Austrian*
Ostertag: der zweite — *Easter Monday*
die Ostspitze,–n *eastern tip*

P

paar: ein paarmal *a few times*
packen *to pack; to seize, affect*
das *Paket,–e *package, parcel*
die Palme,–n *palm tree*
das *Papier,–e *paper*
die Pappe,–n *cardboard*
das Parfüm,–s *perfume*

die Partie: eine Partie Domino *a game of dominoes*

der Passagier,–er *passenger*

das Paßbild,–er *passport picture*

*passen *(with dat.)* *to suit, fit*

passieren (ist) *to happen, occur; (*hat*) to pass, cross*

perlenartig *pearl-like*

die Personalangaben *(pl.)* *personal data*

der Personenzug,⸚e *passenger train*

*persönlich *personal*

die *Persönlichkeit,–en *person; personality*

die Perspektive,–n *perspective*

pfänden *to distrain*

der *Pfarrer,– *priest, minister, pastor*

*pfeifen (pfiff, gepfiffen) *to whistle;* sich eins — *to whistle to oneself*

pflanzen *to plant*

pflegen *to care for; to be in the habit of; to cultivate*

die *Pflicht,–en *duty, obligation*

pfui Teufel! *how disgusting!*

die *Phantasie,–n *imagination*

phantastisch *excellent; fantastic, amazing*

der Photograph,–en,–en *photographer*

photographieren *to take pictures*

die Photokopie,–n *photographic copy*

die Physik *physics*

der Pilz,–e *mushroom*

der Pilzsammler,– *one who gathers mushrooms*

die Pilzsuche,–n *search for mushrooms*

die Plage,–n *worry*

plagen *to trouble, plague*

der Plan,⸚e *plan, intention; map*

*plaudern *to chat*

der Plüsch *plush*

die Pointe,–n *(Fr.)* *punch line*

der Politiker,– *politician*

die Polizei

polstern *aJ*

der Portier,–s *(Fr.)* *janitor, porter, doorman*

der Posten,– *guard*

präzis(e) *precise*

die Präzision *precision*

predigen *to preach*

die Predigt,–en *sermon*

der Prinz,–en,–en *prince;* die Prinzessin,–nen *princess*

die Pritsche,–n *iron bed*

*probieren *to try, attempt; to test; to taste*

das Programm,–e *program*

programmgemäß *according to program*

das Protokoll,–e *statement, deposition*

die Prosa *prose*

die Provinz,–en *province*

*prüfen *to examine, investigate, test*

der Psychoanalytiker,– *psychoanalyst*

*pünktlich *punctual, on time*

das Punktsystem,–e *point system*

*putzen *to clean, polish, scrub; to trim*

Q

die *Qual,–en *pain, agony; grief*

quälen *to torment*

die Qualle,–n *jelly fish*

das Quecksilberkügelchen,– *small mercury ball*

R

das Rad,⸚er *wheel; bycicle*

der Rang,⸚e *rank*

rangieren *to shunt*

*rasch *quick, swift*

rasen (ist) *to race*

rasend werden (wurde, ist geworden, wird) *to go mad*

die Raserei,–en *rage*

die Rast *rest*

rasten *to rest*

der *Rat (*pl.* Ratschläge) *advice*

*ratlos *helpless, perplexed*

die Ratlosigkeit *helplessness*

rattern *to rattle*

die Räucherei,–en *smoke house*
der *Raum,⸚e *room, space*
räumen *to vacate; to clear (away)*
raus-gucken *(coll.)* *to peep out*
reagieren *to react*
die *Rechnung,–en *bill; check*
das *Recht,–e *right; law;* *mit — *justly, rightly so*
*recht haben (hatte, gehabt, hat) *to be right*
recht wenig *very little*
recht wohl *very well*
rechtmäßig *rightful*
*rechtzeitig *in (due) time; punctual; opportune*
sich recken *to stretch*
die *Rede,–n *speech, talk; conversation;* *eine — halten *to give a talk*
*reden *to talk, speak*
die *Redensart,–en *phrase; expression*
die Redewendung,–en *phrase, idiom*
*regelmäßig *regular*
der *Regenschirm,–e *umbrella*
der Regenwurm,⸚er *earthworm*
die Regie,–en *(Fr.)* *direction*
*regieren *to govern*
die *Regierung,–en *government*
*regnen *to rain*
das Reh,–e *deer*
*reichen *to hand, pass; to reach; to be enough, suffice;* sich die Hände — *to join hands*
reichlich viel *ample*
der *Reichtum,⸚er *wealth, fortune; abundance*
*rein *pure; clean; clear*
rein = herein
rein machen *to scrub*
reinlich *pure*
die Reise,–n *trip*
der Reisende,–n,–n *traveler*
reißen (riß, gerissen) *to rip; to snatch*
reiten (ritt, ist geritten) *to ride on horseback*
reizlos *unattractive*
reizvoll *attractive*
*religiös *religious*
*rennen (rannte, ist gerannt) *to run; to race*
das Rennen,– *race*
reparieren *to repair*
das Resultat,–e *result*
*retten *to save, rescue*
die *Rettung *rescue; salvation*
rezensieren *to review*
richten an *to direct to, address to*
der Richter,– *judge*
richtiger *better*
die *Richtung,–en *direction*
*riechen (roch, gerochen) (nach) *to smell (of)*
ringen (rang, gerungen) (nach) *to strive (for)*
die Ritterlichkeit,–en *gallantry*
RM = die Reichsmark *German Mark (until 1945)*
*roh *raw; unfinished*
die *Rolle,–n *role, part*
*rollen *to roll*
der *Roman,–e *novel*
römischer Imperator *Roman emperor*
rostig *rusty*
die Rotznase,–n *(sl.)* *brat, snot-nose*
rüber-gehen = hinüber-gehen
der *Rücken,– *back*
die Rückkehr *return*
*rücksichtsvoll *considerate*
*ruhen *to rest*
*ruhig *quiet, calm; silent*
der *Ruhm *fame*
(sich) *rühren *to stir, move; to touch*
rund um ihn *around him*
der Rundblick,–e *panorama*
rund-fliegen (flog, ist geflogen) *to fly around*
rundlich *plump, rotund*
die Rüsche,–n *ruche*

S

der *Saal (*pl.* Säle) *hall, large room*
Sache: *bei der — sein (war, ist gewesen, ist) *to pay attention*

*sachlich *factual*
der Sachse,–n,–n *Saxonian*
sacht(e) *slow, gentle*
der Sack,⸚e *sack, bag*
das Saiteninstrument,–e *string instrument*
der Sandhaufen,– *sand pile*
der Sandstreifen,– *strip of sand*
der Sandweg,–e *sandy road*
*sanft *gentle, soft, mild; smooth*
der Satan *devil, satan*
satt *satisfied, full;* *etwas — haben *to be fed up with something*
die Sau,⸚e *sow, hog*
*sauer *sour*
saufen (soff, gesoffen, säuft) *(coll.) to guzzle*
säumen *to line, edge*
*schäbig *shabby*
die *Schachtel,–n *box*
*schade *a pity, too bad*
schädlich *harmful*
*schaffen (schuf, geschaffen) *to do, make, create; to work; to bring about; to cope with, manage;* zu — machen *to give trouble*
die *Schallplatte,–n *record*
die *Scham *shame, disgrace*
sich *schämen *to be (or feel) ashamed*
*scharf *sharp, keen; pointed*
der *Schatten,– *shadow, shade*
schattig *shady*
der *Schatz,⸚e *treasure*
*schauen *to look, see, observe*
der *Schauspieler,– *actor;* *die Schauspielerin,–nen *actress*
der *Scheck,–s *check*
der Scheitel,– *part (hair)*
die Schenke,–n *tavern*
der Schenkel,– *thigh*
*scherzen *to joke, make fun of*
schick *elegant, smart*
das *Schicksal,–e *fate; destiny*
*schieben (schob, geschoben) *to shove, push*

schief *crooked*
die Schiene,–n *rail, track*
die Schießbude,–n *shooting gallery*
das Schießpulver,– *gun powder*
schimmern *to glisten*
*schimpfen *to scold; to grumble;* — auf *to rail against*
das Schlachtfeld,–er *battle field*
schläfrig *sleepy, drowsy*
sich schlagen (schlug, geschlagen, schlägt) mit *to fight with*
*schlank *slender, slim*
*schlau *smart; shrewd, cunning*
der Schlaumeier,– *(coll.) smart guy*
(sich) schleichen (schlich, ist geschlichen) *to crawl, sneak*
*schlendern (ist) *to saunter, stroll*
der Schlick *silt*
*schlimm *bad, evil; serious*
das Schloß,⸚(ss)er *castle*
der Schlosseranzug,⸚e *locksmith's overall*
der Schlosserlehrling,–e *apprentice to a locksmith*
die Schlosserwerkzeuge *(pl.) locksmith tools*
schluchzen *to sob*
der Schluck,–e *swallow, swig, sip*
schlucken *to swallow; to gulp (down)*
schlüpfen (ist) *to slip*
der *Schluß,⸚(ss)e *end, finish; conclusion*
der *Schlüssel,– *key*
das Schlüsselloch,⸚er *key hole*
das Schlußlicht,–er *tail light*
schmächtig *slight*
schmackhaft *appetizing; tempting, alluring*
*schmal *narrow; slim*
schmalzig *sentimental*
schmecken *to taste;* *es schmeckt mir *it tastes good (to me)*
der *Schmerz,–en *pain; grief*
der Schmuck *(pl.* Schmuckstücke) *jewelry*
der Schnabel,⸚ *bill*

schnallen *to buckle*
die Schnauze,–n *snout;* die — halten *(sl.) to shut up*
das Schneemützchen,– *little snow cap*
schneeweiß *snow-white*
die *Schokolade,–n *chocolate*
schon gut *okay*
*schon wieder *again*
schön-färben *to palliate*
schöngestärkt *beautifully starched*
das Schönste kommt noch *the best is yet to come*
der Schopf,⸚e *shock of hair*
schöpferisch *creative; ingenious; productive*
der *Schrank,⸚e *closet*
die Schranke,–n *barrier, gate*
der Schraubdeckel,– *cup (to be screwed on top of a bottle)*
*schrecklich *dreadful, frightful, terrible*
die *Schreibmaschine,–n *typewriter*
die *Schrift,–en *script, type; handwriting*
der *Schriftsteller,– *writer*
der *Schritt,–e *step, pace*
der Schubkasten,⸚ *drawer*
schüchtern *shy, timid*
der *Schuh,–e *shoe*
die Schularbeiten *(pl.) home work*
die *Schuld *fault, blame; guilt*
schuld sein (war, ist gewesen, ist) an *to be the fault of*
das Schuldgefühl,–e *guilt-feeling*
der Schuldner,– *debtor*
der Schulmeister,– *school master*
die *Schulter,–n *shoulder*
die Schulung *schooling, training*
der Schuppen,– *shed; shelter*
der Schürzenstoff,–e *material for an apron*
der Schuß,⸚(ss)e *shot*
*schütteln *to shake*
*schützen *to protect*
SS = die Schutzstaffel *Black Shirts, Nazi elite military organization*

*schwach *weak, feeble; faint*
die *Schwäche,–n *weakness*
der Schwächling,–e *weakling*
die Schwägerin,–nen *sister-in-law*
schwanken *to sway; to waver*
schwarzgekleidet *(dressed) in black*
schwarzhaarig *black-haired*
Schweden *Sweden*
schweifen (ist) *to roam*
das *Schwein,–e *pig, hog; swine*
der *Schweiß *sweat, perspiration*
der Schweizer *Swiss*
die Schwelle,–n *sill; tie*
schwerfällig *clumsy, awkward*
*schwerlich *hardly, scarcely*
schwermütig *melancholic*
*schwierig *difficult*
*schwimmen (schwamm, geschwommen) (ist und hat) *to swim*
schwirren *to buzz*
die *Seele,–n *soul; mind; spirit*
die Seeluft *sea breeze*
der Segen *blessing*
segnen *to bless*
sich sehnen (nach) *to long (for)*
die *Sehnsucht (nach) *yearning (for)*
das Seil,–e *rope*
seien wir *let's be*
sein: *mir ist, als (ob) *I feel as (if)*
seinetwegen *for his sake, on his account*
das Seinige *his own*
*seitdem *since, since then*
die *Sekunde,–n *second*
*selber *himself, herself, etc.*
*selbständig *independent*
das Selbstbildnis,–se *self-portrait*
selbstherrlich *arrogant*
Selbstmord begehen (beging, begangen) *to commit suicide*
*selbstverständlich *of course, by all means; self-evident*
*seltsam *strange, odd, unusua peculiar*
senken *to lower*

die Senkung,–en *lowering, reduction*

sensibel *sensitive*

die Sentimentalität,–en *sentimentality*

*seufzen *to sigh*

sicherlich *surely*

*sichtbar *visible; obvious, evident*

siebzehnjährig *seventeen year(s) old*

die *Silbe,–n *syllable*

silbern *silvery; silver*

Sinn: * — haben *to make sense;* bei Sinnen sein *to have one's (right) senses*

*sinnlos *senseless, pointless*

die *Sitte,–n *custom; habit*

der *Sitz,–e *seat*

das Skizzenbuch,⸚er *sketch book*

slawisch *Slavonic*

so: * — etwas *such a thing; something like that;* so . . . wie *as . . . as*

die *Socke,–n *sock*

soeben *just (now)*

das *Sofa,–s *sofa, couch*

sogenannt *so-called*

*sogleich *immediately, at once*

*solange *as long as*

solange, bis = bis

solcherlei *in such a way; such*

solide *strong, solid*

die Sommerferien *(pl.) summer vacation*

*sonderbar *strange, peculiar*

sonnenklar *clear as daylight, obvious*

*sonnig *sunny*

die *Sorge,–n *care, worry, anxiety, concern; sorrow*

das Sorgenkind,–er *problem child*

*sorgfältig *careful*

sorgsam *careful*

*sowieso *in any case; anyhow*

die Sowjetunion *U.S.S.R., Union of Soviet Socialist Republics*

*sozusagen *so to speak*

spanisch *Spanish*

(sich) spannen *to harness; to tighten; to strain*

*sparen *to save*

das Sparkassenbuch,⸚er *savings bank book*

der *Spaß,⸚e *fun;* *es macht mir — *it gives me pleasure*

*später *later, later on; afterwards, hereafter; after that*

*spätestens *at the latest*

der Spatz,–en,–en *sparrow*

der *Spaziergang,⸚e *walk*

*spazieren-gehen (ging, ist gegangen) *to go for a walk*

der Speicher,– *attic*

speiübel *sick to the stomach*

die Sperre,–n *gate*

die spezialisierte Fachkenntnis,–se *specialized knowledge*

die Spezialität,–en *specialty*

der *Spiegel,– *mirror*

spitzen *to sharpen*

sprecherisch *elocutionary*

sprengen *to blast; to burst (open)*

spröde *hard, brittle*

die *Spur,–en *trace, mark; track, trail*

*spüren *to feel, sense*

der Staatsbesuch,–e *state visit*

der Staatsbürger,– *citizen*

stammeln *to stammer*

ständig *permanent, always*

starr *rigid, stiff; motionless; inflexible*

*starren *to stare*

statt dessen *instead*

*stecken *to stick, put, place; to be (somewhere)*

stehen: *es steht ihr gut *it is becoming to her*

*stehen-bleiben (blieb, ist geblieben) *to stop; to remain standing*

stehen-lassen (ließ, lassen, läßt) *to leave behind*

*stehlen (stahl, gestohlen, stiehlt) *to steal*

steifgestärkt *stiffly starched*

steigend *increasing*

der *Stein,–e *stone, rock*
der Steinpilz,–e *yellow boletus (an edible mushroom)*
die Stelle,–n *place; spot;* an — *in place of*
sterben: im — liegen (lag, gelegen) *to be dying*
sterblich *mortal*
der *Stern,–e *star*
*stets *always, ever, forever; constantly*
die Steuerschnecke,–n *steering mechanism (of automobile)*
Stich: *im — lassen (ließ, gelassen, läßt) *to abandon, forsake*
die Stiefelspitze,–n *tip of boot*
der Stierkämpfer,– *bull fighter*
stillschweigend *silent, quiet*
*stimmen *to be correct, be right; to vote; to tune (an instrument)*
die *Stimmung,–en *mood*
der Stint,–e *smelt*
der Stips,–e *(coll.) push*
die *Stirn,–en *forehead*
der *Stock,⸚e *stick*
stocken *to coagulate; to stop; to pause*
das Stockwerk,–e *floor, story*
der *Stoff,–e *material; cloth; topic*
*stöhnen *to groan*
stolpern (ist) *to stumble*
*stolz (auf) *proud (of)*
stolzieren (ist) *to strut*
*stören *to disturb; to trouble*
*stoßen (stieß, gestoßen, stößt) *to push, shove; to poke*
sich stoßen an (stieß, gestoßen, stößt) *to take offense at*
strahlend *radiant, beaming*
strapaziert *tired*
die Straßenbahnfahrt,–en *trolley car ride*
der Straßenbahnschaffner,– *streetcar conductor*
das Streben *aspiration*
der Streckenwärter,– *track walker*
*streicheln *to stroke, caress*
streichen (strich, gestrichen) *to stroke*
der Streifen,– *stripe*
streifen *to graze, brush against*
der *Streit,–e *quarrel, dispute; fight*
*streng *strict, stern*
der *Strich,–e *stroke, line*
das Stroh *straw*
der Strohhut,⸚e *straw hat*
der Strohsessel,– *armchair with straw seat*
der Strohstuhl,⸚e *chair with straw seat*
die Strophe,–n *stanza*
der *Strumpf,⸚e *stocking*
die *Stube,–n *room*
das Stübchen,– *little room*
der Studienrat,⸚e *secondary school teacher*
*stumm *silent, mute*
stumpf *dull*
*stumpfsinnig *stupid, dull*
stundenlang *for hours*
stürzen (ist) *to fall, tumble*
sich stürzen (aus) *to hurl oneself (out of)*
stutzen *to stop short; to hesitate*
subtil *subtle*
süddeutsch *South German*
die *Summe,–n *sum*
die *Sünde,–n *sin*
*süß *sweet*
die *Szene,–n *scene; sequence*

T

der Tadel,– *reproach, blame, fault*
*tadeln *to find fault, blame; to reprimand*
der Tadler,– *someone who finds fault with*
Tag: *eines Tages *one day;* Tag für Tag *day after day*
*täglich *daily*
der Takt,–e *measure; tact, discretion*
taktieren *to beat (time)*
*tanken *to fill up the (gasoline) tank*
die *Tankstelle,–n *gasoline station*
*tanzen *to dance*

der Tänzer,– *dancer;* die Tänzerin, –nen *dancer*
*tapfer *brave, valiant*
täppisch *awkward*
die *Tasche,–n *pocket; bag*
das Taschenbuch,⸚er *paperback*
der Taschenkamm,⸚e *pocket comb*
das *Taschenmesser,– *pocket knife*
das *Taschentuch,⸚er *handkerchief*
tasten (nach) *to grope (for)*
die *Tat,–en *deed, action, act;* *in der — *indeed*
*tatsächlich *as a matter of fact; real, actual*
die Taube,–n *pigeon, dove; turtle-dove*
tauchen *to dip, plunge*
der Tauchsieder,– *immersion heater*
*täuschen *to deceive; to cheat*
teeren *to tar*
der Teich,–e *pond*
*teilen *to share; to divide*
teil-haben (hatte, gehabt, hat) (an) *to share (in)*
*teil-nehmen (nahm, genommen, nimmt) (an) *to participate, take part (in)*
das *Telefon,–e *telephone*
das Telegramm,–e *telegram, wire*
der Teufel,– *devil*
teuflisch *devilish, diabolical, fiendish*
die Theaterkarte,–n *theater ticket*
die Theke,–n *bar, counter*
die Thermosflasche,–n *thermos bottle*
ticken *to tick*
die Tiefe,–n *depth, profoundness*
der Tiervers,–e *animal verse*
die Tinte,–n *ink*
der Tischler,– *carpenter*
die Tischplatte,–n *table top*
das Tischtuch,⸚er *table cloth*
der *Titel,– *title; claim*
todernst *deadly serious*
der Todesfall,⸚e *(case of) death*
der Todeskandidat,–en,–en *doomed man*
das Todesurteil,–e *death sentence*
der *Ton,⸚e *sound; tone; tint*
das Tonband,⸚er *tape*
das Tor,–e *door, gate*
*tot *dead*
*töten *to kill*
die Totenstarre *rigor mortis*
tot-machen *to kill*
*tot-schlagen (schlug, geschlagen, schlägt) *to kill*
träge *indolent*
die *Träne,–n *tear;* rot vor Tränen *red with tears*
die *Trauer *sadness sorrow; grief; mourning*
*trauern (um) *to mourn (for), grieve (for)*
*träumen *to dream*
die *Treppe,–n *stairs, stairway*
*treu *faithful, loyal*
die *Treue *faithfulness, loyalty*
treulich *faithful*
*trocken *dry, plain*
trommeln *to drum, tap, beat*
*trösten *to comfort, console*
tröstlich *comforting, consoling; cheering*
*trotzdem *nevertheless, in spite of that*
*trüb(e) *dull, dim; murky; cloudy*
tüchtig *thorough*
tu' = tue
die Tulpe,–n *tulip*
tun: *so —, als ob *to pretend to, make as if*
der Türgriff,–e *doorhandle*
türkisch *Turkish*
der *Turm,⸚e *tower*
turnen *to exercise, do calisthenics*
der Typenhebel,– *type-lever*

U

*übel *evil, bad;* * — d(a)ran sein *to be in a bad way;* *mir ist — *I feel sick*
die Überbetonung,–en *overemphasis*
überbrücken *to bridge*

die Überbürdung *overburdening*
überfüllt (von) *overcrowded, packed, jammed (with)*
die Übergabe *surrender*
übergeben (übergab, übergeben, übergibt) *to surrender*
über-gehen (ging, ist gegangen) *to proceed*
überheizt *over-heated*
überholt *out of date*
überlassen (überließ, überlassen, überläßt) *to leave to, let have*
sich überlassen (überließ, überlassen, überläßt) *to yield oneself*
(sich) *(dat.)* *überlegen *to think over, consider, reflect (on)*
überliefern *to hand down; to deliver*
übermitteln *to transmit*
*übermorgen *day after tomorrow*
*überschätzen *to overrate*
überstürzt *hasty*
*übertreiben (übertrieb, übertrieben) *to exaggerate*
überwältigt *overwhelmed*
*überwinden (überwand, überwunden) *to overcome, subdue, conquer, surmount*
*überzeugen *to convince*
über-ziehen = an-ziehen
*üblich *customary, usual*
*übrig-bleiben (blieb, ist geblieben) *to be left (over), remain*
*übrigens *incidentally, by the way*
um: * — zu *in order to;* * — so mehr *all the more;* — so viel *by so much*
*umarmen *to embrace, hug*
die Umarmung,–en *embrace*
sich um-bilden *to transform oneself*
(sich) *um-blicken *to look around*
(sich) *um-drehen *to turn around*
*um-fallen (fiel, ist gefallen, fällt) *to fall down, tumble; to overturn*
der Umfang, *range, size, circumference*
der Umgang *association*
umgeben (umgab, umgeben, umgibt) *to surround*
*umher-blicken *to look around*
umher-irren (ist) *to run around, wander about*
umher-spritzen *to sputter around*
umher-tasten *to grope around*
*um-kehren (ist) *to turn back, return*
der *Umschlag,¨–e *envelope*
die Umsicht *prudence, circumspection*
umsichtig *circumspect, prudent, sensible*
die Umständlichkeit,–en *formality*
sich um-stellen *to switch (to)*
(sich) *um-wenden (wandte, gewandt) *(also weak)* *to turn around*
um-ziehen (zog, ist gezogen) *to move*
unangebracht *unwarranted*
*unangenehm *disagreeable, unpleasant*
die Unart,–en *bad habit*
*unbedingt *absolute, at all costs*
*unbefriedigend *unsatisfactory*
*unbehaglich *uncomfortable, uneasy*
*unbekannt *unknown, strange*
unbekümmert *unconcerned*
unbeschnitten *untrimmed*
*unbestimmt *indefinable; uncertain*
unbewegt *motionless; deadpan*
unbrauchbar *useless*
*und so weiter *and so forth*
*unentbehrlich *indispensable; necessary*
unentrinnbar *ineluctable*
unentwegt *incessant; unflinching*
unerbittlich *inexorable, unyielding*
unergründlich *unfathomable*
unerschöpflich *inexhaustible*
unfrankiert *without a stamp*
*unfreundlich *unfriendly*
unfrisiert *uncombed*
*ungefähr *approximate; about*
ungereift *immature*

ungleich *unequal, uneven; dissimilar; unmatched*

der Unglücksfall,⸚e *(case of) accident*

*unmittelbar *direct*

unmodern *old fashioned, out of fashion*

unnahbar *unapproachable*

unnütz *useless; idle*

*unrasiert *unshaven*

das Unrecht *injustice;* — tun *to do wrong, do injustice*

*unrecht haben (hatte, gehabt, hat) *to be wrong*

unregelmäßig *uneven, irregular*

unruhig *restless*

unsäglich *unspeakable*

unscheinbar *unpretentious*

die Unschuld *innocence*

*unsichtbar *invisible*

der *Unsinn *nonsense*

unsinnig stolz *madly proud*

die Unsrigen *(pl.)* *our people*

unten *below, at the bottom, down, downstairs;* von — her *from below*

unter anderem *among other things*

*unterbrechen (unterbrach, unterbrochen, unterbricht) *to interrupt*

die *Unterbrechung,–en *interruption, disconnection*

unterdem = unterdessen

unterdessen *meanwhile, in the meantime*

*unterdrücken *to suppress, stifle*

unter-gehen (ging, ist gegangen) *to drown*

sich *unterhalten (unterhielt, unterhalten, unterhält) mit *to talk to, converse with*

die Unterjacke,–n *undershirt*

Unterricht erteilen *to give lessons*

unterschrieben *signed*

die Untersuchung,–en *examination; investigation*

*unterwegs *on the way*

unverrichteter Sache *unsuccessfully*

*unverschämt *impertinent, impudent, fresh*

unverwandt *steadfast*

unweit *not far*

unweltlich *unworldly, not mundane enough*

unwillkürlich *instinctive; involuntary*

die *Unwissenheit,–en *ignorance*

der *Urlaub,–e *vacation; leave (of absence); furlough (mil.);* * — machen *to take a vacation*

V

das Varieté,–s *(Fr.)* *music hall*

das Vaterland,⸚er *fatherland*

väterlich *fatherly*

das Veilchen,– *violet*

sich *verabschieden *to say good-bye*

(sich) *verändern *to change, alter*

veranlassen *to cause*

verarbeitet *toilworn*

*verbinden (verband, verbunden) *to unite, connect; to dress wounds*

*verborgen *hidden*

verbringen (verbrachte, verbracht) *to spend, pass (time)*

der Verdacht *suspicion;* im — haben *to suspect*

verdächtigen *to suspect*

verdammt *damned*

verdenken (verdachte, verdacht) *(with dat.)* *to blame someone*

verderben (verdarb, ist verdorben, verdirbt) *to spoil*

*verdienen *to earn; to deserve*

verdoppeln *to double*

verdrießen (verdroß, verdrossen) *to annoy, exasperate*

verdrießlich *morose; unpleasant*

die Vereinigten Staaten *the United States*

die Vereinigung,–en *union*

verfallen *dilapidated; tumbledown*

verflucht *cursed, confounded*

*verfolgen *to pursue, follow*

vergangen *past*

die *Vergänglichkeit *transitory nature;* *vergänglich *transitory*
*vergeblich *futile, fruitless; in vain*
vergehen (verging, ist vergangen) *to pass*
das *Vergnügen,– *pleasure, enjoyment;* *viel —! *have a good time!*
*vergnügt *cheerful, merry*
vergiften *to poison*
vergönnen *(with dat.)* *to grant*
vergraben (vergrub, vergraben, vergräbt) *to bury*
verhaften *to arrest*
das Verhalten *conduct, behavior*
sich *verhalten (verhielt, verhalten, verhält) *to act, behave*
das *Verhältnis,–ses,–se *relationship; condition; circumstances*
sich verheiraten *to marry;* sich wieder — *to re-marry*
*verheiratet *married*
verjubeln *to squander*
*verkehren (mit) *to associate (with)*
verklärt *transfigured*
verlangsamen *to slow down*
*verlegen *embarrassed*
die Verlegenheit,–en *embarrassment*
verleihen (verlieh, verliehen) *to bestow, confer on; to lend (out)*
verlernen *to unlearn, forget*
*verletzen *to hurt, injure, wound*
sich verlieren (verlor, verloren) (an) *to lose oneself (in)*
verlobt *engaged*
der Verlust,–e *loss*
das Verlustgeschäft,–e *deficit business*
sich vermählen (mit) *to marry*
*vermeiden (vermied, vermieden) *to avoid*
vermitteln *to convey*
*vermuten *to suppose, assume*
*vernachläßigen *to neglect*
sich verneigen *to bow*
die *Vernunft *reason, common sense*
*vernünftig *reasonable; rational*

*veröffentlichen *to publish*
verpassen *to miss, lose*
die *Verpflichtung,–en *obligation*
der Verräter,– *traitor*
verreisen (ist) *to take a trip*
verreist sein (war, ist gewesen, ist) *to be away*
*versagen *to fail*
*verschieden *different, diverse, unlike, distinct; various (used with pl.)*
verschlagen (verschlug, verschlagen, verschlägt) *to take away (speech or breath)*
verschleppen *to abduct*
verschlossen *reserved*
sich verschlucken *to swallow the wrong way*
*verschwenden *to lavish; to squander*
*verschwinden (verschwand, ist verschwunden) *to disappear*
verschwommen *blurred*
das Versehen,– *mistake;* aus — *by mistake*
versehentlich *by mistake*
versichern *to assure*
der Versicherungsvertreter,– *insurance agent*
versonnen *enraptured*
verspüren *to feel*
der *Verstand *intelligence, intellect, mind*
sich *verständigen *to communicate; to come to terms*
die *Verständigung,–en *communication; agreement*
das *Verständnis *understanding, insight, comprehension*
verstaubt *dusty*
(sich) *verstecken *to hide; to conceal*
verstimmt *out of tune; cross (with)*
*verstört *troubled*
versuchsweise *as an experiment*
verteidigen *to defend*
vertiefen *to deepen*
vertragen (vertrug, vertragen, verträgt) *to tolerate, endure*

das *Vertrauen (auf) *confidence, trust (in)*

vertreiben (vertrieb, vertrieben) *to drive away;* *sich *(dat.)* die Zeit — *to while away the time*

verulken *(coll.)* *to fool*

*verursachen *to cause, produce*

verwenden (verwandte, verwandt) *(also weak)* *to use, employ*

*verwirrt *confused, bewildered, disconcerted*

die *Verwirrung,–en *confusion*

verzeichnet *distorted*

*verzeihen (verzieh, verziehen) *to pardon, forgive;* * — Sie *pardon me*

*verzichten auf *to give up; to do without*

verzweifelt *desperate, despairing*

die *Verzweiflung *despair*

der Vetter,–n *male cousin*

vibrieren *to vibrate*

vielfältig *manifold*

vielmals *many times; a lot*

*vielmehr *rather*

vieltausendmal *many thousand times*

das Vöglein,– *little bird*

das Vokabular,–e *vocabulary*

*völlig *complete, total, absolute*

*vollkommen *perfect, complete, entire, absolute*

vollwertig *complete*

vom = von dem

voneinander *from one another*

*vor allem *above all*

vor sich hin *to oneself*

die Vor- und Nachfahren *(pl.)* *those before and after us*

voraus: im — *in advance*

*vorbei *by, along, past*

vorbei-hüpfen (ist) *to hop by*

*vor-bereiten *to prepare*

vorbestimmt *predestined*

vorerst *for the time being*

vorgeschrieben *prescribed*

*vorgestern *day before yesterday*

das Vorhaben,– *plan*

vor-haben (hatte, gehabt, hat) *to plan, intend*

vor-halten (hielt, gehalten, hält) *to reproach, throw up to*

*vorher *before, previously; first*

*vorhin *a little while ago, just now*

vor-kommen (kam, ist gekommen) *to be found; to occur;* sich — *to feel like*

*vor-lesen (las, gelesen, liest) *to read to someone*

vor-liegen (lag, gelegen) *to lie before*

der *Vormittag,–e *morning, forenoon;* heute — *this morning*

vornehm *distinguished*

vor-nehmen (nahm, genommen, nimmt) *to take up*

*vor-schreiben (schrieb, geschrieben) *to specify, prescribe*

die Vorschrift,–en *regulation; instruction; order*

die *Vorsicht *caution*

*vorsichtig *cautious, careful, prudent*

vor-sprechen (sprach, gesprochen, spricht) (bei) *to call (on)*

die Vorstadt,¨–e *suburb*

die *Vorstellung,–en *performance*

*vorüber *past, over, by*

*vorüber-gehen (ging, ist gegangen) *to go past*

der Vorübergehende,–n *one who walks past*

vor-rücken (ist) *to advance*

*vorwärts *forward, onward, on, ahead*

der *Vorwurf,¨–e *reproach, blame*

vorwurfsvoll *reproachful*

*vor-ziehen (zog, gezogen) *to prefer*

der *Vorzug,¨–e *advantage; preference*

W

*wach *awake*

die *Wahl,–en *choice; election*

wahrhaben wollen *to admit*

wahrhaft *truly*

wahrhaftig *truly*
die Wahrheit,–en *truth*
wahrheitsgemäß *truthfully*
wahrlich *truly*
wahrnehmbar *perceptible, discernible*
*wandern (ist) *to wander, walk, hike*
die *Wange,–n *cheek*
wanken (ist und hat) *to shake, totter*
der Wappenring,–e *ring with engraved coat of arms*
ward = wurde
die *Ware,–n *product, merchandise*
die Wärme *warmth*
warten lassen (ließ, lassen, läßt) *to keep waiting*
die Wartenden *(pl.) waiting people*
was für (ein) *what sort of*
was sonst *what else*
was wohl *I wonder what*
die Wäsche *laundry*
Wäsche waschen (wusch, gewaschen, wäscht) *to wash, launder*
die Wäscheleine,– *clothes line*
der Wasserdunst,⸚e *vapor*
der Wassergraben,⸚ *ditch filled with water*
*wechseln *to change, switch*
*wecken *to wake*
*weder . . . noch *neither . . . nor*
*weg *away; gone, off; lost, disappeared*
*weg-nehmen (nahm, genommen, nimmt) *to take away*
weg-schicken *to send away*
weg-stoßen (stieß, gestoßen, stößt) *to push away*
weg-werfen (warf, geworfen, wirft) *to throw away*
weh *aching, sore*
die Wehmut *melancholy, sadness*
sich wehren *to defend oneself*
*weh(e) tun (tat, getan) *(with dat.) to hurt; to offend*
*weich *soft*
weichen (wich, ist gewichen) *to yield*
sich *weigern *to refuse*
*Weihnachten *Christmas*
die *Weile *while*
*weinen *to cry, weep*
*weise *wise*
die Weise,–n *manner, way;* auf vielfältige — *in many different ways*
weisen (wies, gewiesen) (auf) *to point (to)*
die *Weisheit *wisdom*
weißhaarig *white-haired*
*weiter *further, farther, on;* ohne weiteres *readily, without further ado*
weiter-bilden *to develop*
weiter-fahren (fuhr, ist gefahren, fährt) *to drive on; to leave again (of a train)*
*weiter-geben (gab, gegeben, gibt) *to pass on*
weiter-gehen (ging, ist gegangen) *to go on*
weiter-lesen (las, gelesen, liest) *to read on*
weiter-machen *to continue*
weiter-reden *to go on talking*
weitgehend *to a large extent*
*weither *far away, in the distance*
der Wellenkamm,⸚e *crest of a wave*
wellig *wavy*
*wenden (wandte, gewandt) *(also weak) to turn*
die *Wendung,–en *turn; turning point*
wenig: ein klein — *a little bit*
*wenigstens *at least*
wenn auch *although even if*
werben (warb geworben, wirbt) um *to court*
werden: *es wird nichts daraus *nothing comes of it*
*werfen (warf, geworfen, wirft) *to throw, hurl, flip*
der *Wert,–e *value, worth*
*wert *worth, worthy of;* wert sein *(with gen.) to be worthy (of)*
wertbeständig *(of) stable (value)*

*wertvoll *valuable*
das *Wesen *being; essence; nature; character;* ihrem — nach *according to her nature*
weshalb *why*
*westlich *western*
die Westspitze,–n *western tip*
wider-hallen *to resound*
der *Widerstand,⸚e *resistance, opposition*
*widerwillig *unwilling, reluctant*
*wieder-erkennen (erkannte, erkannt) *to recognize (again)*
wieder-geben (gab, gegeben, gibt) *to give back, return; to render*
wieder-kennen = wieder-erkennen
*wieder-kommen (kam, ist gekommen) *to come back*
*wieder-sehen (sah, gesehen, sieht) *to see (or meet) again;* *auf Wiedersehen! *till we meet again! good-bye!*
*wiederum *again*
die Wiese,–n *meadow*
*wieso *why*
wildfremd *very strange*
*winken *to wave, nod, wink*
winzig *tiny*
wirken *to seem, appear*
die *Wirklichkeit,–en *reality*
die *Wirkung,–en *effect, impact*
der Wirsingkopf,⸚ *head of (Savoy) cabbage*
der Wirt,–e *innkeeper; host*
die *Wirtin,–nen *landlady; hostess; innkeeper*
der Wisch,–e *(coll.) scrap of paper*
*wischen *to wipe, rub*
das *Wissen *knowledge*
die *Wissenschaft,–en *science*
der *Witz,–e *joke*
*woanders *somewhere else*
wobei *whereby*
wochenlang *for weeks*
wofür *for what*
*woher *from where, whence*
das Wohl *well-being*
wohlabgerichtet *well-trained*
das Wohlergehen *well-being*
die *Wolke,–n *cloud*
die Wohnlaube,–n *shed*
das Wohnungsamt,⸚er *housing office*
die Wolldecke,–n *blanket*
die Wonne *bliss, delight*
wozu *why, for what (reason)*
wund *sore*
das *Wunder,– *wonder; miracle*
*wunderbar *wonderful, marvelous*
wunderlich *odd*
sich *wundern *to be surprised, wonder*
*wünschenswert *desirable*
die *Würde *dignity*
die *Wurst,⸚e *sausage*
die Wurzel,–n *root*
*wütend *enraged, furious, mad*

Z

*zahlen *to pay*
*zahlreich *numerous*
der Zahnstocher,– *tooth pick*
die Zange,–n *pliers (pl.)*
der Zank *quarrel*
*zart *delicate, tender*
die Zärtlichkeit,–en *tenderness*
die Zauberformel,–n *magic formula*
die Zehenspitze,–n *tiptoe*
die Zehn Gebote *the Ten Commandments*
das *Zeichen,– *signal; sign*
die Zeichensprache,–n *sign language*
*zeichnen *to draw*
die *Zeichnung,–en *drawing*
zeigen auf *to point at*
die *Zeile,–n *line*
Zeit: es ist an der — *the time has come;* es wurde — *it was high time;* vor längerer — *some time ago;* *sich *(dat.)* — lassen *to take one's time;* *sich *(dat.)* die — vertreiben *to while away the time*
der Zeitraum,⸚e *period of time*
der Zeitungsbericht,–e *newspaper report*
die Zelle,–n *cell*

*zerbrechen (zerbrach, zerbrochen, zerbricht) *to smash, shatter, break (into pieces)*

zerfallen *dilapidated*

zerknittert *wrinkled, crumpled*

zerreiben (zerrieb, zerrieben) *to rub, grind*

zerschlissen *ragged*

die Zerstörung,–en *destruction*

zerstreut *absent-minded*

der *Zettel,– *scrap (or slip) of paper*

die Ziege,–n *goat*

ziehen: auf sich — *to attract;* es zieht *there is a draft;* von dannen — *(coll.) to go away*

das *Ziel,–e *goal, aim, objective, destination*

*ziemlich *rather, pretty, fairly*

die Zigarette,–n *cigarette*

die Zigarettenschachtel,–n *pack of cigarettes*

zimmern *to build*

zischen *to hiss*

das *Zitat,–e *quotation, quote*

zitieren *to quote, cite*

*zittern *to tremble, shake, quiver*

der Zivilberuf,–e *civilian occupation*

*zögern *to hesitate*

*zornig *angry, irate*

zu sein (war, ist gewesen, ist) *to be closed, be shut*

der Zuckerbäcker,– *confectioner*

zu-decken *to cover (up)*

zu-eilen auf (ist) *to run up to*

der Zufall,⸚e *chance, coincidence, accident;* durch — *by chance*

Zug: in vollen Zügen *deeply*

*zu-geben (gab, gegeben, gibt) *to admit, concede*

zu-gehen auf (ging, ist gegangen) *to go up to, move toward*

*zugleich *at the same time, together, both*

zugrunde-gehen (ging, ist gegangen) *to perish, be ruined*

die Zuhörerschaft,–en *audience*

zu-kehren *to turn to(ward)*

zu-kommen auf (kam, ist gekommen) *to approach*

die *Zukunft *future*

zu-lassen ließ, gelassen, läßt) *to allow, permit*

*zuletzt *in the end, finally; last; the last time*

*zu-machen *to close, shut*

*zumal *especially since, all the more so as*

*zumute sein (war, ist gewesen, ist) *to feel;* *mir ist gut zumute *I feel fine*

zurecht-kommen (kam, ist gekommen) *to get along*

zurecht-weisen (wies, gewiesen) *to reprimand*

*zurück-bleiben (blieb, ist geblieben) *to remain behind*

*zurück-gehen (ging, ist gegangen) *to go back, retreat*

*zurück-kehren (ist) *to return*

zurück-kommen (kam, ist gekommen) *to return*

sich zurück-lehnen *to lean back*

zurück-reichen *to hand back*

zurück-schieben (schob, geschoben) *to push back*

zurück-schicken *to send back*

zurück-weichen (wich, ist gewichen) *to retreat*

zurück-zahlen *to pay back*

sich zusammen-finden (fand, gefunden) *to find each other*

zusammen-führen *to bind together*

zusammen-halten (hielt, gehalten, hält) *to stick together, hold together*

der *Zusammenhang,⸚e *connection; interrelation*

zusammen-hängen (hing, gehangen, hängt) *to be connected with*

sich *zusammen-nehmen (nahm, genommen, nimmt) *to pull oneself together*

zusammen-rollen *to roll up*

zusammen-setzen *to join, put together*

*zusammen-stoßen (stieß, ist gestoßen, stößt) *to collide; to knock together*

zusammen-zucken (ist) *to wince*
zu-schicken *to send (to)*
zu-schieben (schob, geschoben) *to push toward*
*zu-schließen (schloß, geschlossen) *to lock, shut, close*
zu-schneiden (schnitt, geschnitten) *to cut*
zu-sehen (sah, gesehen, sieht) *to see to it; to watch*
der Zustand,⸚e *condition*
zu-stecken *to pin up;* jemandem etwas — *to slip someone something*
*zu-stimmen *(with dat.) to concur (with), agree (with)*
zu-trauen *to believe capable of, expect from*
zutraulich *trusting, friendly*
zu-treten auf (trat, ist getreten, tritt) *to walk up to*
*zuviel *too much*
zuvor *before*
zuweilen *sometimes, at times, occasionally*
sich zu-wenden (wandte, gewandt) *(also weak) to turn to(ward)*
*zwar *to be sure, it is true, indeed, of course*
der *Zweck,–e *purpose, aim, goal*
*zweifeln (an) *to doubt (someone or something)*
der Zweig,–e *twig, branch*
die Zweigstelle,–n *branch office*
zweitenmal: zum — *for the second time*
*zwingen (zwang, gezwungen) *to force, compel*
der Zwischenhändler,– *middleman*
der Zwischenzustand,⸚e *interim situation*

73 74 75 76 9 8 7 6 5 4 3 2